权威·前沿·原创

皮书系列为
"十二五""十三五""十四五"时期国家重点出版物出版专项规划项目

BLUE BOOK

智库成果出版与传播平台

地理标志品牌蓝皮书
BLUE BOOK OF GEOGRAPHICAL INDICATION BRANDS

中国地理标志品牌发展报告
（2024）

ANNUAL REPORT ON THE DEVELOPMENT OF GEOGRAPHICAL
INDICATION BRANDS IN CHINA (2024)

总策划 / 李 涛
主 编 / 徐 婧 李 涛 刘海波

社会科学文献出版社
SOCIAL SCIENCES ACADEMIC PRESS (CHINA)

图书在版编目（CIP）数据

中国地理标志品牌发展报告.2024／徐婧，李涛，刘海波主编.--北京：社会科学文献出版社，2024.6
（地理标志品牌蓝皮书）
ISBN 978-7-5228-3372-9

Ⅰ.①中… Ⅱ.①徐… ②李… ③刘… Ⅲ.①地理-标志-品牌战略-研究报告-中国-2024 Ⅳ.①F760.5

中国国家版本馆 CIP 数据核字（2024）第 055480 号

地理标志品牌蓝皮书
中国地理标志品牌发展报告（2024）

总 策 划 / 李 涛
主　　编 / 徐 婧　李 涛　刘海波

出 版 人 / 冀祥德
责任编辑 / 陈凤玲　宋淑洁
责任印制 / 王京美

出　　版 / 社会科学文献出版社·经济与管理分社（010）59367226
　　　　　　地址：北京市北三环中路甲29号院华龙大厦　邮编：100029
　　　　　　网址：www.ssap.com.cn
发　　行 / 社会科学文献出版社（010）59367028
印　　装 / 天津千鹤文化传播有限公司

规　　格 / 开 本：787mm×1092mm　1/16
　　　　　　印 张：21.75　字 数：327千字
版　　次 / 2024年6月第1版　2024年6月第1次印刷
书　　号 / ISBN 978-7-5228-3372-9
定　　价 / 168.00元

读者服务电话：4008918866

版权所有 翻印必究

《中国地理标志品牌发展报告（2024）》编委会

顾　问　张国彬

主　任　丁　耀　吴建平

副主任　李　慧　张　继　李国林

总策划　李　涛

主　编　徐　婧　李　涛　刘海波

编写组　（按姓氏拼音排序）

高　莉　　高　含　　谷　俣　　关煜荟　　郭炎明
刘　玉　　刘超凡　　罗浩亮　　罗睿思　　马振邦
欧阳冠文　潘丽如　　乔富伟　　僧海霞　　宋慧洋
宋结焱　　唐　茜　　王思鉴　　许梦珂　　杨钦哲
袁曹泽浚　张兰海　　赵璐璐　　赵炎强

主要编撰者简介

徐　婧　经济学博士，西北师范大学经济学院教授、西北师范大学中华地标产业研究中心专家库成员，主要研究领域为国际贸易、区域经济与产业发展。在《世界经济研究》《上海经济研究》《国际经贸探索》《商业经济与管理》等核心学术期刊发表论文多篇，主编《新时代中国电商扶贫路径、经验与启示》，参编《国际知识产权学》《世界经济学》等专著3部，主持国务院扶贫办精准扶贫案例总结项目、甘肃省社科规划项目等省部级项目10余项。获甘肃省社会科学优秀成果奖三等奖、甘肃省高校科学研究优秀成果奖二等奖。

李　涛　中华社会文化发展基金会常务副秘书长兼中华地标品牌公益工程办公室主任，南京农业大学中国地标文化研究中心副主任，北京电视台《解码中华地标》栏目组总策划。主要研究领域为地理标志区域公用品牌与地理标志产业发展。代表作品有北京电视台《解码中华地标》栏目，出版专著《解码中国农业地标文化》《新时代新地标——中华地标品牌探索与发展》《中国地理标志品牌发展报告》等。

刘海波　农学博士，甘肃省农业科学院农业经济与信息研究所副研究员，主要研究领域为农业模型、草地放牧管理、草食畜生产体系可持续性科学研究。在 *Chilean Journal of Agricultural Research*、*The Rangeland Journal*、《草业科学》等中英文核心学术期刊发表论文多篇，参编专著3

部。先后参与澳大利亚国际农业研究中心援助项目、国家绒毛用羊产业技术体系项目岗位科学家项目、公益性行业（农业）科研专项、甘肃省科技支撑计划项目等。曾获甘肃省科技进步奖二等奖、甘肃省农牧渔业丰收二等奖。

摘 要

《中国地理标志品牌发展报告（2024）》由总报告、产业篇、区域篇、专题篇和国际借鉴篇五个部分（14 篇报告）及附录组成。总报告旨在总结梳理 2019~2022 年我国地理标志管理体制改革、政策部署以及国际互认互保实践，全面分析我国地理标志保护和品牌发展的概况。产业篇选择苹果、中药材、葡萄酒和手工艺品四个行业进行了代表性行业的地理标志品牌发展研究，包括各行业的发展概况、地理标志认定概况、典型案例和发展对策。区域篇以甘肃省陇南市和湖南省桑植县为例，研究不同地区地理标志品牌发展实践的特色做法和经验启示。专题篇针对我国地理标志保护和运用中的重点、难点问题，分别从地理标志商标价值与质押融资创新、脱贫地区地理标志品牌发展、地理标志与传统文化的传承和发扬、地理标志农产品面临的气候变化风险与应对策略以及《中欧地理标志协定》与我国特色农产品出口五个专题进行了研究。国际借鉴篇首先对全球地理标志保护现状和管理制度进行了比较分析，其次对欧盟地理标志保护与发展进行了具体研究，旨在为我国地理标志保护和运用提供借鉴和启示。

本报告指出，2019 年以来我国地理标志保护和运用工作取得重要进展，地理标志统一管理体制日益完善，政策部署更加系统全面，地理标志产品保护示范区建设等专项工程扎实推进，地理标志保护国际合作取得重要进展。截至 2022 年底，我国累计认定地理标志产品 2495 个，核准地理标志商标 7076 件，登记农产品地理标志 3510 个，累计认定国外地理标志产品 140 个，核准国外地理标志商标 227 件。地理标志在带动特色产业发展、助力乡

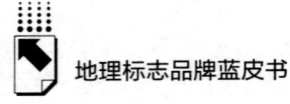

村振兴、传承传统文化、促进对外贸易等方面的作用日益凸显。

报告建议，未来应进一步强化地理标志产品质量标准和监管体系建设，建立综合的地理标志数据库和查询系统，加强两种地理标志保护模式的协同、地理标志品牌权利人和使用人的协同、地理标志品牌经济价值与历史文化价值的协同、地理标志品牌与企业品牌和区域品牌的协同，推动形成以地理标志品牌带动生产、加工、销售、文化旅游等上下游产业联动的发展格局，以及具有规模效应和集聚效应的地理标志产业集群。

关键词： 地理标志品牌　地理标志产品　《中欧地理标志协定》

目 录

Ⅰ 总报告

B.1 2024年中国地理标志品牌发展概况及展望 …………… 徐 婧 / 001

Ⅱ 产业篇

B.2 苹果地理标志品牌发展报告………………………… 徐 婧 刘超凡 / 034
B.3 中药材地理标志品牌发展报告……… 罗浩亮 许梦珂 宋慧洋 / 057
B.4 葡萄酒地理标志品牌发展报告……………………… 徐 婧 关煜荟 / 085
B.5 手工艺品地理标志品牌发展报告…………………………… 刘 玉 / 106

Ⅲ 区域篇

B.6 电子商务助力地理标志品牌发展报告
　　——以甘肃省陇南市为例………………………… 高 莉 赵炎强 / 136
B.7 地理标志助力特色产业发展报告
　　——以湖南省桑植县为例………………………………… 宋结焱 / 154

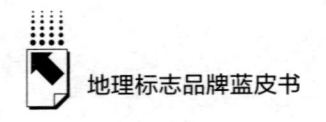

Ⅳ 专题篇

B.8 地理标志商标价值与质押融资创新 …………… 潘丽如　徐　婧 / 165

B.9 脱贫地区地理标志品牌发展报告
………………………… 乔富伟　杨钦哲　欧阳冠文　赵璐璐 / 186

B.10 农产品地理标志与传统文化的传承和发扬
——以甘肃省为例 …………… 僧海霞　袁曹泽浚　唐　茜 / 212

B.11 我国地理标志农产品面临的气候变化风险与应对策略
………………………………… 马振邦　王思鉴　罗睿思 / 232

B.12 《中欧地理标志协定》与中国特色农产品出口
………………………………………………… 郭炎明　徐　婧 / 246

Ⅴ 国际借鉴篇

B.13 地理标志国际保护制度的比较分析和借鉴 ………… 郭炎明 / 263

B.14 欧盟地理标志保护与发展报告 …………… 徐　婧　高　含 / 288

附　录

2019~2022年地理标志品牌发展大事记 …………………………… / 305

Abstract ………………………………………………………………… / 317
Contents ………………………………………………………………… / 319

皮书数据库阅读使用指南

总报告

B.1
2024年中国地理标志品牌发展概况及展望

徐 婧[*]

摘　要： 地理标志在推动特色产业发展、助力乡村振兴、传承传统文化、促进对外贸易等方面发挥着至关重要的作用。本报告在对地理标志品牌相关概念深入分析的基础上，总结梳理2019~2022年我国地理标志管理体制改革、政策部署以及国际互认互保实践，并从地理标志产品、地理标志商标、农产品地理标志、地理标志专用标志使用、地理标志品牌建设成效等方面全面分析我国地理标志保护和品牌发展概况。通过分析发现，我国地理标志管理机制和政策体系日趋完善，地理标志带动特色产业发展的成效显著。为进一步加强地理标志品牌建设和提高运用效益，下一步需加强两种地理标志保护模式的协同、地理标志品牌管理和使用、品牌经济价值与历史文化价值的协同、地理标志品牌与企业品牌和区域品牌的协同。

---

[*] 徐婧，西北师范大学经济学院教授、西北师范大学中华地标产业研究中心专家库成员，主要研究领域为国际贸易、区域经济与产业发展。

地理标志品牌蓝皮书

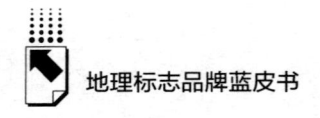

关键词： 地理标志品牌　地理标志产品　地理标志互认

地理标志是重要的知识产权。我国历史悠久、文化底蕴深厚，地理标志资源丰富。2019年以来，我国地理标志保护和运用工作取得重要进展，地理标志统一受理渠道、统一专用标志、统一发布公告、统一保护监管、统一对外合作的管理体制日益完善，顶层设计和政策部署更加系统全面，地理标志产品保护示范区建设、运用促进工程、农产品保护工程扎实推进，地理标志保护国际合作取得重要进展，地理标志运用效益显著，围绕"用好一件地理标志，做强一个品牌，发展一个产业，造福一方百姓"的发展思路，地理标志在促进特色产业发展、助力乡村振兴和文化传承方面的作用进一步凸显。由此深入探析地理标志品牌内涵，梳理总结我国地理标志发展实践经验，探索下一步地理标志发展的关键问题和解决路径，对双循环新发展格局下加快构建完善的地理标志保护和运用体系、促进我国地理标志品牌高质量发展具有重要的现实意义。

一　地理标志品牌概述

为保证本报告论述的科学性、规范性和统一性，本部分首先对地理标志品牌相关概念进行界定。

（一）地理标志相关概念

1. 原产地域产品

我国地大物博，自然资源丰富，历史文化悠久，各地久负盛名的优质特色产品众多，相关原产地保护政策可以追溯到1994年12月国家工商行政管理局发布的《集体商标、证明商标注册和管理办法》，其中第2条提到，证明商标可以用以证明商品或服务的原产地，这是我国首次在部门规章中确定以证明商标的形式保护商品原产地。

1999年8月，国家质量技术监督局发布《原产地域产品保护规定》，这是我国第一部专门保护商品原产地的部门规章，该规定包括 23 条，涉及原产地域产品保护制度的立法目的、调整对象、法律原则和有关禁止性规定等内容。其中第 2 条规定，本规定所称原产地域产品，是指利用产自特定地域的原材料，按照传统工艺在特定地域内所生产的，质量、特色或者声誉在本质上取决于其原产地域地理特征并依照本规定经审核批准以原产地域进行命名的产品。2000 年，绍兴酒成为我国首个原产地域保护产品[①]，因此通常也将其作为我国首个受保护的地理标志。

2. 地理标志

地理标志与原产地域产品紧密相关，可以理解为其由原产地域产品这一概念发展而来。它是在中国加入世界贸易组织后，根据世界贸易组织《与贸易有关的知识产权协定》（TRIPs）的相关表述进行更新后，出现在我国官方文件中的专有名词。地理标志是 TRIPs 所确定的七大类知识产权之一，根据 TRIPs 对地理标识（Geographical Indication）[②] 的相关规定，我国对《中华人民共和国商标法》（以下简称《商标法》）进行了修订。

地理标志作为专有名词在我国法律法规中首次出现，是在 2001 年 10 月修订的《商标法》的第 16 条，其中提到地理标志"是指标示某商品来源于某地区，该商品的特定质量、信誉或者其他特征，主要由该地区的自然因素或者人文因素所决定的标志"，"商标中有商品的地理标志，而该商品并非来源于该标志所标示的地区，误导公众的，不予注册并禁止使用；但是，已经善意取得注册的继续有效"。

《商标法》修订后，2002 年 8 月修订的《中华人民共和国商标法实施条例》第 6 条对地理标志的保护做出了相应规定，《商标法》第 16 条规定的地理标志，可以依照《商标法》和本条例的规定，作为证明商标或者集体

---

① 国家质量技术监督局以质技监局政发〔1999〕224 号文正式批准绍兴酒为我国第一个原产地域保护产品，参见绍兴市人民政府网站，https://www.sx.gov.cn/art/2005/6/8/art_1462553_17009937.html。

② TRIPs 以及一些国际组织文件将 Geographical Indication 翻译为"地理标识"，其与我国"地理标志"含义相同。

商标申请注册。随后，2002年12月修订的《中华人民共和国农业法》（以下简称《农业法》）在第23条提到符合规定产地及生产规范要求的农产品可以依照有关法律或者行政法规的规定申请使用农产品地理标志，在第49条提到国家保护植物新品种、农产品地理标志等知识产权。

3. 地理标志与商标的联系和区别

地理标志与商标联系密切，两者都属于知识产权，都是用于区别不同来源的商品和服务，旨在降低消费者的搜寻成本，促进商品差异化，地理标志还可以通过证明商标进行保护。两者的主要区别在于：一是地理标志代表商品的产地来源，商标代表商品的生产商来源；二是地理标志所有者是某商品产地的生产商集体或协会，商标所有者是某商品特定的生产商；三是地理标志的使用者仅限于特定产地的生产商集体或个体，非产地的生产商无权申请和使用，但商标申请人不受地域限制。

（二）地理标志产品

地理标志产品作为专有名词，最早出现在2005年6月国家质量监督检验检疫总局（以下简称"国家质检总局"）发布的《地理标志产品保护规定》，该文件是在1999年发布的《原产地域产品保护规定》的基础上发展而来的。《地理标志产品保护规定》第2条规定，地理标志产品是指产自特定地域，所具有的质量、声誉或其他特性本质上取决于该产地的自然因素和人文因素，经审核批准以地理名称进行命名的产品。地理标志产品包括：（1）来自本地区的种植、养殖产品；（2）原材料全部来自本地区或部分来自其他地区，并在本地区按照特定工艺生产和加工的产品。可以看出，地理标志产品的定义比原产地域产品的定义更加清晰全面。

从类别上看，根据加工程度，地理标志产品分为初级农产品、加工食品和手工艺品。由国家知识产权局牵头起草、2023年12月发布的国家标准《地理标志认定 产品分类与代码》（GB/T 43583—2023），按照用途，地理标志产品包括食用农林产品及食品、非食用农林产品、中药材、手工艺品和其他五大类产品。

（三）地理标志专用标志

地理标志专用标志作为专有名词，最早出现在2005年6月发布的《地理标志产品保护规定》中，其中提到地理标志专用标志注册登记及使用的相关规定。其前身为1999年8月《原产地域产品保护规定》中提到的原产地域产品专用标志。2019年10月，国家知识产权局发布了新的地理标志专用标志。2020年4月，国家知识产权局发布的《地理标志专用标志使用管理办法（试行）》中提到，地理标志专用标志是指适用在按照相关标准、管理规范或者使用管理规则组织生产的地理标志产品上的官方标志。

（四）地理标志品牌相关概念

1. 品牌

品牌作为专有名词在我国官方文件中，较早出现在2012年的国家标准《品牌价值 术语》（GB/T 29185—2012）中。根据2021年修订后的标准，品牌是指"无形资产，包括但不限于名称、用语、符号、形象、标识、设计或其组合，用于区分产品、服务和（或）实体，或兼而有之，能够在利益相关方意识中形成独特印象和联想，从而产生经济利益（价值）"。简而言之，品牌是能够区分产品并带来经济价值的无形资产。从经济学角度看，品牌能够提高产品的差异化程度，增加消费者的购买意愿，进而通过提高销售量或（和）提高价格来提高利润，实现品牌溢价。

品牌涵盖类型较多，根据品牌主体的不同，包括企业品牌、产品品牌、区域品牌和其他品牌[①]；根据品牌知识产权载体的不同，包括商标品牌和地理标志品牌、区域品牌等。

2. 地理标志品牌

根据上述定义，地理标志品牌是品牌的一种，是具有地理标志特征、能够在利益相关方意识中形成独特印象和联想，并产生经济价值的无形资产。

---

① 参见国家标准《品牌 分类》（GB/T 36680—2018）。

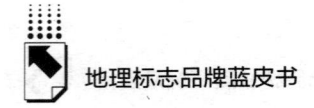

地理标志产品、地理标志和地理标志品牌是三个密切相关的概念。首先，地理标志产品的地域和质量特色是申请地理标志保护和形成地理标志品牌价值的核心，没有产品质量特色的提升，品牌价值就是无源之水、无本之木；其次，产品获得地理标志保护说明其具有一定的质量特色，但不代表一定具有品牌价值，同一类地理标志产品的品牌价值可能差异较大，如何提升品牌价值是地理标志保护和发展的重要目标；最后，地理标志品牌建设基于地理标志产品质量提升和地理标志保护，品牌价值是衡量地理标志产业发展和地理标志作为无形资产的重要指标。

因此，地理标志品牌发展是融合经济学、知识产权和管理学等不同学科的研究课题（见图1），本报告根据讨论侧重点的不同，将同时使用地理标志、地理标志产品和地理标志品牌这三个名词。

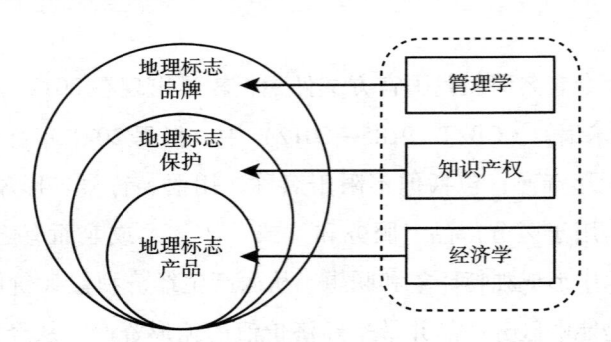

图1 地理标志品牌概念内涵及相关学科基础

二 2019~2022年中国地理标志管理体制及政策部署概述

（一）2019~2022年中国地理标志管理体制改革

2018年3月，中共中央印发的《深化党和国家机构改革方案》明确，"将国家知识产权局的职责、国家工商行政管理总局的商标管理职责、国家质量监督检验检疫总局的原产地地理标志管理职责整合,重新组建国家知识产权局,由国家市场监督管理总局管理",国家知识产权局统一负责原产地地理标志的注册登记和行政裁决,自此我国形成了新的地理标志管理体制。2022年11月,农业农村部第623号公告发布,决定废止《农产品地理标志登记程序》,我国地理标志统一认证制度逐步形成。

目前,我国地理标志保护实行商标保护和专门保护两种模式,相关管理机构和政策依据,如表1所示。农业农村部虽不再进行新的农产品地理标志的登记,但其对之前已经登记的3510个农产品地理标志仍具有保护监管职责。

表1 我国现行地理标志保护模式和管理机制

保护模式	保护对象	管理机构	管理政策依据
商标保护	地理标志集体商标、证明商标	国家知识产权局	《中华人民共和国商标法》(2019年修订);《中华人民共和国商标法实施条例》(2014年修订);《集体商标、证明商标注册和管理办法》(2003年修订)
专门保护	地理标志产品	国家知识产权局	《地理标志产品保护规定》(2005年发布);《地理标志产品保护工作细则》(2009年发布)
	农产品地理标志	农业农村部	《农产品地理标志管理办法》(2019年4月25日修订)

资料来源:根据国家知识产权局和农业农村部网站相关材料整理,统计时间截至2022年底。

(二)2019~2022年中国地理标志政策的顶层设计

党中央、国务院高度重视地理标志保护工作,在通过国家机构改革实现地理标志统一管理的同时,在加快构建完善的地理标志保护和运用政策体系方面也做出一系列重要部署。

1. 习近平总书记关于知识产权和地理标志保护的重要论述

2020年11月30日,中共中央政治局就加强我国知识产权保护工作举行第二十五次集体学习。中共中央总书记习近平在主持学习时强调,知识产权保护工作关系国家治理体系和治理能力现代化，关系高质量发展，关系人民生活幸福，关系国家对外开放大局，关系国家安全。全面建设社会主义现代化国家，必须从国家战略高度和进入新发展阶段要求出发，全面加强知识产权保护工作，促进建设现代化经济体系，激发全社会创新活力，推动构建新发展格局。习近平总书记强调，要加强知识产权保护工作顶层设计；要研究制定"十四五"时期国家知识产权保护和运用规划，明确目标、任务、举措和实施蓝图；要提高知识产权保护工作法治化水平；要在严格执行民法典相关规定的同时，加快完善相关法律法规，统筹推进专利法、商标法、著作权法、反垄断法、科学技术进步法等修订工作，增强法律之间的一致性；要加强地理标志、商业秘密等领域立法。

2020年以来，习近平总书记在调研浙江省湖州市的安吉白茶、杭州市龙井茶，陕西省商洛市的柞水木耳、安康市的平利女娲茶，山西省大同市的大同黄花，宁夏回族自治区银川市的贺兰山东麓葡萄，吉林省四平市的梨树县玉米等活动中，均发表了重要讲话，为我国地理标志事业发展指明了前进方向。

2. 国家关于地理标志的总体部署

（1）《关于强化知识产权保护的意见》

加强知识产权保护，是完善产权保护制度最重要的内容，也是提高我国经济竞争力的强大动力。为贯彻落实党中央、国务院关于强化知识产权保护的决策部署，进一步完善制度、优化机制，2019年11月，中共中央办公厅、国务院办公厅印发《关于强化知识产权保护的意见》，其中提到牢固树立保护知识产权就是保护创新的理念，坚持严格保护、统筹协调、重点突破、同等保护，不断改革完善知识产权保护体系，综合运用法律、行政、经济、技术、社会治理手段强化保护，促进保护能力和水平整体提升，同时提到完善地理标志保护相关立法。

（2）《知识产权强国建设纲要（2021~2035年）》

2021年9月，中共中央、国务院印发《知识产权强国建设纲要（2021~2035年）》，其中就地理标志保护运用工作做出了详细部署，包括探索制定地理标志专门法律法规，健全专门保护与商标保护相互协调的统一地理标志保护制度；实施地理标志保护工程；推动地理标志与特色产业发展、生态文明建设、历史文化传承以及乡村振兴有机融合，提升地理标志品牌影响力和产品附加值；实施地理标志农产品保护工程；推动地理标志互认互保，加强中国商标品牌和地理标志产品全球推介。

（3）《"十四五"国家知识产权保护和运用规划》

2021年10月，国务院印发《"十四五"国家知识产权保护和运用规划》，对地理标志保护和运用做出了重要部署，其中专栏5为"地理标志保护工程"，要求实施地理标志保护提升行动和地理标志农产品保护工程。在实施地理标志保护提升行动方面，主要是推进地理标志统一认定和立体化保护机制、强化地理标志专用标志使用监管、构建新型地理标志保护标准体系、开展特色农产品资源普查、加快地理标志产品保护示范区建设、完善地理标志保护监管年度报告制度、建立地理标志联动保护机制等；在地理标志农产品保护工程方面，主要是加强原生地种质资源保护、推进全产业链标准化、推进地理标志农产品与绿色有机农产品和重要农业文化遗产等的融合发展、加强质量监管及建立健全地理标志农产品培育、保护和发展机制等。

其他相关内容还包括：加强地理标志领域立法；重点查处地理标志侵权、假冒等违法行为；强化地理标志全流程审查质量管控；推动地方建立地理标志产品产值统计制度，健全地理标志产业发展利益联结机制，发挥龙头企业带动作用，吸引更多市场主体参与地理标志产业融合发展；研究推动与更多国家和地区开展地理标志协定谈判。

（4）《关于新时代推进品牌建设的指导意见》

2022年7月29日，国家发展改革委等部门发布《关于新时代推进品牌建设的指导意见》，为高质量推进品牌建设工作做出部署，主要任务包括培育产业和区域品牌、支持企业实施品牌战略、扩大品牌影响力、夯实品牌建设基础。关于地理标志品牌，该意见提到要加强绿色、有机和地理标志农产品培育发展；加强地理标志的品牌培育和展示推广，推动地理标志与特色产业发展、生态文明建设、历史文化传承、乡村振兴等方面的有机融合，提升区域品牌影响力和产品附加值等。

（三）2019~2022年中国地理标志政策的具体部署

2018年国家机构改革之后，国家知识产权局积极推进构建地理标志统一受理渠道、统一专用标志、统一发布公告、统一保护监管、统一对外合作的管理机制。以国家知识产权局为主，包括农业农村部和文旅部等在内的部门发布了一系列与地理标志相关的管理文件，地理标志管理体系不断完善，重点工作和相关政策如下。

1. 新的地理标志保护管理政策框架构建

（1）《关于进一步加强地理标志保护的指导意见》

2021年5月，为加强地理标志保护形式的政策协调、标准衔接，深化地理标志管理机制改革，强化地理标志保护，有力支撑经济高质量发展，国家知识产权局会同国家市场监督管理总局发布了《关于进一步加强地理标志保护的指导意见》（以下简称《指导意见》）。《指导意见》强调在地理标志保护工作中要坚持高水平保护、高标准管理、高质量发展三个基本原则，并提出4个方面12项任务。一是在夯实地理标志保护工作基础方面，提高地理标志保护法治化水平、强化地理标志保护申请质量监管、严格地理标志审核认定、优化地理标志保护扶持引导政策；二是在健全地理标志保护业务体系方面，完善特色质量保证体系、建立健全技术标准体系、强化检验检测体系；三是在加强地理标志行政保护方面，严厉打击地理标志侵权假冒行为、强化涉及地理标志的企业名称登记管理、加强地理标志专用标志使用日常监管；四是在构建地理标志协同保护工作格局方面，加强地理标志快速协同保护、健全涉外地理标志保护机制。

（2）《地理标志保护和运用"十四五"规划》

2021年12月31日，为贯彻落实《关于强化知识产权保护的意见》《知识产权强国建设纲要（2021~2035年）》《"十四五"国家知识产权保护和运用规划》，提升地理标志保护和运用水平，国家知识产权局发布了《地理标志保护和运用"十四五"规划》，这是我国首个地理标志五年规划。该规划提出的发展目标包括，"地理标志制度进一步完善，保护水平显著提升，运用效益充分显现，我国地理标志产品市场竞争力和国际影响力不断增强，地理标志服务国内大循环为主体、国内国际双循环发展格局的重要作用进一步体现"。该规划从夯实地理标志保护和管理基础、提升地理标志保护和管理水平、加强地理标志品牌建设、发展地理标志特色产业、扩大地理标志对外交流五大方面具体部署了19项重点任务以及地理标志保护工程和地理标志运用促进工程两大重点工程。

2. 地理标志示范区建设项目和专项工程

（1）地理标志产品保护示范区建设项目

2010年，国家质量监督检验检疫总局在全国范围内启动了国家地理标志产品保护示范区建设工作。2019年6月，国务院知识产权战略实施工作部际联席会议办公室印发《2019年深入实施国家知识产权战略加快建设知识产权强国推进计划》（国知战联办〔2019〕9号），明确推进地理标志产品保护示范区建设。2020年9月，全国评比达标表彰工作协调小组发布《全国创建示范活动保留项目目录（第二批）》，将"国家地理标志产品保护示范区"列入示范活动保留项目目录。①

2021年2月，国家知识产权局发布《国家地理标志产品保护示范区建设管理办法（试行）》，旨在通过示范区建设，进一步完善地理标志保护体系，严格特色质量监管，夯实地理标志保护基础，发挥示范优势和引领作用，提供可复制、可推广的保护经验。该办法明确了示范区的建设原则、申报条件、建设任务、建设管理要求等。示范区筹建期为三年，国家知识产权局制定验收标准，引入第三方评价，统一组织筹建验收。验收主要内容包括示范区建设的组织管理、建设工作任务完成情况、取得的经验成效等。

2021年7月，经评审，独流老醋等50个国家地理标志产品保护示范区

---

① 《严格地理标志保护 深化地理标志管理改革》，国家知识产权局网站，https：//www.cnipa.gov.cn/art/2021/2/22/art_66_156817.html，2021年2月22日。

获批筹建。2021年12月，国家知识产权局结合示范区承担单位自评和评审专家组实地检查情况进行综合评审，认为钧瓷、龙安柚2个国家地理标志产品保护示范区已完成示范区筹建相关工作任务，批准成立钧瓷国家地理标志产品保护示范区和龙安柚国家地理标志产品保护示范区。

2022年，茶淀玫瑰香葡萄等29个国家地理标志产品保护示范区获批筹建。29个示范区的地理标志产品涵盖农林产品、中药材、食品、手工艺品等，包括镇江香醋、信阳毛尖、柳州螺蛳粉、贺兰山东麓葡萄酒、黄岗柳编等，产品种类丰富且拥有较高的知名度。该项目不仅遴选了在乡村振兴中发挥重要作用的地理标志产品，还对入选《中欧地理标志协定》互认互保名录的产品予以支持。

（2）地理标志农产品保护工程

2019年《政府工作报告》提出实施地理标志农产品保护工程，实施地理标志农产品保护工程也是《知识产权强国建设纲要（2021~2035年）》明确的重点任务，是《"十四五"国家知识产权保护和运用规划》设立的15个专项工程之一。该项目旨在通过开展地理标志强基计划、筑篱计划和挖潜计划实施地理标志保护提升行动，通过强化特色产品保护管理和促进特色产品品质提升实施地理标志农产品保护工程。

2019年4月，农业农村部、财政部发布《关于做好2019年农业生产发展等项目实施工作的通知》，在附件1《农业生产发展资金项目实施方案》中提到，"支持聚焦种植业、畜牧业、渔业三大产业和粮油、果茶、蔬菜、中药材、畜禽、水产六大品种，选择地理特色鲜明、具有发展潜力、市场认可度高的200个地理标志农产品，开展保护提升，打造特色产业，创响一批'土字号'、'乡字号'特色产品品牌"，发展资金用于改善地理标志农产品生产设施及加强品牌培育和知识产权保护。2019年6月，地理标志农产品保护工程启动仪式暨全国农产品地理标志培训班在四川眉山启动，这标志着我国正式开启地理标志农产品保护工程。

2019~2022年，农业农村部会同财政部等部门实施地理标志农产品保护工程，共落实中央财政转移支付农业生产发展资金32.3亿元，支持了883

个地理标志农产品发展，建成核心生产基地和特色品种繁育基地 3712 个，完善产品质量控制技术规范项目 883 个，推进现代农业全产业链标准化，培训超过 80 万人次，带动约 1400 万户农户增收 490 亿元，累计支持 44 个国家乡村振兴重点帮扶县地理标志农产品发展。①

（3）地理标志运用促进工程

从 2019 年开始，国家知识产权局大力推进地理标志运用促进工程。该工程旨在通过提升区域品牌内涵、助力地理标志品牌推广、提升地理标志品牌影响力、加强地理标志文化知识传播 4 个方面实施地理标志品牌价值提升行动，通过推动产业融合、助力乡村振兴实施地理标志赋能行动。

2019 年 8 月，国家知识产权局办公室印发《地理标志运用促进工程实施方案》，并组织推荐 2019 年项目申报。该项目每年选取一批地理标志优势地区加强重点引导和资金支持，力争通过三年的时间，分步分重点实现地理标志运用促进工程项目在各省落地生根，在全国范围内打造一批先进经验和成功案例。重点任务包括健全地理标志运用促进工作体系、深化地理标志产业经济融合发展、全面提升地理标志品牌价值、深入推进地理标志助力精准扶贫、大力加强地理标志运用促进能力建设 5 个方面。

2019 年，地理标志运用促进工程聚焦地理标志助力精准扶贫，重点支持西部地区脱贫攻坚，主要申报省份为中西部 14 个省份。通过探索"标志—产品—品牌—产业"发展路径，推动地理标志与特色产业发展、生态文明建设、历史文化传承有机融合，形成知识产权强国建设新格局。2019 年 10 月，国家知识产权局办公室发布《关于确定 2019 年地理标志运用促进工程项目的通知》，14 个市级知识产权局申报的兴安盟大米、桑植蜂蜜等 25 个地理标志入选。2020 年，地理标志运用促进工程继续聚焦地理标志助力精准扶贫主题，重点任务包括夯实工作基础、加强政策保障、做好产业规划、开展宣传培训、总结推广经验等。经评定，7 个市级知识产权局申报的

---

① 《关于政协第十四届全国委员会第一次会议第 01249 号（农业水利类 112 号）提案答复的函摘要》，农业农村部网站，https://www.moa.gov.cn/govpublic/nepzlaq/202308/t20230829_6435407.htm，2023 年 8 月 29 日。

崇礼蚕豆、大同黄花等7个地理标志入选。2019~2020年，地理标志运用促进工程的21个项目累计直接投入引导资金逾1000万元，覆盖17个中西部省份的43个国家贫困县，涉及32件地理标志[①]。

2021年7月，为落实国家关于逐步实现由集中资源支持脱贫攻坚向全面推进乡村振兴平稳过渡的决策部署，国家知识产权局发布《关于组织开展地理标志助力乡村振兴行动的通知》，深入实施地理标志运用促进工程，组织开展地理标志助力乡村振兴行动，"切实围绕用好一件地理标志，做强一个品牌，发展一个产业，造福一方百姓，以地理标志运用促进工程项目为抓手，开展地理标志助力乡村振兴工作"。地理标志助力乡村振兴行动是地理标志运用促进工程的发展和延伸，表现为更高水平谋划、更深层次推进、更全领域开展、更大范围实施。2021年，项目工作重点包括提质强基行动、品牌建设行动、产业强链行动、能力提升行动4个方面的13个任务。2021年12月，经评定，31个省份的160件地理标志入选首批重点联系指导目录。

（4）中华地标品牌公益工程

中华地标品牌公益工程由中华社会文化发展基金会（以下简称"基金会"）发起，以弘扬中华地标文化、树立中华地标品牌为宗旨，自2016年6月启动以来，在地理标志品牌学术研究、推广宣传、资政服务和贸易促进各方面开展了多项工作。

学术研究方面，基金会联合南京农业大学开展地标文化学术体系研究工作，先后编纂《中国地理标志品牌发展报告》《新时代新地标》等学术著作，并将地理标志从大农业角度界定为农业地标、工业地标和文旅地标。

推广宣传方面，以"解码中华地标、绽放民族智慧"为主题，联合北京电视台打造大型公益宣传栏目《解码中华地标》。节目组深入西藏、新疆、安徽等17个省、自治区、直辖市，云南麻栗坡、山东荣成等116个县

---

① 《〈关于组织开展地理标志助力乡村振兴行动的通知〉解读》，国家知识产权局网站，https://www.cnipa.gov.cn/art/2021/7/21/art_66_165987.html，2021年7月21日。

市区，行程28.82万公里，已播出节目62期，挖掘了藏族、门巴族、洛巴族、苗族、瑶族、壮族、维吾尔族、朝鲜族、满族、彝族、回族等少数民族地区独特的文化和特色优质产品。该节目成功地推广了地理标志文化，促进了地理标志品牌成长，为地标企业的产业升级助力，也让社会更加了解地理标志蕴含的宝贵的文化资源。基金会联合中国农业科学院中国农业遗产研究室，开展"中华地标品牌发展研讨会"，已经成功举办4期，以学术为主，推动文化交流，助力品牌提升，研讨会已从单一的学术交流平台成功地发展为融合国际交流、产品展览、商务洽谈等功能的综合型地理标志推广交流平台。

资政服务方面，联合国家乡村振兴局开展"培育地标品牌、促进乡村振兴"公益活动，深度挖掘200个脱贫县地标产业扶贫典型案例，精选20个通过发展地标产业全面脱贫的特色县，重点跟踪服务，开展多元化产业升级帮扶，以视频、图文、座谈的方式，向国内外宣传推广典型案例，为国内特色乡村产业全面振兴提供参考，向国际社会讲述中国扶贫故事，介绍中国扶贫方案，贡献中国扶贫智慧。

贸易促进方面，联合加拿大、意大利、德国、巴西、法国等16个国家的地标行业组织，成立中外双边地理标志发展协会，共建"买地标全球集采服务平台"。平台从2018年设立至今，先后将中国地标产品输送到加拿大、俄罗斯、意大利、格鲁吉亚等30多个国家的主流市场，贸易额达31亿美元。

3. 新的地理标志专用标志管理制度的建立

（1）地理标志专用标志的更新和统一

2018年之前，我国存在质检、工商、农业三套并行的地理标志管理体制，因此存在三种地理标志专用标志：一是2005年10月国家质检总局发布的地理标志保护产品专用标志（PGI）；二是2007年1月国家工商总局发布的地理标志产品专用标志（GI）；三是2008年1月农业部发布的农产品地理标志（AGI）。2018年国家机构改革后，重建的国家知识产权局于2019年10月发布了新的地理标志专用标志，国家质检总局发布的PGI和国家工商总局发布的GI专用标志废止，农产品地理标志（AGI）继续沿用。

此次发布的地理标志专用标志，设计理念遵循权威性、代表性、适配性和可识别性原则，中文为"中华人民共和国地理标志"，英文为"GEOGRAPHICAL INDICATION OF P. R. CHINA"。

（2）地理标志保护产品专用标志使用核准改革试点

2019年12月24日，国家知识产权局办公室发布《关于确定地理标志保护产品专用标志使用核准改革试点地方的通知》，确定在北京市、河北省、黑龙江省等11个省市开展地理标志保护产品专用标志使用核准改革试点，旨在建立健全使用核准工作体系，研究制定使用核准工作规范，积极推动符合条件的企业使用专用标志，稳步推进统一专用标志换标工作，不断强化完善地理标志产品保护监管方式，保证专用标志的合法使用和规范使用。试点期限为2年，自2020年1月至2021年12月，试点地区在地理标志保护产品专用标志使用核准方面获得了丰富的经验。①

（3）《地理标志专用标志使用管理办法（试行）》

2020年4月，国家知识产权局发布《地理标志专用标志使用管理办法（试行）》，对我国地理标志专用标志的适用范围及样式、机构职责、使用人义务、合法使用人、使用要求、使用人标示方法、对合法使用人的监督管理等方面进行了详细的规定，旨在加强我国地理标志保护，统一和规范地理标志专用标志使用。该办法第六条规定，地理标志保护产品和作为集体商标、证明商标注册的地理标志使用地理标志专用标志的，应在地理标志专用标志的指定位置标注统一社会信用代码。地理标志专用标志合法使用人未按相应标准、管理规范或相关使用管理规则组织生产的，或者在两年内未在地理标志保护产品上使用专用标志的，知识产权管理部门停止其地理标志专用标志使用资格。截至2022年，地理标志专用标志使用市场主体超2.3万家，地理标志产品年直接产值超7000亿元。②

---

① 经验做法详见国家知识产权局指导编写的《地理标志保护发展报告（2021年度）》附录15。
② 《国家知识产权局局长申长雨在2023年全国知识产权局局长会议上的工作报告（摘编）》，国家知识产权局网站，https：//www.cnipa.gov.cn/art/2023/1/6/art_ 3326_ 189512. html，2023年1月6日。

三 2019~2022年中国地理标志国际保护合作概述

2019~2022年，国家知识产权局、商务部等部门积极组织开展地理标志对外交流与合作活动，我国在地理标志保护多边合作方面取得了丰硕的成果，修订了《国外地理标志产品保护办法》，在多边贸易合作中加强了地理标志国际保护合作，首次签订了专门的地理标志国际合作和互认协定。截至2022年底，累计认定国外地理标志产品140个，核准国外地理标志商标227件。

（一）对国外地理标志的保护制度

2005年6月发布的《地理标志产品保护规定》第二十六条规定，"国家质检总局接受国外地理标志产品在中华人民共和国的注册并实施保护"。2009年12月16日，根据2005年9月5日中国与欧盟签署的《中华人民共和国国家质量监督检验检疫总局与欧洲委员会贸易总司关于地理标志的谅解备忘录》（以下简称《备忘录》），经法国农业渔业部推荐，参照《地理标志产品保护规定》，国家质检总局批准对法国的干邑（Cognac）实施地理标志保护。[①] 这是我国首个实施保护的国外地理标志产品。

2016年3月，国家质检总局发布《国外地理标志产品保护办法》（以下简称《办法》），我国对国外地理标志产品保护制度体系初步形成。2019年11月，国家知识产权局对《办法》进行了详细的修订，涉及机构职能、申报程序、保护力度、营商环境等17项修订内容。修订后的《办法》包括总则，申请与受理，技术审查与批准，专用标志和监督管理，保护、变更及撤销，附则六章内容。依照该办法，申请在华保护的国外地理标志产品，应当按其所属国和中华人民共和国签订的协议或者共同参加的国际条约办理，或

---

① 《国家质量监督检验检疫总局关于批准对干邑实施地理标志保护的公告（2009年第117号）》，国家知识产权局地理标志产品检索网站，https://dlbzsl.hizhuanli.cn：8888/Product/Detail/120，2009年12月16日。

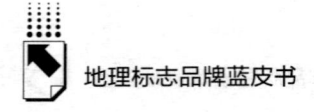

者按对等原则办理。《办法》的修订是新时期有效保护在我国销售的国外地理标志产品、规范国外地理标志产品名称和专用标志使用的重要举措，标志着我国对国外地理标志产品的保护制度日臻完善。

（二）地理标志国际互认互保

1.《中欧地理标志协定》

2005年9月，中国与欧盟签署了《备忘录》，双方在地理标志产品互认和保护方面达成了长期合作意向。2007年，中欧"10+10"地理标志互认互保项目启动，2012年11月，中欧各自10个地理标志产品全部获得对方的批准保护，标志着中欧"10+10"地理标志互认互保试点项目圆满完成。2014年欧盟农业总司正式确认，中欧"10+10"互认项目中方产品获准使用欧盟地理标志官方标志，具体包括龙口粉丝、龙井茶、琯溪蜜柚、蠡县麻山药、陕西苹果、金乡大蒜、镇江香醋、盐城龙虾、平谷大桃、东山白芦笋10个产品。2015年5月，国家质检总局办公厅发布《关于推动中国－欧盟"10+10"国际互保中方地理标志产品国际化运用的指导意见》，为推动获保护地理标志产品的国际化运用、促进地理标志产品"走出去"，提出具体指导意见。

在中欧"10+10"地理标志互认互保试点项目的基础上，为进一步扩大双边地理标志产品贸易，中欧双方于2011年启动《中欧地理标志协定》谈判，2020年9月14日，《中华人民共和国政府与欧洲联盟地理标志保护与合作协定》（以下简称《中欧地理标志协定》）正式签署，2021年3月1日正式生效。该协定包括14条内容和7个附录，主要规定了地理标志保护规则和地理标志互认清单等内容。根据协定，纳入协定的地理标志将享受高水平保护，并可使用双方的地理标志官方标志。该协定附录共纳入双方各275个地理标志产品，涉及酒类、茶叶、农产品、食品等。保护分两批进行，第一批双方互认的各100个地理标志将于协定生效之日起开始保护；第二批双方互认的各175个地理标志将于协定生效后四年内完成相关保护程序。

《中欧地理标志协定》是中国签订的第一个全面的、高水平的地理标志国际双边协定，具有保护数量多、保护种类丰富、保护待遇高的特点，该协定有利于中国相关产品获得欧盟消费者的认可，进一步推动相关产品对欧的出口；同时，该协定也为有效阻止对地理标志产品的假冒和伪造提供了法律保障。对企业而言，一是可以节约认定保护成本，协定互认的地理标志产品可获得欧盟保护；二是可以在欧盟获得地理标志保护，并可以使用欧盟地理标志官方标志，有利于开拓海外市场；三是地理标志持有人的合法权利受到双重保障，如有侵权问题不仅受到法律保护，而且可以通过条约建立的双边机制予以解决。

2.《中法地理标志合作议定书》

2019年11月6日，《中国国家知识产权局与法国农业和食品部、法国国家原产地和质量管理局关于农业和食品地理标志合作的议定书》（以下简称《中法地理标志合作议定书》）在北京正式签署，标志着中法两国在农业和食品地理标志领域的合作关系开启了新篇章。中法两国均拥有悠久的历史及丰富的地理标志产品，此次签署的合作议定书，不仅有助于两国地理标志产品的合作与推广，为中法两国人民带来新福利，也有利于促进地方特色经济发展，推动双边经贸关系。

3. 中泰地理标志合作

2021年3月1日，中泰签署了《中国国家知识产权局与泰王国知识产权厅关于知识产权合作的谅解备忘录》，该备忘录整合了中泰两国在专利、商标、外观设计、集成电路布图设计和地理标志等多个知识产权领域的合作共识，为双方未来合作构建了总体框架。

（三）其他包含地理标志互认互保的国际协定

2019~2022年，我国加入的涉及地理标志互认互保的国际协定主要是《区域全面经济伙伴关系协定》（RCEP）。RCEP是2012年由东盟发起，历时8年，由中国、日本、韩国、澳大利亚、新西兰和东盟十国共15方成员签订的多边贸易协定。2022年1月1日，RCEP正式生效。RCEP中有关地理标志的内容在第 11 章第 4 节，包括地理标志的保护、保护地理标志的国内行政程序、异议和注销的理由、复合用语、地理标志的保护日期、根据国际协定保护或承认地理标志、根据已缔结的国际协定保护或承认地理标志 7 个条款。

四 2019~2022 年中国地理标志品牌发展概述

2019~2022 年，我国实行的基本上还是三种地理标志并行的体制，直到 2022 年 11 月起，农业农村部不再进行农产品地理标志登记，但其对已经登记的 3510 个农产品地理标志仍具有监管职责。因此，本部分从地理标志产品、地理标志商标和农产品地理标志等五个方面对我国地理标志品牌发展进行概述。

（一）2019~2022 年地理标志产品认定概况

1. 地理标志产品认定规模和地区分布

2019~2022 年，我国累计认定的地理标志产品从 2324 个上升到 2355 个[①]，共增加 31 个，分别来自河北和安徽（各 5 个），广东和贵州（各 4 个），山东和云南（各 3 个），黑龙江（2 个），山西、江西、广西、四川、新疆（各 1 个）。总体来看，地理标志产品认定规模较为平稳。

从截至 2022 年累计认定的地理标志产品数量来看，四川居第一位，共有 296 个，遥遥领先于其他省份；湖北、广东和贵州为第二梯队，分别为 165 个、162 个、150 个；河南、浙江、福建为第三梯队，分别为 116 个、115 个、107 个（见图 2）。

2. 地理标志产品行业分布

根据 2023 年 12 月正式发布的国家标准《地理标志认定产品分类与

---

① 该数据为我国 31 个省份地理标志产品认定数量，截至 2022 年，我国认定的国外地理标志产品共 140 个，加上这部分，我国 2022 年累计认定的地理标志产品共 2495 个。

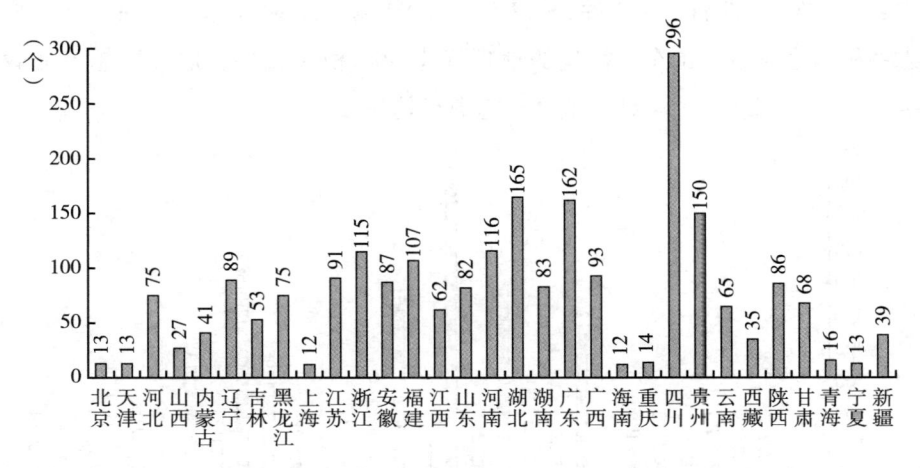

图 2　截至 2022 年各省份地理标志产品累计认定数量

资料来源：国家知识产权局网站数据。

代码》的产品分类，2022 年累计认定的 2355 个地理标志产品中，约 80% 为食用农林产品及食品、11.5% 为中药材、6% 为手工艺品、1.5% 为非食用农林产品。①

（二）2019~2022年地理标志商标注册概况

1.地理标志商标注册规模和地区分布

2019~2022 年，我国地理标志作为集体商标、证明商标累计注册数量由 5126 件上升到 6844 件，增长了 33.5%。② 地理标志商标中证明商标约占 94%。从各省份来看，河北、山西、海南、广东、湖南、广西、江西、四川增长较快，增速均超过了 50%。与地理标志产品认定情况不同，山东、福建、四川、湖北、江苏分别居前 5 位，地理标志商标累计注册量分别为 903

---

① 根据国家知识产权局指导编写的《地理标志保护发展报告（2021年度）》图 2-3 中的数据推算。
② 此处数据为我国 31 个省份地理标志商标注册数量，截至 2022 年，在我国注册的台湾地区地理标志商标 5 件，国外地理标志商标 227 件，加上这两部分，我国 2022 年累计注册地理标志商标共 7076 件。

件、643件、587件、517件、412件（见图3）。将地理标志产品和地理标志商标综合来看，山东、福建的地理标志商标相对较多、地理标志产品较少，四川、湖北两种类型的地理标志数量均较多。

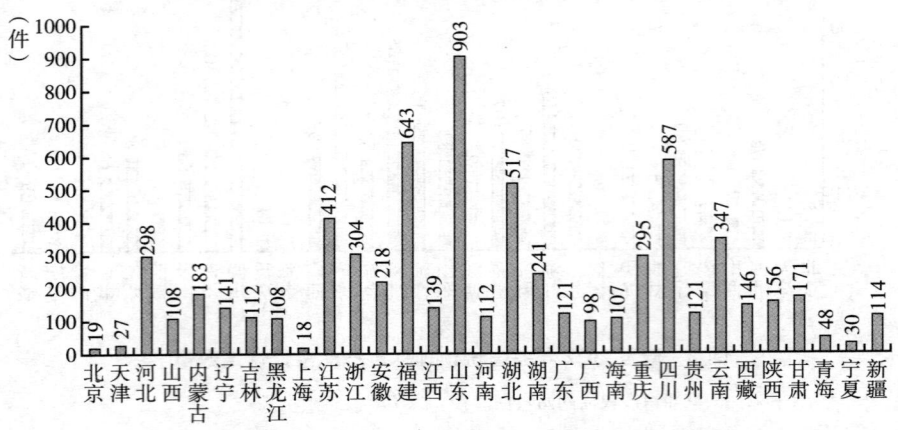

图3 截至2022年各省份地理标志商标累计注册数量

资料来源：国家知识产权局网站数据。

2. 地理标志商标产品分布

根据商标国际分类《类似商品和服务区分表——基于尼斯分类第十一版》，我国地理标志商标产品以初级农产品，加工动植物食品以及茶叶、咖啡、香料等为主（见表2）。各类占比与地理标志产品类似。

表2 截至2022年地理标志商标产品分布

序号	类别编码	产品名称	占比（%）
1	31类	初级农产品	50.99
2	29类	加工动植物食品	17.91
3	30类	茶叶、咖啡、香料等	16.89
4	5类	药品、保健品等	5.75
5	33类	葡萄酒及烈酒	3.25
6	21类	瓷器、陶器等	1.14
7	其他	—	4.07

资料来源：根据国家知识产权局指导编写的《地理标志保护发展报告（2021年度）》图2-7中的数据整理所得。

（三）2019~2022年农产品地理标志概况

1. 农产品地理标志登记规模

截至 2022 年 11 月，农业农村部共受理登记了 3510 个农产品地理标志。自 2008 年农业部开始农产品地理标志登记以来，每年平均完成 234 个农产品地理标志登记，其中 2020 年数量最多，达 490 个（见图 4）。地理标志为促进产业发展、脱贫攻坚和乡村振兴发挥了重要作用。

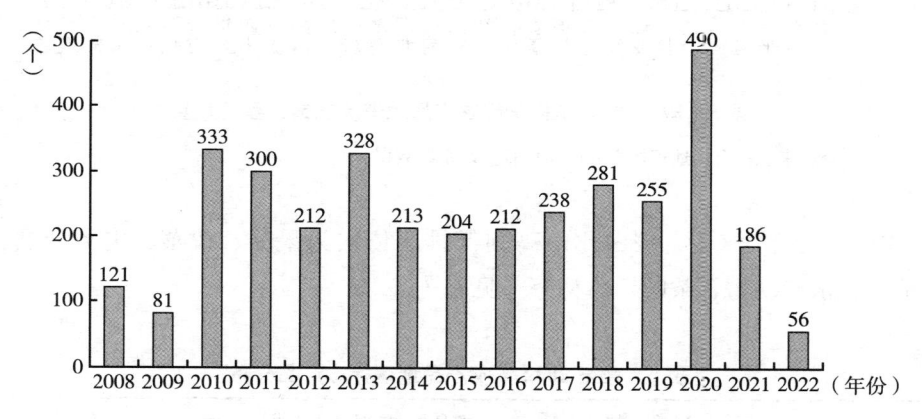

图 4　2008~2022 年全国农产品地理标志登记数量

资料来源：全国地理标志农产品信息查询系统数据。

2. 农产品地理标志地区分布

从截至 2022 年各省份累计登记的农产品地理标志数量来看，山东居第一位，共有 351 个，遥遥领先于其他省份；四川、湖北、山西、黑龙江、广西、河南、浙江、贵州为第二梯队，为 150~200 个（见图 5）。

结合上述分析，山东的地理标志商标和农产品地理标志均处于全国首位。从全国来看，2022 年各省份累计地理标志商标和农产品地理标志相关系数为 67%。

3. 农产品地理标志产业分布

从大类来看，种植业占比为 77.2%，畜牧业占比为 15%，水产占比为

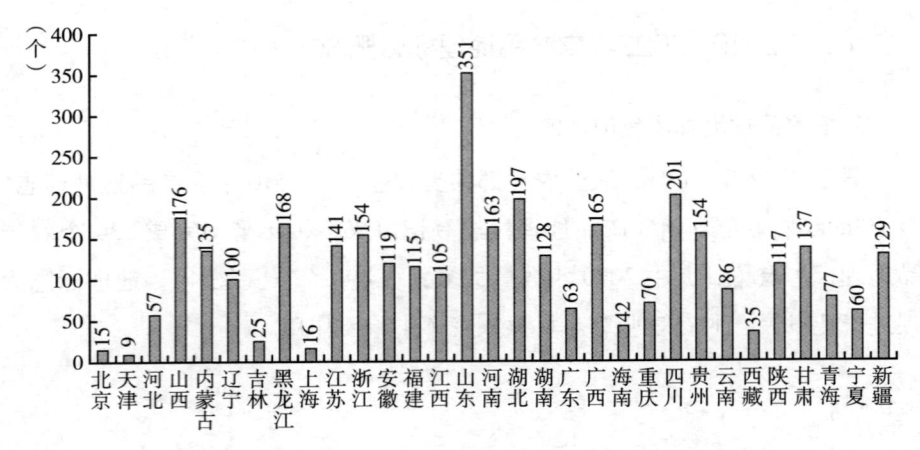

图5 截至2022年各省份农产品地理标志累计登记数量

资料来源：全国地理标志农产品信息查询系统数据。

7.8%。从细类来看，按占比从高到低排序依次为果品、蔬菜、肉类产品、粮食、水产动物、茶叶、药材等（见表3）。

表3 截至2022年农产品地理标志产品分布

序号	类别	农产品地理标志数量(个)	占比(%)
1	果品	957	27.26
2	蔬菜	602	17.15
3	肉类产品	443	12.62
4	粮食	416	11.85
5	水产动物	267	7.61
6	茶叶	240	6.84
7	药材	230	6.55
8	油料	77	2.19
9	食用菌	76	2.17
10	蜂类产品	56	1.60
11	其他	146	4.16
	总计	3510	100.00

资料来源：根据全国地理标志农产品信息查询系统数据计算所得。

（四）2019~2022年地理标志专用标志使用市场主体概况

1. 地理标志专用标志使用市场主体规模

截至2022年底，以开通矢量图下载权限的地理标志专用标志合法使用人为市场主体统计口径，包括核准使用地理标志产品专用标志的生产者、作为集体商标注册的地理标志注册人集体成员、作为证明商标注册的地理标志被许可人在内的核准使用地理标志专用标志市场主体有23484家。

2. 地理标志直接产值规模和地区分布

根据2021年国家知识产权局的统计数据，地理标志直接产值超过7000亿元，其中地理标志产品占比为68.43%，集体商标占比为3.01%，证明商标占比为28.55%。31个省份中，四川、黑龙江、贵州、安徽、江苏、湖南、湖北、福建、吉林、山东分别居前10位，四川省地理标志产品直接产值显著高于其他省份，达1699.41亿元，占全国的24.16%（见表4）。

表4　2021年地理标志产品直接产值规模和地区分布

序号	省份	地理标志产品直接产值（亿元）	集体商标直接产值（亿元）	证明商标直接产值（亿元）	小计（亿元）	占比（%）
1	四川	1504.96	4.08	190.37	1699.41	24.16
2	黑龙江	822.64	0	104.32	926.96	13.18
3	贵州	488.97	0	75.69	564.66	8.03
4	安徽	385.17	0.01	152.65	537.83	7.65
5	江苏	77.89	133.52	207.60	419.01	5.96
6	湖南	151.78	7.50	248.38	407.66	5.80
7	湖北	125.88	28.47	175.49	329.84	4.69
8	福建	252.30	0.71	45.18	298.19	4.24
9	吉林	43.35	0.16	196.66	240.17	3.41
10	山东	106.05	0	108.26	214.31	3.05
	合计	3958.99	174.45	1504.60	5638.04	80.16
	全国总计	4813.45	211.94	2008.37	7033.76	100.00

资料来源：根据《地理标志保护发展报告（2021年度）》表2-5数据整理所得。

3. 直接产值排名前10的地理标志

地理标志产品直接产值排名前 10 的为五常大米、五粮液、茅台酒、古井贡酒、剑南春酒、郫县豆瓣、国窖 1573、习酒、郎酒、福鼎白茶，这 10 种地理标志产品的总直接产值占比为 44.35%（见表5）。前 10 名中的五粮液、剑南春酒、郫县豆瓣、郎酒、国窖 1573 等 5 种均来自四川，这也是四川地理标志产品直接产值居第一位的原因。

表 5 2021 年地理标志直接产值产品分布

序号	地理标志产品直接产值			地理标志证明商标直接产值		
	名称	产值（亿元）	占比（%）	名称	产值（亿元）	占比（%）
1	五常大米	599.30	12.45	盱眙龙虾	113.50	5.65
2	五粮液	375.70	7.81	东坡泡菜	65.06	3.24
3	茅台酒	347.92	7.23	梨树白猪	46.88	2.33
4	古井贡酒	160.60	3.34	纳溪特早茶	46.21	2.30
5	剑南春酒	153.00	3.18	凤冈锌硒茶	41.15	2.05
6	郫县豆瓣	152.30	3.16	伊通黄牛	40.00	1.99
7	国窖1573	94.73	1.97	霍山石斛	35.00	1.74
8	习酒	92.29	1.92	铅山红芽芋	35.00	1.74
9	郎酒	80.00	1.66	方正大米	33.60	1.67
10	福鼎白茶	79.13	1.64	万宁槟榔	32.37	1.61
	合计	2134.97	44.35	合计	488.77	24.34

资料来源：根据《地理标志保护发展报告（2021 年度）》图 2-17、图 2-19 中的数据整理所得。

地理标志证明商标直接产值排名前 10 的为盱眙龙虾、东坡泡菜、梨树白猪、纳溪特早茶、凤冈锌硒茶、伊通黄牛、霍山石斛、铅山红芽芋、方正大米、万宁槟榔，这 10 种地理标志证明商标的总直接产值占比为 24.34%。

（五）2019~2022年地理标志品牌建设成效

2019~2022 年，国家知识产权局从政策支持、质量标准、品牌推广、能力建设等多个方面，持续加强地理标志品牌培育建设。政策部署方面，国家发展改革委等部门发布《关于新时代推进品牌建设的指导意见》，提出到

2035年，中国品牌成为推动高质量发展和创造高品质生活的有力支撑，形成一批质量卓越、优势明显、拥有自主知识产权的企业品牌、产业品牌、区域品牌，布局合理、竞争力强、充满活力的品牌体系全面形成。国家知识产权局印发《地理标志运用促进工程实施方案》《关于组织开展地理标志助力乡村振兴行动的通知》《关于进一步加强商标品牌指导站建设的通知》等政策文件，对地理标志品牌注册、运用、管理、保护与推广进行了部署和指导。

《地理标志保护和运用"十四五"规划》在发展目标、主要任务、地理标志运用促进工程中均详细部署了地理标志品牌建设和价值提升的目标和方案。地理标志发展目标是地理标志品牌效应显著提高，地理标志产品的市场竞争力有效增强，以地理标志品牌为核心、企业商标和区域品牌相结合、共同发展的地理标志品牌体系更加完善，地理标志相关产业链更加健全；主要任务是通过强化地理标志品牌效应，提升地理标志品牌价值和影响力，打造地理标志特色会展，加强地理标志品牌建设；地理标志运用促进工程的两大行动之一是通过提升区域品牌内涵，助力地理标志品牌推广，提升地理标志品牌影响力，加强地理标志文化知识传播，实施地理标志品牌价值提升行动。质量标准方面，推动设立了全国地理标志标准化分技术委员会，完善地理标志产品的标准体系建设，保证产品质量。品牌推广方面，开展商标地理标志区域品牌培育行动，搭台促进展示推介和产销对接。能力建设方面，加强服务培训，充分运用一年一度的"知识产权服务万里行"活动，组织开展政策解读和经验交流，推动基层从业人员的技能快速提升。

通过以上政策支持和引导，一大批地理标志，如"安吉白茶""柳州螺蛳粉""柞水木耳""桑植白茶"等已成为地方经济发展的支柱产业。以安吉白茶为例，安吉县依托品牌建设不断探索安吉白茶的规模化发展新模式，加快白茶产业提速升级，走出了三次产业融合的生态高质量发展道路。"2021中国茶叶区域公用品牌价值评估"结果显示，安吉白茶以45.17亿元的品牌价值居第八位，连续十二年入选全国十强，品牌价值较上一年提高8.48%。其品牌建设主要做法，一是标准化生产，通过实施"公司+基地+

农户"模式，制定《地理标志产品　安吉白茶》等标准，建立"六合一"质量追溯管理体系，推动白茶标准化生产，提升安吉白茶品质；二是数字化管理，持续深化茶园数字化管理，上线了大数据原产地管理体系，实现种植、加工、销售等全产业链可追溯的闭环管理，该体系已对全县20.56万亩茶园开展数字测绘图斑入库，完成1.5万余户茶农确权登记，建成首批示范性智慧茶园5个，辐射茶园面积1.6万亩；三是构建"母子品牌"协同发展模式，运用"安吉白茶"地理标志树立区域品牌形象，利用茶企注册的子商标明晰产品溯源，该模式不仅提升了安吉白茶区域公用品牌的价值，还培育出"宋茗""龙王山"等一大批知名子商标品牌。[1]

2019~2022年，农业农村部研究制定《农产品区域公用品牌建设指南》和《农业品牌精品培育计划（2022~2025年）》，建立以地理标志为核心的农产品区域公用品牌培育体系，指导各地依托特色产业和资源优势，通过地理标志农产品区域公用品牌，带动企业品牌、产品品牌协同发展。在加强地理标志农产品品牌宣传和品牌价值提升方面主要采取以下措施。一是提升品牌影响力。2022年启动实施农业品牌精品培育计划，首批发布五常大米、洛川苹果、西湖龙井、盐池滩羊、盱眙龙虾等75个地理标志农产品区域公用品牌，建立核心授权企业及产品名录。二是加强产销对接。连续在中国国际农产品交易会现场设立地理标志农产品专展，举办全国地理标志农产品品牌推介会。2021年起，建设"国家地理标志农产品展示体验馆"。支持各地举办地理标志农产品推介活动3100余场次。三是加强培训指导。为推进地理标志农产品规范化、标准化生产，加强种养殖过程管控、农兽药残留自检、产品带证上市和产品质量追溯，保障品质特色，培训生产经营主体超过80万人次。[2]

---

[1] 薛佩雯、潘柏林：《安吉白茶：绿了青山，红了日子！》，《中国知识产权报》2021年7月7日，第4版。
[2] 《关于政协第十四届全国委员会第一次会议第01249号（农业水利类112号）提案答复的函摘要》，农业农村部网站，https://www.moa.gov.cn/govpublic/ncpzlaq/202308/t20230829_6435407.htm，2023年8月29日。

五 中国地理标志品牌发展规划及建议

2019~2022年，经过地理标志管理机构改革和《地理标志保护和运用"十四五"规划》等各项政策部署，我国地理标志的管理机制和政策框架日趋完善，地理标志保护数量居世界第一，下一步工作重点应是围绕地理标志品牌建设和价值提升，加强两种地理标志保护模式和各部门的协同，推动形成以地理标志产品生产为主导，生产、加工、销售、文化旅游等上下游产业联动的发展格局，推动形成具有规模效应和集聚效应的区域品牌和产业集群。

（一）地理标志两种保护模式的协同

截至2022年底，我国已认定地理标志产品2495个，核准注册地理标志集体商标、证明商标7076件，农产品地理标志3510个，地理标志日渐成为发展地方特色经济的重要抓手，但是当同一种地理标志同时处于2种或3种保护模式时，即同时为地理标志产品、地理标志商标或农产品地理标志时，实现各种保护模式的优势互补、有机衔接，仍是未来需要进一步协同完善的工作。

2021年，《知识产权强国建设纲要（2021~2035年）》，明确提出探索制定地理标志专门法律法规，健全专门保护与商标保护相互协调的统一地理标志保护制度。下一步，有必要基于已有的管理政策框架，重点做好两种地理标志保护模式的衔接协调、明确地理标志的权利义务和法律责任，同时充分研究世界主要国家和地区地理标志管理和保护体系，研究各国地理标志的法律保护、管理、运用促进和公共服务等方面的具体制度及措施，为形成具有中国特色的地理标志统一立法和管理机制提供参考。

同时，地理标志保护模式的协同需基于地理标志保护信息和地理标志产品标准信息的一体化。目前，国家知识产权局网站能够进行地理标志产品检索，地理标志专用标志查询系统以及商标综合查询系统也已经上线，但在查找相关地理标志信息时仍存在不便，比如需要在多个系统进行查询、商标综合查询系统中没有商标类型选项、无法快速获得地理标志商标信息和相关标准等。《地理标志保护和运用"十四五"规划》提出，推进地理标志保护资源管理信息化建设，建立完善地理标志保护资源数据库和电子化应用平台，因此未来有必要建立统一的、信息集成的地理标志查询系统，为地理标志利益相关方，包括生产者、权利人、管理主体以及社会大众提供一站式的信息服务。对此，可以参考欧盟的 GI View 地理标志信息查询系统进行建设，该系统可以方便地查询所有受欧盟保护的葡萄酒、烈性酒、农产品和食品的地理标志类型、优先权日期、法律地位、保护依据，其扩展数据还包括地理标志生产者团体和监管机构的联系数据、地图、产品图片、产品描述、地理区域等。

（二）地理标志品牌管理与使用的协同

与商标品牌不同，地理标志品牌作为区域公共知识产权，其权利人和使用者相互分离。商标法的核心是保护私权，商标权人的产品质量完全由其自主决定、自负责任，商标可以自由转让，品牌价值主要依赖企业的市场营销。[1] 而地理标志品牌权利人是地理标志标示地域范围内的非营利性组织，一般包括地理标志产权所属的行业协会、产业服务中心，当地县级以上人民政府指定的地理标志产品保护申请机构或人民政府认定的协会，核准地理标志作为集体商标、证明商标注册的团体、协会或者其他组织。地理标志的使用人或经营者一般为地理标志集体商标注册的集体成员、地理标志证明商标的协会成员、地理标志产品的合格生产者或经国家知识产权局登记备案的其他地理标志专用标志的使用人。

地理标志权利人和使用者的分离，在现实中也导致了我国地理标志申请

---

[1] 易继明：《对我国地理标志保护制度建设的政策建议》，《法治日报》2021年11月17日，第11版。

多但地理标志品牌价值尚未充分显现的问题。地理标志品牌价值的核心是其基于自然人文环境所形成的产品的特色质量，因此我国地方政府指定的行业协会作为地理标志持有人，其工作重点应是特色保护和质量监管；地理标志产品的生产者应按照相关标准合规生产，并与行业协会紧密合作，共同提升地理标志品牌价值。

地理标志是悠久农耕文化、地域特色和品质特色的集中体现，具有唯一性和不可复制性。其对生产区域的严格限定，决定了地理标志产品必然是生产规模有限、供应量有限的产品，是主要满足人们特定需求的产品。这种差异性正是品牌塑造的核心，所以地理标志天然地具有品牌化的优势。行业协会作为地理标志持有人在监督地理标志产品质量、强化专门保护措施、推动地理标志产品市场运营的同时，还需要基于高质量发展思路，通过地理标志的使用，鼓励具有特色、高附加值的农业生产和特色产品开发方式，将发展的重点转移到稳品质、造精品上来。

（三）地理标志品牌经济价值与历史文化价值的协同

经济价值是地理标志保护的重要动力和发展目标，也是区域经济社会发展的重要增长点，但历史人文因素也是地理标志产品的品质和特色的主要决定因素之一。独特的历史文化价值能够为地理标志带来较高的知名度、较大的附加值。注重历史文化价值的挖掘是地理标志品牌内涵和价值提升的应有之义，也是提升经济价值的核心要素。随着消费结构的升级，历史文化因素往往成为决定市场销售的关键。

中华农耕文化是我国地理标志品牌的精髓和灵魂。地理标志品牌建设需要不断丰富品牌内涵，树立品牌自信，培育具有中国特色的地理标志品牌文化。具体包括深入挖掘地理标志生产、生活、生态和文化等功能，积极促进地理标志与非物质文化遗产、民间技艺、乡风民俗、美丽乡村建设深度融合，加强老工艺、老字号、老品种的保护与传承，培育具有文化底蕴的中国地理标志品牌，讲好地理标志品牌故事，以故事沉淀品牌精神，以故事树立品牌形象。充分利用各种传播渠道，开展品牌宣传推介活动，加强对国外受

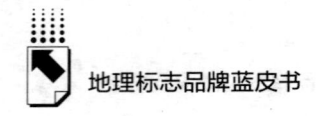

众消费习惯的研究，提高中国地理标志品牌在全世界的知名度、美誉度和影响力。

（四）地理标志品牌与企业商标品牌、区域品牌的协同

区域品牌与地理标志品牌关系密切，一般比地理标志所界定的地理区域范围更广，目前我国建设的区域品牌主要以省级、市级、县级行政区划为界。截至2022年已注册县级以上区域品牌集体证明商标284件[①]，包括产业及全类型的区域品牌，比如甘肃省的"甘味"。区域品牌对支持特色经济发展产生了有效的带动作用，但如何与地理标志品牌和企业商标品牌互补协同，形成品牌集聚效应是目前仍需研究的重要课题。

从三种品牌涉及的地域范围和受益范围来看，地理标志品牌是品牌体系建设的核心、区域品牌建设的基础。作为以地理品牌为主导的品牌发展体系，主要依托两类主体，即农民专业合作社和农业龙头企业。一方面，可采取以地理标志为核心的"政府推动+行业协会+地理标志+专业合作社+农户"的单一品牌模式，由地理标志主管部门提供政策支持，引导行业协会申请地理标志，专业合作社提供技术支持，各类地理标志产品的生产农户进行规模种植接收订单，定期以节会、商超为线下推广平台，同时充分利用互联网平台开展线上营销活动；另一方面，可采取"地理标志+龙头企业品牌+基地+产业链"的多品牌模式，依托地理标志和产品生产基地，龙头企业负责将分散的中小企业和农户集中起来组织开展地理标志产品生产、加工活动，并提供资金、技术、管理、市场营销等资源，将地理标志资源、企业资源、农户资源进行整合形成产业化联合体，打造龙头企业引领下的多品牌模式。

[①] 参见国新办2022年中国知识产权发展状况新闻发布会，国家知识产权局商标局网站，https://sbj.cnipa.gov.cn/sbj/tpxw/202304/t20230426_26793.html，2023年4月26日。

参考文献

［1］知识产权出版社有限责任公司编写《地理标志保护发展报告（2021年度）》，知识产权出版社，2023。

［2］《严格地理标志保护 深化地理标志管理改革》，国家知识产权局网站，https：//www.cnipa.gov.cn/art/2021/2/22/art_66_156817.html，2021年2月22日。

［3］易继明：《对我国地理标志保护制度建设的政策建议》，《法治日报》2021年11月17日，第11版。

产业篇

B.2 苹果地理标志品牌发展报告

徐婧 刘超凡*

摘 要： 我国是世界上第一大苹果生产国，苹果产业对带动农业增效、农民增收具有重要意义。截至2022年底，我国已登记苹果农产品地理标志68个，认定苹果地理标志产品16个，注册苹果地理标志商标56个，广泛分布于17个省份，地理标志对促进苹果产业升级、拓宽销售渠道、促进出口等发挥着重要作用。本报告首先从产业规模、产业分布以及进出口特征等方面，分析苹果产业的基本概况，进而对苹果地理标志认定、地理标志商标注册、地理标志专用标志市场主体和相关管理政策进行梳理，并进一步选择静宁苹果和沂源苹果两个地理标志品牌作为代表性案例，分析其在品牌建设、生产模式等方面的特色做法。本报告针对苹果地理标志品牌发展中存在的苹果单产、产业附加值、地理标志运用效益、出口创汇能力、龙头企业和品牌知名度有待提升等问题，从强化政策支持、鼓励科技创新、推进苹果产业链

---

* 徐婧，西北师范大学经济学院教授、西北师范大学中华地标产业研究中心专家库成员，主要研究领域为国际贸易、区域经济与产业发展；刘超凡，西北师范大学经济学院硕士研究生，主要研究领域为国际贸易与产业发展。

建设、加大优质品牌培育、拓宽出口渠道、密切融合信息技术六个方面提出相关的政策建议。

关键词： 地理标志品牌　地理标志产品　苹果

中国是世界上最早栽培苹果的国家之一，也是目前世界上苹果产量最大的国家。作为中国重要的果品之一，苹果因营养价值高、酸甜可口等优势深受消费者的喜爱。同时，苹果具有易于栽培、保质保鲜期较长、市场需求量大等特点，能为农民带来稳定和可观的经济收入，因此也成为一些地区发展农村经济、推动乡村振兴的重要产业。由于不同地区地理环境的特殊性，各地区生产的苹果在口感、色泽、大小等方面也呈现不同的特色，形成了不同的种类，并逐渐发展出具有区域特色的苹果地理标志品牌。地理标志品牌建设对于打造我国苹果产业的特色品牌、提高我国苹果产业的竞争力、增加农民收入、促进地区经济发展等均具有重要意义。

一　苹果产业发展概况

（一）苹果产业规模

我国是世界上最大的苹果生产国，总产量和种植面积常年稳居世界第一位。2021年我国苹果产量达4598万吨，占世界总产量的49.4%，遥遥领先于排名第二的土耳其（4.82%）和排名第三的美国（4.80%）（见表1）；收获面积达209万公顷，占世界总收获面积的43.4%，同样远高于排名第二的印度（6.49%）和排名第三的俄罗斯（4.67%）；每公顷产量为21.9吨，在世界主要苹果生产国中排第29位，与排名第一的新西兰（58.0吨）和排名第二的瑞士（56.2吨）还有一定的差距。

表1 2018~2021年世界主要苹果生产国的生产概况

序号	国家	2018年 总产量（万吨）	2018年 每公顷产量（吨）	2019年 总产量（万吨）	2019年 每公顷产量（吨）	2020年 总产量（万吨）	2020年 每公顷产量（吨）	2021年 总产量（万吨）	2021年 每公顷产量（吨）
1	中国	3923	20.2	4243	20.8	4407	21.3	4598	21.9
2	土耳其	363	20.8	362	20.7	430	25.2	449	26.6
3	美国	464	39.5	503	42.1	467	39.0	447	38.0
4	波兰	400	24.1	308	19.8	356	23.3	407	25.1
5	印度	233	7.7	232	7.5	281	9.1	228	7.3
6	伊朗	194	20.0	224	22.2	224	20.1	224	17.0
7	俄罗斯	186	9.1	195	9.3	204	9.6	222	9.8
8	意大利	247	42.9	230	41.9	246	44.8	221	40.6
9	法国	174	34.4	175	34.8	162	32.3	163	30.1
10	智利	168	48.9	159	49.2	161	49.7	156	50.3
	世界	8590	18.5	8751	18.6	9049	18.9	9314	19.3

资料来源：根据联合国粮食及农业组织（FAO）的统计数据计算所得。

根据国家统计局数据，2022年我国苹果总产量再创新高，达4757.18万吨，每公顷产量约为22.3吨。① 总体来看，近年来，我国苹果的总产量和每公顷产量均呈现稳步上升的趋势。

（二）苹果产业地区分布

我国苹果种植地区分布范围较广、经纬跨度较大，产地包括黄土高原、环渤海湾、黄河故道、西南、新疆和东北六大产区。其中，环渤海湾产区和黄土高原产区的产量最大，约占全国总产量的75%。②

2022年，在我国23个种植苹果的省份中，苹果产量排名前十的依次为陕西、山东、甘肃、河南、山西、辽宁、河北、新疆、四川、云南。排名前三的陕西、山东、甘肃的苹果产量占比均超过了10%，而陕西省和山东省

---

① 国家统计局国家数据平台，https://data.stats.gov.cn/easyquery.htm?cn=C01。
② 中国苹果产业协会：数据来自《2022年度中国苹果产业发展报告》，https://mp.weixin.qq.com/s/JUoZxCNM6zBCBsH51TCE6A。

的占比合计近50%。从变化趋势来看，排名前五中的山东、河南、山西三省苹果总产量相对较为稳定，陕西省和甘肃省苹果总产量有较大幅度增长（见表2）。

表2 2018~2022年全国主要省份苹果产量

单位：万吨，%

序号	省份	2018年	2019年	2020年	2021年	2022年	2022年占比
1	陕西	1008.7	1135.6	1185.2	1242.5	1302.7	27.38
2	山东	952.2	950.2	953.6	977.2	1006.4	21.16
3	甘肃	291.5	340.5	386.0	438.4	475.9	10.00
4	河南	402.7	408.8	407.6	405.1	421.2	8.85
5	山西	376.5	421.9	436.6	430.2	418.3	8.79
6	辽宁	237.0	248.8	267.3	260.5	273.7	5.75
7	河北	220.1	221.6	239.8	249.1	265.6	5.58
8	新疆	163.3	170.7	184.0	203.7	213.9	4.50
9	四川	72.6	76.5	80.8	87.2	90.8	1.91
10	云南	51.9	55.0	60.6	69.8	71.7	1.51
11	江苏	40.5	54.0	56.6	55.1	57.2	1.20
12	安徽	36.4	37.5	37.6	37.3	35.7	0.75
13	宁夏	18.2	50.2	21.1	46.2	32.2	0.68
14	内蒙古	13.6	21.1	25.8	27.8	32.1	0.68
15	贵州	9.1	20.3	34.5	38.1	31.5	0.66
16	黑龙江	13.8	13.8	14.4	14.3	14.0	0.30
17	吉林	5.6	5.3	5.6	6.6	6.8	0.14
18	北京	4.3	4.7	4.3	3.4	2.9	0.06
19	天津	3.6	3.5	2.9	2.6	2.6	0.05
20	西藏	0.0	1.0	0.8	0.8	0.7	0.02
21	重庆	0.4	0.6	0.6	0.6	0.6	0.01
22	青海	0.4	0.4	0.4	0.4	0.5	0.01
23	湖北	1.0	0.8	0.7	0.5	0.3	0.01
合计		3923.4	4242.54	4406.61	4597.4	4757.18	100

注：合计数据因四舍五入与各省份数据相加后的数据之和略有差异，全书如此，特此说明。
资料来源：国家统计局网站。

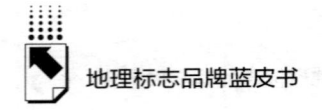

（三）苹果市场价格变化

我国 2018 年至 2023 年第三季度富士苹果的批发价格波动较大。由 2018 年第一季度的 8.8 元/公斤，下降到第二季度的 6.3 元/公斤，之后快速上升到 2019 年第三季度的 12 元/公斤。这主要是受 2018 年倒春寒影响，苹果产量大幅度减少，因此，2019 年第三季度富士苹果的批发价格快速上升，之后随着夏秋水果供应充足，苹果价格开始出现下跌，批发价格波动下降至 2021 年第三季度的 6.4 元/公斤，之后又较快回升，并于 2023 年第三季度达到 9.2 元/公斤的较高位（见图 1）。

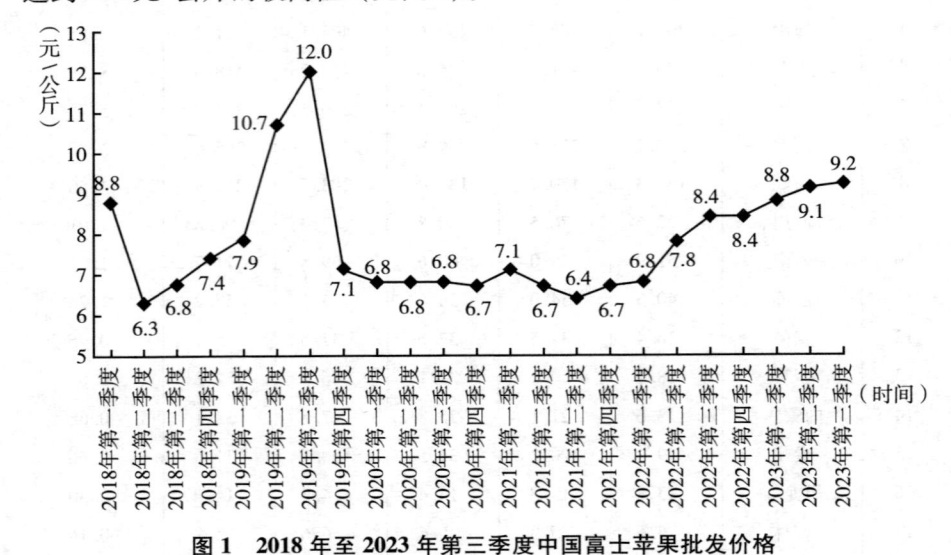

图 1　2018 年至 2023 年第三季度中国富士苹果批发价格

资料来源：根据农业农村部数据计算所得。

（四）苹果产业进出口特征

1. 苹果进出口规模

2022 年世界苹果出口总额为 68.5 亿美元，同比下降约 15%。中国苹果出口量位于世界第一，2022 年出口额为 10.4 亿美元，同比下降约 27%。2022 年我国苹果总产量占世界总产量的近一半，但出口量为 88.53 万吨，占世界总出口量（823万吨）的约10%，占我国总产量的1.7%，这说明我国苹果主要以国内消费为主。2022年世界苹果出口排名第二至第十的国家为意大利、美国、新西兰、智利、南非、法国、波兰、伊朗、土耳其（见表3）。

表3 2018~2022年世界苹果主要出口国家和地区出口规模

单位：亿美元

序号	国家(地区)	2018年	2019年	2020年	2021年	2022年
1	中国	13.0	12.5	14.5	14.3	10.4
2	意大利	8.1	8.3	9.6	10.5	9.1
3	美国	10.2	9.6	8.5	9.1	8.9
4	新西兰	5.3	5.7	5.9	6.0	5.7
5	智利	6.8	6.0	5.7	5.9	5.3
6	南非	3.9	3.7	4.1	4.8	4.9
7	法国	5.7	4.3	4.8	4.4	4.0
8	波兰	3.9	3.7	3.4	4.2	3.2
9	伊朗	2.3	3.7	3.3	2.8	2.0
10	土耳其	0.9	0.9	1.1	1.8	1.7
11	其他	15.9	15.2	15.8	16.5	13.4
总计		76.0	73.6	76.8	80.4	68.5

资料来源：根据ITC-Trade Map数据库相关数据整理。

2022年世界苹果主要进口国家（地区）包括德国、英国、埃及、印度尼西亚、俄罗斯、印度、中国台湾、泰国等。德国为世界苹果进口规模最大的国家，进口总量为53.8万吨，进口规模为4.9亿美元，占世界总进口额的6.5%（见表4）。

表4 2018~2022年世界苹果主要进口国家和地区进口规模

单位：亿美元

序号	国家(地区)	2018年	2019年	2020年	2021年	2022年
1	德国	7.3	4.9	6.6	6.3	4.9
2	英国	5.0	4.2	4.4	4.1	3.9
3	埃及	2.3	4.1	3.1	3.5	3.6
4	印度尼西亚	3.6	3.4	3.3	3.7	3.6
5	俄罗斯	5.2	3.9	4.8	4.8	3.2

续表

序号	国家(地区)	2018年	2019年	2020年	2021年	2022年
6	印度	3.0	2.4	2.0	3.8	3.1
7	中国台湾	2.4	2.6	2.2	2.7	2.6
8	泰国	1.9	2.1	2.6	2.7	2.5
9	越南	0.8	1.3	1.4	1.7	2.5
10	加拿大	0.2	2.1	1.9	2.1	2.5
11	其他	49.0	46.1	46.7	47.9	42.9
—	总计	80.7	77.1	79.0	83.3	75.3

资料来源：根据ITC-Trade Map数据库相关数据整理。

我国苹果的进口量相对较小，2022年我国苹果进口规模为2.15亿美元，同比增长42.9%，进口规模在全球排第12位，约占全球总进口额的2.9%。因此，我国苹果出口优势相对更明显。

2. 苹果进出口地区结构

从出口目的地看，我国苹果出口主要面向东南亚国家，2022年出口量最大的前五个国家分别为印度尼西亚、越南、泰国、菲律宾和孟加拉国（见表5）合计为7.98亿美元，约占我国苹果总出口额的77%。

表5 2018~2022年我国苹果出口目的地分布

单位：亿美元

序号	出口目的地	2018年	2019年	2020年	2021年	2022年
1	印度尼西亚	1.52	1.64	1.71	1.90	1.89
2	越南	1.48	2.07	3.22	2.99	1.87
3	泰国	1.43	1.53	2.13	2.08	1.64
4	菲律宾	1.46	1.26	2.13	2.04	1.35
5	孟加拉国	1.19	1.52	1.83	1.89	1.23
6	尼泊尔	0.66	0.68	0.47	1.01	0.68
7	中国香港	0.44	0.48	0.54	0.57	0.47
8	马来西亚	0.40	0.37	0.43	0.51	0.45
9	新加坡	0.20	0.19	0.27	0.25	0.21
10	俄罗斯	1.24	0.24	0.00	0.00	0.17
11	其他	2.95	2.48	1.78	1.07	0.45
—	总计	12.99	12.46	14.50	14.30	10.40

资料来源：根据ITC-Trade Map数据库相关数据整理。

从进口来源地看，我国苹果进口主要来源为新西兰、南非、美国、智利，该四国约占我国苹果总进口额的97.4%。2022年我国从新西兰进口苹果1.50亿美元（见表6），约占我国苹果总进口额的69.4%。

表6 2018~2022年我国苹果进口来源地分布

单位：亿美元

序号	进口来源地	2018年	2019年	2020年	2021年	2022年
1	新西兰	0.62	1.17	0.92	1.07	1.50
2	南非	0.04	0.16	0.08	0.13	0.22
3	美国	0.29	0.24	0.16	0.18	0.21
4	智利	0.15	0.53	0.20	0.11	0.18
5	法国	0.04	0.06	0.02	0.02	0.05
6	澳大利亚	0.00	0.01	0.00	0.00	0.01
	总计	1.17	2.19	1.39	1.51	2.16

资料来源：根据ITC-Trade Map数据库相关数据整理。

3.各省份苹果出口

从各省份的出口情况来看，2022年山东的出口量和出口额分别以507431吨和6.38亿美元居于全国首位，其中出口额占全国总出口额的62%。云南和甘肃分别以81279吨、1.03亿美元和54887吨、0.67亿美元排名第二和第三。值得注意的是，云南省2022年苹果的总产量为71.7万吨，仅占全国苹果总产量的1.5%，在各省份中排在第10位，但出口额占全国的近10%（见表7）。在出口地区上，山东主要出口目的地为印度尼西亚、菲律宾和泰国，云南则有近九成出口到越南，而甘肃主要出口目的地是尼泊尔、孟加拉国和越南。

全国总体出口价格为1.26美元/公斤，出口大省中，陕西的出口价格低于其他省份，为1.09美元/公斤。按2022年人民币兑美元年平均汇率6.72换算，我国的总体出口单价为8.47元，略高于国内批发价格。

表7 2022年各省份苹果出口情况

序号	省份	出口数量（吨）	出口金额（美元）	出口单价（美元/公斤）
1	山东	507431	6.38	1.26
2	云南	81279	1.03	1.27
3	甘肃	54887	0.67	1.22
4	辽宁	29332	0.43	1.48
5	陕西	37808	0.41	1.09
6	广西	16610	0.24	1.43
7	广东	17887	0.23	1.29
8	河南	20739	0.20	0.99
9	上海	11594	0.17	1.44
10	黑龙江	9168	0.15	1.62
11	其他	36394	0.48	1.32
总计		823128	10.40	1.26

资料来源：根据中国海关总署——数据在线查询平台数据整理。

二 苹果地理标志认定及发展状况

（一）地理标志保护概况

截至2022年，我国已登记苹果农产品地理标志68个，认定苹果地理标志产品16个，注册苹果地理标志商标56个，将重复保护的合并后，苹果地理标志共有103个，分布在全国17个省份，保护体系以农产品地理标志为主。苹果农产品地理标志和地理标志商标最多的省份均是山东，苹果地理标志产品最多的省份为甘肃（见表8）。江苏、天津、重庆、青海、湖北等省份虽然有苹果生产，但是没有苹果地理标志产品或农产品地理标志。

表8 截至2022年底各省份苹果地理标志保护情况

单位：个

序号	省份	农产品地理标志 名称	数量	地理标志产品 名称	数量	地理标志商标 名称	数量
1	山东	平阴玫瑰红苹果、沂源苹果、荣成苹果、旧店苹果、文登苹果、沂水苹果、蒙阴苹果、乳山苹果、东大寨苹果、五莲国光苹果、宝山苹果、烟台苹果	12			栖霞苹果、沂源苹果、平阴玫瑰红苹果、蓬莱苹果、新泰苹果、乳山苹果、文登苹果、寿光绿光苹果、宝山苹果、招远苹果、惠民短枝红富士苹果、莒县苹果、烟台苹果	13
2	甘肃	庆阳苹果、秦安苹果、灵台苹果、崇信苹果、龙湾苹果、平川苹果、通渭苹果、庄浪苹果	8	秦安苹果、庆阳苹果、礼县苹果、花牛苹果、平凉金果、静宁苹果	6	庆阳苹果、秦安苹果、生浪苹果、会宁苹果、灵台苹果、崇信苹果、通渭苹果、礼县苹果、静宁苹果	9
3	山西	吉县苹果、芮城苹果、霍州苹果、临猗苹果、万荣苹果、平陆苹果、翼城苹果、运城苹果、榆次苹果、浮山苹果	10			吉县苹果、平陆苹果、临猗苹果、万荣苹果、运城苹果	5
4	新疆	特克斯苹果、喀拉布拉苹果、新疆兵团六团苹果、巩留苹果、二二三团苹果、新疆兵团五团苹果、新疆兵团一八四团苹果、阿克苏苹果	8	阿克苏苹果	1	阿克苏苹果、伊犁苹果、泽普苹果	3
5	河北	石洞彩苹果、草庙子国光苹果、滦州苹果	3	富岗苹果、承德国光苹果	2	阜平苹果、井陉苹果、浆水苹果、赞皇苹果、承德国光苹果、平山苹果、鹿泉苹果	7
6	陕西	榆林山地苹果、凤翔苹果、旬邑苹果、洛川苹果	4	陕西苹果	1	洛川苹果、铜川苹果、绥德山地苹果、印台苹果、延安苹果	5

续表

序号	省份	农产品地理标志 名称	数量	地理标志产品 名称	数量	地理标志商标 名称	数量
7	辽宁	瓦房店红富士苹果、锦州苹果、瓦房店黄元帅苹果、大连苹果	4	新农寒富苹果、辽中寒富苹果	2	新农寒富苹果、瓦房店小国光苹果、锦州苹果	3
8	河南	上戈苹果、陕州苹果、灵宝苹果、虞城苹果	4			虞城苹果、灵宝苹果	2
9	黑龙江	长林岛金红苹果、牡丹江金红苹果、牡丹江龙丰苹果	3	宝清苹果（寒疆红果）	1		
10	四川	越西苹果、茂汶苹果、小金苹果	3	盐源苹果	1	小金苹果、越西苹果、盐源苹果	3
11	云南	昭通苹果、马龙苹果	2			昭通苹果、西山团结乡苹果	2
12	北京	延庆国光苹果	1	昌平苹果	1	延庆国光苹果	1
13	内蒙古	凉城123苹果	1				
14	西藏	林芝苹果、察雅苹果	2			察雅苹果	1
15	宁夏	扁担沟苹果、沙坡头苹果	2				
16	贵州	威宁苹果	1	威宁苹果	1	威宁苹果	1
17	安徽					和村苹果	1
	总计		68		16		56

资料来源：根据国家知识产权局和农业农村部相关数据整理。

在56个苹果地理标志商标中，甘肃的静宁苹果注册了14个商标，均由静宁县苹果产销协会注册，烟台苹果（山东）、延安苹果（陕西）、万荣苹果（山西）、运城苹果（山西）、灵宝苹果（河南）和盐源苹果（四川）各注册了两个商标。

（二）地理标志专用标志使用市场主体概况

截至2022年底，在103个苹果地理标志中，共有45个具有相应的地理标志专用标志市场主体，总计517个，分布于12个不同省份。其中，陕西、山西、山东、甘肃和新疆分别拥有134个、104个、92个、71个、69个市场主体，居前五位（见表9），而黑龙江、宁夏、西藏、贵州、内蒙古、湖南六省份虽有苹果地理标志但目前没有专用标志市场主体。从苹果地理标志来看，运城苹果、延安苹果和阿克苏苹果分别拥有81个、79个和63个市场主体，居前三位。

表9　截至2022年底各省份苹果地理标志专用标志使用市场主体情况

序号	省份	拥有市场主体的地理标志	市场主体总数（个）
1	陕西	陕西苹果、延安苹果、绥德山地苹果、印台苹果、铜川苹果	134
2	山西	吉县苹果、万荣苹果、运城苹果	104
3	山东	寿光绿光苹果、栖霞苹果、惠民短枝红富士苹果、蓬莱苹果、招远苹果、莒县苹果、新泰苹果、文登苹果、沂水苹果、宝山苹果、烟台苹果	92
4	甘肃	花牛苹果、静宁苹果、礼县苹果、会宁苹果、秦安苹果、通渭苹果、庄浪苹果	71
5	新疆	泽普苹果、伊犁苹果、阿克苏苹果	69
6	四川	盐源苹果	12
7	河南	灵宝苹果	10
8	河北	平山苹果、阜平苹果、浆水苹果、井陉苹果、鹿泉苹果、赞皇苹果	8
9	辽宁	辽中寒富苹果、新农寒富苹果、瓦房店小国光苹果、锦州苹果	9
10	北京	昌平苹果、延庆国光苹果	6
11	云南	西山团结乡苹果	1
12	安徽	和村苹果	1
合计		—	517

资料来源：国家知识产权局专用标志使用企业检索系统。

（三）地理标志保护监管机制

1.苹果地理标志保护标准体系

苹果地理标志保护标准体系可以分为国家标准、地方标准和团体标准三大类，截至2023年底，共有各类标准28项，其中国家标准3项、地方标准17项、团体标准8项（见表10）。

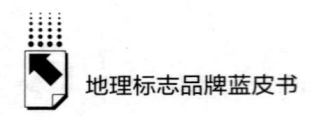

表 10 苹果地理标志保护标准体系

序号	标准类别	地理标志	标准号	实施日期
1	国家标准	烟台苹果	GB/T 18965—2008	2008 年 10 月 1 日
2	国家标准	昌平苹果	GB/T 22444—2008	2009 年 3 月 1 日
3	国家标准	灵宝苹果	GB/T 22740—2008	2009 年 6 月 1 日
4	地方标准	花牛苹果	DB 62/T 1521—2008	2008 年 8 月 18 日
5	地方标准	富岗苹果	DB 13/T 1278—2010	2010 年 10 月 10 日
6	地方标准	礼县苹果	DB 62/T 2201—2012	2012 年 3 月 1 日
7	地方标准	宝清苹果(寒疆红果)	DB 23/T 1947—2017	2017 年 8 月 18 日
8	地方标准	庆阳苹果	DB 62/T 2844—2017	2018 年 1 月 1 日
9	地方标准	蒙阴苹果	DB 37/T 3475—2018	2019 年 1 月 29 日
10	地方标准	吉县苹果	DB 14/T 1968—2019	2020 年 2 月 20 日
11	地方标准	威宁苹果	DB 5205/T 2—2020	2020 年 3 月 1 日
12	地方标准	阿克苏苹果	DB 65/T 3503—2020	2020 年 7 月 1 日
13	地方标准	秦安苹果	DB 62/T 4185—2020	2020 年 8 月 15 日
14	地方标准	承德国光苹果	DB 1308/T 292—2021	2021 年 7 月 1 日
15	地方标准	乳山苹果	DB 3710/T 163—2022	2022 年 3 月 8 日
16	地方标准	新农寒富苹果	DB 2101/T 0061—2022	2022 年 12 月 25 日
17	地方标准	静宁苹果	DB 62/T 1248—2022	2023 年 1 月 31 日
18	地方标准	顺平苹果	DB 1306/T 222—2023	2023 年 8 月 30 日
19	地方标准	辽中寒富苹果	DB 2101/T 0087—2023	2023 年 10 月 26 日
20	地方标准	延安苹果	DB 6106/T 215—2023	2023 年 12 月 14 日
21	团体标准	林芝苹果	T/LZZLXH 021—2020	2020 年 8 月 25 日
22	团体标准	寿光绿光苹果	T/SGSC 012—2021	2021 年 4 月 16 日
23	团体标准	文登苹果	T/WWNHH 005—2021	2021 年 4 月 21 日
24	团体标准	茂县苹果	T/MXNHZL 4—2022	2022 年 11 月 16 日
25	团体标准	新农寒富苹果	T/XMLG 001—2023	2023 年 2 月 28 日
26	团体标准	沙坡头苹果	T/ZWAIA 002—2023	2023 年 4 月 3 日
27	团体标准	静宁苹果	T/JNPCX 1—2023	2023 年 10 月 31 日
28	团体标准	阿克苏苹果地理标志专用标志申请使用管理规范	T/ARAA 010—2023	2023 年 12 月 12 日

资料来源：全国标准信息公共服务平台。

2. 地方苹果地理标志发展政策和举措

为了更好地保护和发展本地苹果行业的地理标志品牌，充分发挥地理标志认定对本地苹果产业的积极作用，各地方政府针对本地的苹果地理标志品牌发展专门出台了相关文件。例如，甘肃省天水市于2008年11月1日开始施行《天水花牛苹果地理标志产品保护管理办法》，该文件对天水花牛苹果地理标志产品的专用标志、申请审批、质量检测和监督管理等方面进行了明确的责任划分。2019年，甘肃省出台《甘肃省人民政府办公厅印发〈关于进一步加强两个"三品一标"建设打造"甘味"知名农产品品牌实施方案（2019~2023年）的通知〉》对甘肃省地理标志农产品品牌发展提出了指导意见。陕西省宝鸡市于2017年8月1日起开始施行的《凤翔苹果地理标志产品保护管理办法》，对凤翔苹果的产地划分、使用规范、质量监督、专用标志管理和职权部门做出了详细的规范。新疆为加大地理标志商标注册培育力度，打造具有较高知名度和影响力的商标品牌，于2018年7月发布《自治区加快推进地理标志商标品牌发展助力脱贫攻坚三年行动方案（2018~2020年）》，对三年内计划实现的地理标志商标注册数量和示范区等指标做出了规划。2023年，陕西省产品质量监督检验研究院成立"陕西省地理标志产品检验检测中心"，其具备茶叶、酒水、蔬菜、水果、养殖、药材、粮食、加工食品、工艺品9大类地理标志产品检验检测技术能力，为陕西省地理标志产品的质量保驾护航。这些针对各地地理标志产品出台的相关政策文件和举措，为苹果地理标志产品的发展提供了有力的政策支撑，同时也为其他地区更好地规范、保护和发展地理标志品牌提供了政策参考。

3. 苹果地理标志专项建设

2021年，国家知识产权局发布《2021年国家地理标志产品保护示范区筹建名单》，在公布的50个示范区中，与苹果地理标志相关的示范区共4个，2022年新增阿克苏苹果国家地理标志产品保护示范区，2023年又添加了灵宝苹果国家地理标志产品保护示范区。2021年，国家知识产权局发布《2021年第一批地理标志运用促进重点联系指导名录》，在第一批确定的名录中，共有7个苹果地理标志入选，之后又在2023年第二批确定的名录中增添了延安苹果（见表11）。

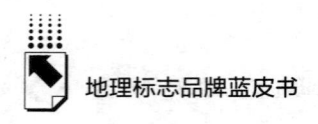

表 11　2021~2023 年入选示范区、运用促进工程的苹果地理标志

序号	项目名称	入选的苹果地理标志
1	《2021年国家地理标志产品保护示范区筹建名单》	吉县苹果（山西）、万荣苹果（山西）、新农寒富苹果（辽宁省）、烟台苹果（山东）
2	《2022年国家地理标志产品保护示范区筹建名单》	阿克苏苹果（新疆）
3	《2023年国家地理标志产品保护示范区筹建名单》	灵宝苹果（河南）
4	《2021年第一批地理标志运用促进重点联系指导名录》	吉县苹果（山西）、万荣苹果（山西）、新农寒富苹果（辽宁）、烟台苹果（山东）、富平苹果（陕西）、天水花牛苹果（甘肃）、咸宁苹果（贵州）
5	《2023年第二批地理标志运用促进重点联系指导名录》	延安苹果（陕西）

资料来源：国家知识产权局。

农业农村部启动实施的地理标志保护工程对22个苹果地理标志实施了地理标志保护工程，总投资约5000万元。甘肃省2019年对秦安苹果投资100万元，2020年对灵台苹果投资200万元，2022年对花牛苹果和静宁苹果各投资200万元实施地理标志保护工程，主要开展了苹果地理标志核心示范区创建、新品种新技术引进、苹果标准化生产技术培训、加工贮藏条件改善、特色品质评价研究，以及树立宣传标牌，参加全国绿色食品博览会、中国国际农产品交易会地理标志专展和苹果专场推介会等品牌宣传推介工作，这些工作有效地提高了苹果地理标志产品的品质、知名度及消费者的满意度。

在2021年3月1日正式生效的《中华人民共和国政府与欧洲联盟地理标志保护与合作协定》（以下简称《中欧地理标志协定》）中，我国共有9个苹果地理标志入选，分别为：烟台苹果（山东）、文登苹果（山东）、沂水苹果（山东）、静宁苹果（甘肃）、吉县苹果（山西）、新农寒富苹果（辽宁）、灵宝苹果（河南）、铜川苹果（陕西）、阿克苏苹果（新疆）。

三 苹果地理标志品牌发展典型案例

（一）静宁苹果

1. 静宁苹果的发展历程

静宁县位于甘肃省东部的平凉市，属于黄土高原的丘陵沟壑区，为温带大陆性季风气候类型，光热资源丰富，昼夜温差大，降雨量适宜，雨热同季；土壤为黑垆土、黄绵土及少量红土；土壤pH值7.8左右，偏碱性，土壤疏松、透气性好；钾元素含量丰富。其地域气候和土壤的特点十分有利于苹果的生产，静宁县也因此被农业部评为"黄土高原优生苹果最佳栽植区域"。静宁苹果于2006年获得国家质检总局地理标志产品认证，是国家最早认定的一批苹果地理标志之一。同时，静宁县于2006年提出了建设全国优质果品第一县、全省优质果品出口创汇基地和"平凉金果"主产区的发展目标，制订了《静宁县果品产业五年规划》，在政府的引导下，静宁县的苹果新植速度由之前的5万亩/年提高到10万亩/年，苹果产量大幅增加。近年来，静宁苹果产业呈现集约化、规模化和专业化的发展格局。2022年平凉市苹果种植面积稳定在150万亩，总产量达215万吨，总产值115亿元，苹果产地平均销售价格已连续18年居全国之首。[1]

2. 依托静宁苹果品牌打造产业链

为推动苹果的全产业链发展，静宁县建设分拣、清洗、包装等生产线23条，建成了西部最大的纸制品包装产业基地，并开发了果汁、果醋、果酒、苹果脆片等一系列苹果深加工产品，果品年贮藏能力达116万吨，深加工能力达19.2万吨，[2]"苹果+"产品备受关注。为了拓宽销售渠道，平凉

---

[1] 段睿珺：《小苹果"种"出百亿级产业链——中国苹果第二届产销峰会暨静宁苹果产业高质量发展大会见闻》，《甘肃经济日报》2023年10月13日，第1版。

[2] 段睿珺：《小苹果"种"出百亿级产业链——中国苹果第二届产销峰会暨静宁苹果产业高质量发展大会见闻》，《甘肃经济日报》2023年10月13日，第1版。

市目前已建成静宁苹果博览城等果品专业市场13个，每年吸引国内外数千家果业和上万客商前来采购，地头销售占总产量的70%以上；培育保鲜贮藏、冷链物流企业180多家。据统计，2022年平凉市依托苹果产业的果品贮藏、加工、包装、运销及生产资料供给等相关企业已达289家，农民人均果品纯收入超过6500元。① 这些依托静宁苹果地理标志品牌所打造的产业链，极大地带动了静宁县和周边地区的经济发展。

3. 重视地理标志的品牌建设

自2006年获得国家质检总局地理标志产品认证以来，静宁苹果依托其地理标志的品牌优势，在做强地理标志、发展特色产业、巩固脱贫攻坚成果及助力乡村振兴等工作中取得了突出成绩。2013年4月，甘肃静宁县苹果产销协会品牌"静宁苹果"荣获中国驰名商标称号。2017年6月，静宁苹果成功入选由中国工商报与工商总局商标局联合确定的"商标富农和运用地理标志精准扶贫十大典型案例"。2020年7月20日，静宁苹果入选中欧地理标志首批保护清单。2023年，静宁苹果区域品牌（地理标志）列2023中国区域品牌价值评价第19位，品牌价值达161.3亿元，列中国区域品牌价值评价苹果类第3位。2023年静宁苹果荣获2023年中华品牌商标博览会金奖，并受邀参加了2023年中国国际服务贸易交易会。

4. 善用金融工具，提振果农信心

2017年底，随着苹果期货在郑州商品交易所（以下简称"郑商所"）成功上市，静宁县依托中央一号文件在果农中大力推广"保险+期货"的创新模式。在政府坚持不懈的宣传和引导下，苹果"保险+期货"的模式已经深度融入静宁苹果的产业链。在郑商所的支持下，静宁苹果"保险+期货"项目实施五年来已累计服务3.12万户果农和3家合作社，承保苹果种植面积13.83万亩，对应现货规模19.76万吨，风险保障金额约15亿元，产生

---

① 《果香溢满振兴路——平凉市全力打造苹果全产业链助力乡村振兴》，平凉市发展和改革委员会，http://fgw.pingliang.gov.cn/fgsc/art/2023/art_98f13db9cf5e44499dc3f17ea792e683.html，2023年10月12日。

赔付8509万元，[①]有效降低了价格风险，促进了当地苹果产业的稳定发展，提振了果农的信心。特别是在2021年苹果价格下跌的时期，郑商所积极为各位参保果农进行了保险赔付，弥补了果农的损失，有效缓解了静宁县苹果产业因新冠疫情所受到的冲击。

（二）沂源苹果

1. 沂源苹果的发展历程

沂源县位于山东省淄博市，地处山东省中部，属沂蒙山区，是山东省平均海拔最高的县。由于其土质好、地势高、光照强、昼夜温差大、境内无客水流入等特殊的地理环境优势，沂源县自新中国成立以来就一直是我国最重要的苹果产地之一。沂源苹果的品种以红富士苹果为主，因其皮薄、肉嫩、口感好等优点，深受消费者喜爱，有"江北第一果""奥运果""全运果""世博果"等美誉。2009年5月，农业部批准对"沂源苹果"实施农产品地理标志保护，2010年1月，"沂源苹果"注册成为地理标志农产品商标。

2. 果业合作社助力沂源苹果发展

沂源县地处山区，户均耕地面积小、耕地分散等问题凸显，这使沂源县的苹果种植生产成本较高，加之各村之间的集体积累较少，沂源县一度陷入农村发展和农民增收的瓶颈。为此，沂源县不断探索推广党支部领办合作社模式，引导农民转向果业合作社生产的道路，从实际情况出发将果农组织起来进行规模经营。同时，通过建设适度规模园区、完善"土地入股分红"联结机制和合作社"股份分红"联结机制，提高合作生产效率，拓宽果农增收渠道，提高果农的生产积极性。截至2021年，全县已经注册的果业合作社共1722家，入社社员2.1万户，带动农户年均增收1100元。[②]

3. 搭乘电商快车，联通供需两端

随着信息技术的不断发展，电子商务为沂源苹果产业发展和品牌建设注

[①] 吕双梅：《静宁苹果别样甜"浸染"乡村振兴路》，《期货日报》2023年7月5日，第2版。
[②] 《"山东屋脊"结出"金果果"》，《淄博日报》2022年6月14日，第3版。

入了新的活力。2020年10月，阿里巴巴数字农业集运加工中心（沂源）开仓仪式暨第十届山东沂源苹果节开幕式隆重举行，沂源成为阿里巴巴在全国布局建设的五个"产地仓"之一。搭上电商快车之后，沂源苹果借助阿里巴巴覆盖全国的数字化农产品快速流通网络，生产环节和销售环节的链接更加畅通，沂源苹果每天出单量超过4万单，占全县线上销售总量的50%以上。①

4. 重视科技创新

甘甜可口的沂源苹果背后是众多农业科研工作者的不懈努力。为了生产出更优质的苹果，沂源县与山东农业大学、山东省农业科学院、山东省果树研究所等12家院校及科研单位进行产学研联合，建设了以束怀瑞院士工作站为代表的诸多技术研究转化平台，经过不断的技术攻关，最终培育出以"沂源红"为代表的特色品种，为提高沂源苹果的质量和科技含量、打造沂源苹果特色地理标志品牌奠定了坚实的基础。

四 苹果地理标志品牌发展存在的问题

（一）苹果单产有待提升

我国苹果总产量和种植面积均居世界第一位，近年来每公顷产量逐渐提升，从2018年的20.2吨上升到2021年的21.9吨，但在全球排名第29位，显著低于总产量排名第二的土耳其和排名第三的美国，这两国每公顷产量分别为26.6吨和38.0吨。单产量较低与我国小农户种植为主的现实有关，未来如何加大种植技术研发、提高单产仍然是有待研究和攻关的主要课题。

（二）产业附加值有待提升

我国的苹果总产量尽管约占世界总产量的一半，但我国的苹果加工业仍

---

① 刘峻峰、张琦：《从"绿水青山"到"金山银山"的沂源路径——沂源县金融赋能果业振兴之观察》，《淄博日报》2021年8月9日，第1版。

较为薄弱。我国的苹果加工品大部分为浓缩苹果汁，而果干、果脯、罐头等类型产品占比较低。2022年，全国年加工浓缩苹果汁的总量约为30吨，相当于消耗苹果210万吨，约为全国苹果总产量的5%，[①] 同时，对原料的综合利用率低，对苹果渣的再加工、再利用率低，使得用于加工的苹果并未发挥出其全部价值。

（三）地理标志运用效益有待提升

部分地方产业主管部门在地理标志品牌保护和发展上，注重登记保护的数量，但对品牌建设、市场营销、宣传推介的重视力度不够。部分地理标志获得认定后便"束之高阁"，"重认证、轻监管，重品牌、欠推广"的现象普遍存在。这也体现在我国苹果地理标志中只有45个有相应的专用标志使用市场主体，苹果包装上贴标数量较少，贴标占比不高，不能体现出优质优价，也不利于提升消费者对地理标志苹果的知晓率。

（四）出口创汇能力有待提升

我国的苹果出口额尽管居世界第一位，但近年来出口占比有所下降，并且我国苹果出口国主要为印度尼西亚、越南、泰国、菲律宾和孟加拉国等东南亚国家，向欧美地区出口占比较低。苹果出口虽然受到运输成本和运输条件的限制，但未来借助"一带一路"的互联互通功能拓展苹果出口能力仍有较大的空间。

（五）龙头企业和品牌知名度有待提升

目前，我国苹果地理标志用标龙头企业数量不多、实力不强且参与的积极性不高，品牌知名度较低，导致地理标志品牌经济效益不明显，很多地理标志产品面临"质优价不优"的尴尬局面。同时，市场及消费者对苹果地

---

① 中国苹果产业协会：《2022年度中国苹果产业发展报告》，https://mp.weixin.qq.com/s/4HbytDymLUofXPNw09Endg。

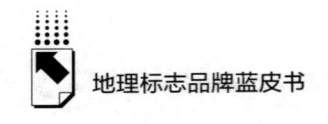

理标志品牌的认识不足，这在一定程度上限制了地理标志对于经济效益的提升作用。

五　苹果地理标志产品发展对策建议

（一）强化政策支持

我国需要继续完善地理标志申请和保护管理政策，宣传相关的保护管理措施；同时需要注重出台产业支持方面的相关政策，积极引导已认定的苹果地理标志产品更好地利用这一优势开展推广经营活动，在注册商标、成立市场主体、制定相关标准、打造特色品牌等方面提供经济上、智力上和技术上的支持，将发展地理标志作为农业补贴的重要形式，切实推动从注重注册申请向注重保护运用、从追求数量向提高质量的转变。

（二）鼓励科技创新

科技是第一动力，种植技术的提升是提高苹果单产的重要途径。各地政府应积极出台相应的政策鼓励苹果相关产业进行科技创新，加强农业院校、农业科研部门和农业生产部门的产学研合作，大力推广以矮化密植种植为主的新技术，达到省力、高效、优质的目的。定期开展科研部门和生产部门的交流会，一方面将最新的科研成果快速运用到生产中，提高苹果的产量和质量，增加苹果背后的科技附加值；另一方面及时发现生产中存在的亟待解决的问题，为下一步的科研提供方向。

（三）推进产业链建设

在扶植苹果种植产业发展的同时，需要推进与苹果相关的产业发展和产业链建设。这是因为，一方面，苹果作为农产品具有季节性强、保质期短、供应链长等特点。在苹果产地发展与苹果相关的加工、运输、销售等配套产业，可以降低以苹果为核心的产业链的整体成本，进而提高当地苹果及其加工品的产量和市场竞争力。另一方面，新鲜苹果作为初级农产品，劳动密集度高、产品附加值低，因此发展果汁、果酱、果干等苹果深加工行业，可以延长产品价值链、提高产品的附加值并创造更多的就业岗位。

（四）加大品牌培育

依托农业农村部《农业品牌精品培育计划（2022~2025年）》《农业品牌打造实施方案（2022~2025年）》和国家知识产权局现有地理标志专项项目，择优选择产业规模大、品质突出、地域文化丰富、品牌基础好的苹果地理标志品牌，开展品牌培育工程，打造一批"国内一流、国际知名"的特色苹果地理标志品牌，增加苹果的品牌附加值。同时鼓励生产企业申请使用专用标志，以专用标志提升企业质量和品牌意识，充分发挥地理标志对经济效益的积极作用。

（五）拓宽出口渠道

目前，我国苹果产业在出口上存在出口市场多元化程度低、出口价格不高等问题。各地政府需要积极引导本地供应商拓宽出口渠道，借助《中欧地理标志协定》生效及RCEP协定等重大机遇，推动我国苹果地理标志品牌国际化，提高出口市场多元化水平。同时，缩短苹果出口的通关时间，提高装卸和运输效率，提升苹果储存和运输技术，完善苹果的质量检测标准，为我国优质苹果向欧美等购买力强、市场规模大但运输时间较长的国家和地区出口保驾护航。

（六）密切融合信息技术

信息技术的飞速发展为苹果地理标志品牌的建设提供了新的机遇。各地苹果地理标志产品应当充分利用互联网平台，提高地理标志品牌的知名度，宣传品牌的特色，借助电商平台和自媒体等方式拓宽销售渠道，丰富销售方式。同时，运用大数据、云计算和人工智能等新技术，提高企业的管理能力、协助企业制定更加合理的战略、降低企业的运营成本等。

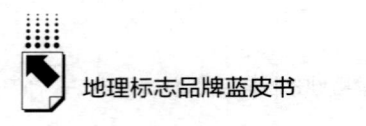

参考文献

[1] 知识产权出版社有限责任公司编写：《地理标志保护发展报告（2021年度）》，知识产权出版社，2023。

[2] 农业农村部市场与信息化司：《我国特色农产品市场与产业分析报告（2021）》，中国农业出版社，2022。

[3] 段睿珺：《小苹果"种"出百亿级产业链——中国苹果第二届产销峰会暨静宁苹果产业高质量发展大会见闻》，《甘肃经济日报》2023年10月13日，第1版。

[4] 吕双梅：《静宁苹果别样甜 "浸染"乡村振兴路》，《期货日报》2023年7月5日，第2版。

[5] 田丽媛：《苹果映"红"乡村振兴路——静宁苹果产业重点企业走笔》，《甘肃日报》2023年2月3日，第4版。

[6] 刘峻峰、张琦：《从"绿水青山"到"金山银山"的沂源路径——沂源县金融赋能果业振兴之观察》，《淄博日报》2021年8月9日，第1版。

[7] 中国苹果产业协会：《2022年度中国苹果产业发展报告》https：//mp.weixin.qq.com/s/4HbytDymLUofXPNw09Endg。

[8] 赵家进、赵晓晨、杨莹彪等：《我国水果产业地理标志发展现状及对策》，《中国果树》2023年第3期。

B.3 中药材地理标志品牌发展报告

罗浩亮 许梦珂 宋慧洋*

摘 要： 中药材是我国中医药事业传承和发展的物质基础，是关系国计民生且具有战略意义的宝贵资源。截至2022年底，我国中药材农产品地理标志为229个，地理标志产品154个，地理标志商标146个，地理标志对保护和发展中药材产业、增加农民收入、促进生态文明建设发挥了重要作用。本报告首先分析了我国中药材产业规模、地区分布以及进出口情况，其次深入研究了我国中药材地理标志产品的认定情况、地理标志商标注册情况，以及地理标志专用标志使用的市场主体情况和中药材地理标志保护监管机制，进一步以岷县当归和蕲春县蕲艾作为典型案例，分析了其在中药材地理标志品牌建设中的特色做法和借鉴经验，最后分析了中药材地理标志品牌在发展过程中存在的问题，并从加强知识产权保护、积极开展特色品质研究、加强品牌建设与推广、完善产业链、提高道地中药材示范带动能力等方面为中药材地理标志品牌发展提出了对策和建议。

关键词： 地理标志品牌 地理标志产品 中药材

中药材是我国特有的珍贵文化遗产，中药材的使用在我国有着数千年的历史，中药材的使用方法和药理理论在长期实践过程中形成了科学的医药体

---

* 罗浩亮，甘肃省农产品质量安全检验检测中心高级工程师、调研员，主要从事"三品一标"认证、淡水鱼养殖研究、地理标志农产品登记、绿色食品认证及农产品质量安全监管工作；许梦珂，西北师范大学经济学院硕士研究生，主要研究领域为国际贸易与产业发展；宋慧洋，西北师范大学经济学院硕士研究生，主要研究领域为国际贸易与产业发展。

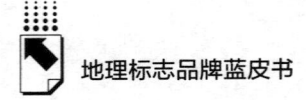

系，是现代医学不可分割的一部分。地理标志保护和品牌建设对于提高中药材的知名度、拓展市场份额、增加产品的附加值、保护和弘扬中医药文化具有重要作用。

一 中药材产业发展概况

（一）中药材概念界定及分类

1. 中药材相关概念

2022年3月，国家药监局等部门发布的《中药材生产质量管理规范》中涉及的中药材，是指来源于药用植物、药用动物等资源，经规范化的种植（含生态种植、野生抚育和仿野生栽培）、养殖、采收和产地加工后，用于生产中药饮片、中药制剂的药用原料。

根据产地，中药材分为道地中药材和一般药材。2017年7月开始施行的《中华人民共和国中医药法》第二十三条规定，道地中药材是指经过中医临床长期应用优选出来的，产在特定地域，与其他地区所产同种中药材相比，品质和疗效更好，且质量稳定，具有较高知名度的中药材。国家保护野生药材资源和中药品种，鼓励培育道地中药材。

2. 中药材及地理标志中药材的分类

《中华人民共和国药典》（2020年版）共收录616种药材。一般根据中药材来源分为植物类、动物类、菌类和人工加工类，其中植物类按基原植物的生活型分类可分为乔木、灌木、藤本、草本四大类别。[①] 中药材还可以根据其药理作用、性味、归经、适应证等多个因素进行更详细的分类。

《地理标志认定 产品分类与代码》规定，地理标志中药材包括植物源中药材、动物源中药材和其他中药材3类。根据商标分类标准《类似商品

---

① 转引自黄璐琦、张小波《全国中药材生产统计报告（2020年）》，上海科学技术出版社，2021。

和服务区分表——基于尼斯分类第十一版》，中药材主要归于其第 5 大类（见表1）。一些药食同源的产品，如百合、莲子、山药、大枣、桑葚、玫瑰花、生姜等虽然也列入中国药典，但按照表1的分类均不属于地理标志中药材统计口径，一般归于蔬菜或果品。

表1 不同分类标准下的地理标志中药材类别

分类依据	大类代码	名称	小类代码	名称
《地理标志认定 产品分类与代码》	03	中药材	0301	植物源中药材
			0302	动物源中药材
			0399	其他中药材
《类似商品和服务区分表——基于尼斯分类第十一版》	05	药品制剂	0501	药品、药酒、中药药材、消毒剂

资料来源：作者整理。

3. 道地中药材与地理标志的异同点

道地中药材是我国传统优质药材的代表。道地中药材和地理标志在产地限定、集体性、表现形式等多个方面均具有共性，但在产地范围、品质条件与产地关联紧密程度等方面又有较大差异。具体而言，道地中药材与地理标志两者之间的相同点如下。

（1）二者同样具有产地限定性

地理标志需要能够识别货物来自某一特定区域；道地中药材也需要来源于特定的自然环境产区。

（2）二者的质量、信誉或者其他确定的特性都取决于原产地

地理标志产品的质量、信誉或其他特征本质上都必须取决于原产地的自然因素与人文因素。同样地，道地中药材具有的特定质量、信誉也来源于其道地产区特有的自然因素与人文因素。

（3）二者的表现形式基本相同

地理标志通常由"地理名称+通用名称"构成。道地中药材与之相同，绝大部分道地中药材的名称也是由"道地产区+药材名称"构成。

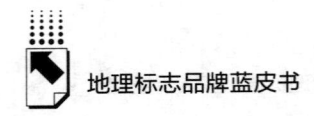

（4）二者同样具有集体性

地理标志的集体性一方面体现在地理标志的主体方面，我国地理标志权的主体为符合法定条件的法人或者其他组织。地理标志的集体性另一方面体现在地理标志是由其所示产地的所有符合使用资质的生产、加工者共同使用的。从总体上看道地中药材属于集体创造，也具有一定的集体性，是中华民族群体智慧的结晶。

道地中药材与地理标志两者之间的不同点如下。

（1）地理标志的产品种类范围较道地中药材广

地理标志的产品种类较广。而道地中药材的客体范围较为狭窄，仅限于有药用价值的动植物或矿物制品。

（2）道地中药材的产品质量要求较地理标志严格

与地理标志的"特定质量、信誉或者其他特征"相比，道地中药材对于药材的要求较为严格，体现在药材需要具有"特定的品质和疗效"上。地理标志对于产品质量的要求依据为相关标准。

（3）道地中药材对与产地联系的紧密度要求比地理标志高

道地中药材的"道地性"要求药材为道地产区所产，并且加工炮制所用工艺也为道地产区特有。"道地性"体现了道地中药材对与产地联系的紧密度更高，而地理标志对与产地联系的紧密度要求则相对较松。[1]

（二）中药材产业规模

我国是世界上最大的中药材生产国，拥有最丰富的品种和最完善的生产体系。近年来，随着中医药产业的快速发展，我国中药材种植面积和产量持续增长。2015~2021年，全国中药材的种植面积从2015年的不到200万公顷，到2021年突破了300万公顷。我国的中药材产量也在稳步增长，从2015年的不足400万吨，稳步增加至2021年的将近500万吨（见图1）。

---

[1]《道地药材和地理标志的异同》，国家知识产权局商标局，https://sbj.cnipa.gov.cn/sbj/jtzmsb/202112/t20211203_952.html，2021年12月3日。

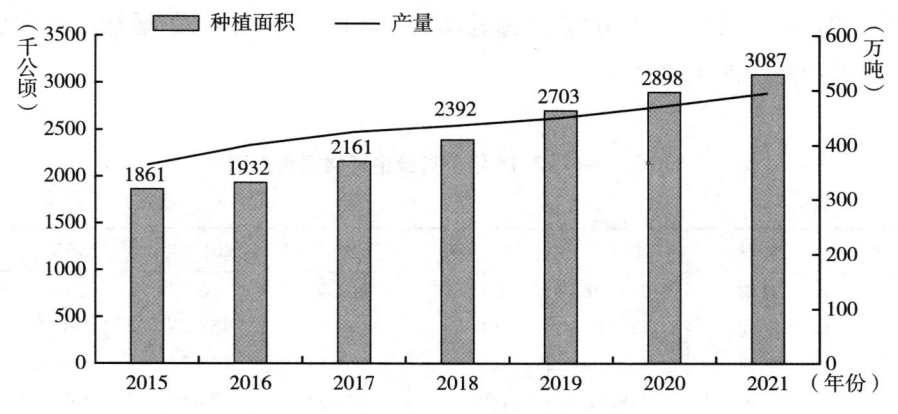

图1　2015~2021年中国中药材种植面积及产量

注：2015~2018年数据由国家统计局——年度数据——主要农作物播种面积查询得到，2018~2021年药材播种面积数据由《中国统计年鉴》药材占主要农作物播种面积百分比计算得出。

资料来源：根据国家统计局数据整理所得。

（三）中药材产业地区分布情况

我国中药材分布广泛，涵盖了全国各省份，不同地区的气候、土壤和生态条件都会对中药材的生长和品质产生影响。我国中药材和一些典型中药材主要分布的地区包括：东北地区的吉林、黑龙江、辽宁等省份盛产人参、党参、莲子、葛根等中药材；华北地区的河北、山西、北京等地盛产当归、黄芪、川芎、枸杞等中药材；华东地区的江苏、浙江、山东等地盛产枸杞、黄芪、茯苓、甘草等中药材；华南地区的广东、广西、福建等地盛产当归、丹参、南沙参、鸡血藤等中药材；西南地区的云南、四川、贵州等地盛产冬虫夏草、灵芝、三七、川芎等中药材；西北地区的甘肃、宁夏、新疆等地盛产黄连、黄芪、阿胶、枸杞、甘草、锁阳、肉苁蓉、当归、党参、大黄等中药材。

2014~2018年中药材播种面积在10万公顷以上的省份由6个增加到9个，2018年排名从高到低依次为甘肃、湖北、陕西、云南、贵州、内蒙古、四川、河南、重庆（见表2）。各省份中药材种植面积的增加促进了中药材

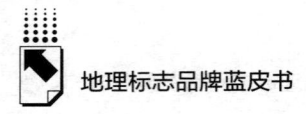

产量的增加，反映了中药产业的蓬勃发展，体现了市场需求的增长以及地方政府对中药材产业的支持。

表2 2014~2018年各省份中药材播种面积

单位：千公顷

序号	省份	2014年	2015年	2016年	2017年	2018年
1	甘肃	203.70	207.98	218.52	226.47	234.24
2	湖北	126.21	141.38	139.51	155.39	191.99
3	陕西	160.49	165.22	160.55	174.38	188.22
4	云南	139.11	169.51	152.33	172.64	187.59
5	贵州	143.33	151.91	163.62	185.32	174.60
6	内蒙古	45.12	58.64	89.69	118.83	141.62
7	四川	88.53	90.21	93.95	108.17	124.11
8	河南	118.80	121.20	122.73	123.10	121.87
9	重庆	102.46	100.92	108.27	109.38	113.73
10	河北	47.60	62.13	66.75	74.87	85.50
11	安徽	87.52	90.76	68.75	70.95	85.22
12	广西	63.04	66.11	70.87	74.13	83.61
13	湖南	69.70	70.14	68.43	73.68	80.83
14	山西	30.66	30.18	45.05	67.54	74.67
15	新疆	30.66	43.95	68.17	74.02	63.59
16	宁夏	48.41	48.45	48.70	52.70	58.24
17	江西	20.37	20.50	24.24	35.50	54.92
18	浙江	36.57	38.61	43.01	48.60	50.32
19	青海	24.01	32.13	34.76	37.92	44.06
20	广东	21.72	24.17	28.49	34.89	42.33
21	黑龙江	29.87	21.48	28.70	32.89	41.57
22	山东	29.75	29.75	27.34	30.45	35.02
23	辽宁	26.46	20.73	20.32	24.33	26.33
24	吉林	18.68	14.72	13.19	14.29	23.03
25	福建	17.18	17.37	17.67	19.14	21.25
26	海南	8.15	9.18	10.25	12.75	14.46
27	江苏	16.55	16.61	14.83	13.67	13.99
28	北京	2.74	2.25	2.52	2.16	2.07
29	西藏	0.51	0.10	0	0	1.48

续表

序号	省份	2014 年	2015 年	2016 年	2017 年	2018 年
30	天津	0.35	1.61	3.53	3.37	1.09
31	上海	0.64	0.69	0.63	0.45	0.30
	合计	1758.89	1868.59	1955.37	2171.98	2381.85

注：2019 年后各省份中药材播种面积国家统计局未公布。
资料来源：根据国家统计局数据整理所得。

（四）中药材产业进出口情况

根据《进出口税则商品及品目注释》，中药材的 HS 编码为 05079010、05079020、0510、091020、121120、121150、121190（包括 12119011～12119039 和 12119099）、13019020、13019030、25309010，具体含义如表 3 所示。

表 3　中药材的 HS 编码及其具体含义

HS 编码	具体含义
05079010	羚羊角及其粉末和废料
05079020	鹿茸及其粉末
0510	龙涎香、海狸香、灵猫香、麝香、斑蝥等
091020	番红花
121120	西洋参、野山参等
121150	麻黄
121190	药用植物，包括当归、三七、黄连、菊花、黄芪等
13019020	乳香、没药及血竭
13019030	天然树胶树脂香脂和其他天然油树脂（不包括阿拉伯树脂）
25309010	矿物性药材

资料来源：《进出口税则商品及品目注释》，中国海关总署网站，http://www.customs.gov.cn/customs/302427/302442/jckszspjpmzscx/index.html。

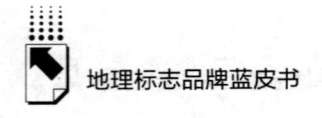

1. 进出口规模

2018~2022年我国中药材进出口贸易整体呈上升趋势，出口总额从8.54亿美元上升到10.01亿美元，进口总额从1.76亿美元上升到4.15亿美元（见图2），进出口保持顺差，顺差由6.78亿美元降为5.86亿美元。

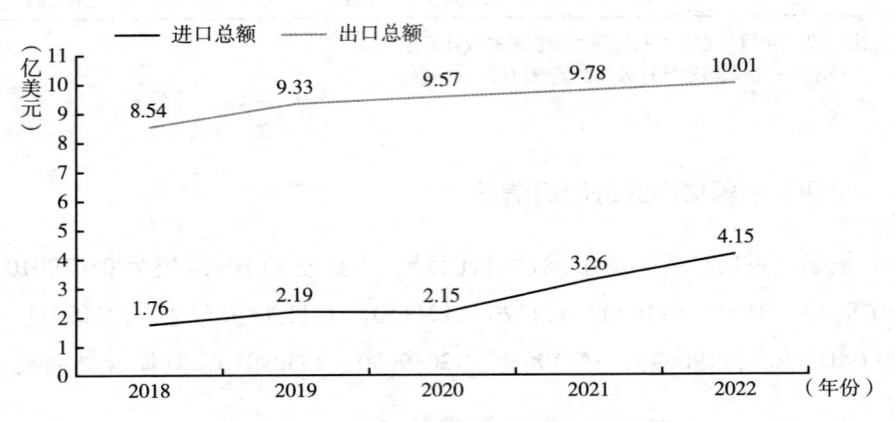

图2　2018~2022年我国中药材进出口规模

资料来源：根据ITC-Trade Map数据库相关数据计算所得。

2. 进出口地区分布

2022年我国中药材进口前十大国家和地区分别是缅甸、加拿大、韩国、越南、印度、美国、伊朗、老挝、泰国、俄罗斯，2022年中药材进口增长较大的国家为缅甸和越南（见表4）。我国进口中药材的地区主要是亚洲和美洲。

表4　2018~2022年我国中药材进口前十的国家和地区

单位：亿美元

序号	国家和地区	2018年	2019年	2020年	2021年	2022年
1	缅甸	0.11	0.14	0.17	0.09	0.62
2	加拿大	0.21	0.42	0.19	0.42	0.56
3	韩国	0.17	0.20	0.22	0.32	0.37
4	越南	0.01	0.01	0.03	0.13	0.30
5	印度	0.15	0.12	0.23	0.30	0.27

续表

序号	国家和地区	2018年	2019年	2020年	2021年	2022年
6	美国	0.15	0.15	0.11	0.15	0.13
7	伊朗	0.04	0.03	0.11	0.32	0.13
8	老挝	0.00	0.00	0.00	0.01	0.13
9	泰国	0.03	0.03	0.08	0.04	0.09
10	俄罗斯	0.01	0.03	0.09	0.15	0.07
11	其他	0.89	1.04	0.90	1.27	1.27
	总计	1.76	2.19	2.15	3.26	4.15

资料来源：根据ITC-Trade Map数据库相关数据计算所得。

2022年我国中药材出口的前十大国家和地区分别是日本、中国香港、韩国、中国台湾、越南、马来西亚、美国、新加坡、德国、泰国，其中2022年出口至日本的中药材最多，约占我国中药材出口总额的26%（见表5）。中国中药材主要出口至亚洲地区，这一方面是因为亚太地区的国家在历史上与中国有着密切的文化联系，对中药材有着较高的需求；另一方面是亚太地区的国家与中国在地理位置上相对较近，降低了运输成本和时间，有利于贸易往来。

表5 2018~2022年我国中药材出口前十的国家和地区

单位：亿美元

序号	国家和地区	2018年	2019年	2020年	2021年	2022年
1	日本	2.32	2.25	2.17	2.05	2.30
2	中国香港	1.37	1.36	1.89	1.89	1.43
3	韩国	0.99	1.19	1.20	1.29	1.31
4	中国台湾	0.87	1.08	0.94	1.07	1.13
5	越南	0.22	0.68	0.52	0.67	0.88
6	马来西亚	0.44	0.41	0.54	0.50	0.53
7	美国	0.40	0.27	0.32	0.36	0.35
8	新加坡	0.17	0.22	0.29	0.23	0.30

续表

序号	国家和地区	2018年	2019年	2020年	2021年	2022年
9	德国	0.25	0.26	0.26	0.22	0.23
10	泰国	0.25	0.24	0.24	0.23	0.20
11	其他	1.27	1.36	1.19	1.27	1.36
	总计	8.54	9.33	9.57	9.78	10.01

资料来源：根据ITC-Trade Map数据库相关数据计算所得。

3. 进出口产品分布

2022年我国中药材进口最多的大类是药用植物（121190），占比约为48%，包括未列明的药用植物、用作香料和杀菌的植物、甘草、大海子、茯苓、沉香、槐米、菊花和黄连等（见表6）。其他主要进口药材还有人参根、藏红花、鹿角等。

表6　2018~2022年我国中药材进口产品结构

单位：亿美元

序号	HS编码	品名	2018年	2019年	2020年	2021年	2022年
1	121190	药用植物	0.73	0.72	0.96	1.11	1.98
2	121120	人参根	0.53	0.76	0.52	0.88	1.06
3	091020	藏红花	0.04	0.02	0.11	0.32	0.13
4	05079020	鹿角	0.26	0.27	0.25	0.55	0.52
5	13019020	乳香等	0.18	0.36	0.28	0.27	0.20
6	051000	胆汁	0.03	0.04	0.02	0.11	0.26
	总计		1.76	2.19	2.15	3.26	4.15

资料来源：根据ITC-Trade Map数据库相关数据整理。

2022年我国药材出口最多的大类也是药用植物（121190），占比约为88%，主要包括未列明的药用植物、枸杞、茯苓、当归、黄芪、冬虫夏草、半夏、党参、菊花、地黄等（见表7）。其他主要出口药材还有人参、鹿角等。

表7 2018~2022年我国中药材出口产品结构

单位：亿美元

序号	HS编码	品名	2018年	2019年	2020年	2021年	2022年
1	121190	药用植物	6.89	7.55	8.26	8.64	8.87
2	121120	人参根	1.30	1.39	1.01	0.82	0.80
3	091020	藏红花	0.03	0.00	0.00	0.01	0.02
4	121150	麻黄	0.04	0.05	0.04	0.04	0.04
5	5079020	鹿角	0.24	0.27	0.18	0.22	0.24
6	051000	胆汁	0.04	0.04	0.05	0.03	0.03
		总计	8.54	9.33	9.57	9.78	10.01

资料来源：根据ITC-Trade Map数据库相关数据整理。

二 中药材行业地理标志认定及发展情况

（一）地理标志产品认定情况

截至2022年，中药材农产品地理标志数量为229个，中药材地理标志产品154个。中药材农产品地理标志数排在前三的为甘肃、河南、湖北，中药材地理标志产品排在前三的为贵州、四川、湖北，说明这些省份的药材在市场上的声誉和竞争力较强。但部分省份拥有的农产品地理标志较多，地理标志产品较少，如甘肃、河南等（见表8）。

表8 截至2022年底中药材地理标志保护情况

单位：个

序号	省份	农产品地理标志 示例	数量	地理标志产品 示例	数量
1	甘肃	岷县当归、陇西黄芪	23	文县纹党、徽县银杏	4
2	河南	安阳栝楼、卫辉卫红花	19	禹白芷、确山夏枯草	7
3	湖北	建始厚朴、蕲艾	18	蕲艾、咸丰白术	18
4	浙江	武义铁皮石斛、金华佛手	14	天台乌药、龙泉灵芝	3
5	湖南	靖州茯苓、绥宁绞股蓝	14	邵东玉竹、雪峰山鱼腥草	2

续表

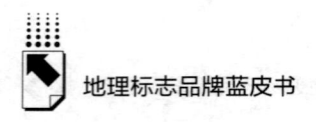

序号	省份	农产品地理标志 示例	数量	地理标志产品 示例	数量
6	山东	马山栝楼、郓半夏	13	平邑金银花、冠县灵芝	3
7	山西	平顺潞党参、阳城山茱萸	12	恒山黄芪、安泽连翘	2
8	内蒙古	莫力达瓦苏子、阿拉善锁阳	11	先锋枸杞	1
9	四川	崇州郁金、荥经天麻	10	中江丹参、川白芷	23
10	安徽	宁前胡、宣城铁皮石斛	9	霍山石斛、九华黄精	6
11	黑龙江	天问山黄精、萝北五味子	8	孙吴大果沙棘、红星平贝母	4
12	陕西	耀州黄芩、山阳天麻	8	商洛丹参、略阳天麻	9
13	福建	和溪巴戟天、漳浦穿心莲	8	柘荣太子参、永春佛手	3
14	青海	柴达木枸杞、果洛蕨麻	8	柴达木枸杞	1
15	新疆	裕民无刺红花、精河枸杞	6	和田肉苁蓉	1
16	辽宁	宽甸石柱人参、本溪林下参	6	清原龙胆、抚顺辽五味子	9
17	广西	白石山铁皮石斛、桂林罗汉果	5	广西肉桂、雅长铁皮石斛	4
18	江西	广昌泽泻、东乡白花蛇舌草	5	商州枳壳、金溪黄栀子	7
19	重庆	秀山金银花、巫溪独活	5	酉阳青蒿	1
20	宁夏	中宁枸杞、六盘山黄芪	5	—	0
21	吉林	集安五味子、靖宇林下参	5	大川平贝母、长白山红景天	4
22	贵州	安龙白及、赤水金钗石斛	4	赤水金钗石斛、德江天麻	23
23	河北	祁紫菀、涉县柴胡	4	涉县柴胡	1
24	云南	龙陵紫皮石斛、玉龙滇重楼	3	施甸水蛭、广南铁皮石斛	3
25	广东	德庆何首乌、江门牛大力	3	高要巴戟天、新会陈皮	12
26	江苏	宝应慈姑、滨海白何首乌	2	邳州银杏	1
28	西藏	波密天麻	1	林芝天麻、林芝灵芝	2
	总计		229		154

资料来源：根据农业农村部全国地理标志农产品信息查询系统与国家知识产权局数据整理所得。

（二）地理标志作为证明商标、集体商标的注册情况

根据可查到的数据①，截至 2022 年底，以中药材地理标志作为证明

---

① 由于商标网数据查询没有商标类型、产业类型、省份等查询条件，所以无法查到各省份准确的中药材地理标志商标。因此，除甘肃数据外，本表数据可能小于实际各省份中药材地理标志商标总数。

商标、集体商标的注册量为146件，其中证明商标注册量为145件，集体商标注册量为1件（江西的东乡白花蛇舌草）。中药材地理标志商标注册地域分布于全国27个省份，其中甘肃省以22件位居榜首（见表9）。

表9 截至2022年底全国中药材地理标志商标注册地区分布

单位：件

序号	省份	注册量	地理标志商标名称
1	甘肃	22	渭源白条党参、瓜州枸杞、岷县当归、陇西白条党参、陇西黄芪、景泰枸杞、清水半夏、玉门枸杞、华亭独活、华亭大黄、西和半夏、卓尼柴胡、卓尼当归、靖远枸杞、会宁党参、会宁黄芪、会宁板蓝根、会宁甘草、会宁牛蒡子、民勤甘草、古浪枸杞、礼县大黄
2	山东	14	马山栝楼、莱芜白花丹参、文登西洋参、柳下邑猪牙皂、莒县黄芩、莒县丹参、小康金银花、汶上牛蒡、城前金银花、冠县灵芝、嘉祥白菊花、泰山四叶参、泰山黄精、泰山何首乌
3	湖北	12	竹山肚倍、英山茯苓、桐柏桔梗、利川黄连、板桥党参、房县绞股蓝、房县白及、房县北柴胡、英山桔梗、襄麦冬、枣阳半枝莲、五峰五倍子
4	重庆	10	石柱黄连、酉阳青蒿、秀山金银花、秀山白术、南川玄参、垫江丹皮、巫山庙党、铜梁使君子、合川葛、云阳乌天麻
5	福建	9	永定巴戟天、明溪金线莲、武平仙草、长泰砂仁、福鼎黄栀子、南靖和溪巴戟天、南靖金线莲、建泽泻、灵通七叶胆
6	山西	9	平顺连翘、绛县连翘、绛县黄芩、绛县柴胡、浑源正北芪、壶关党参、上党连翘、潞州黄芩、上党党参
7	浙江	9	雁荡山铁皮石斛、建德西红花、天台乌药、磐安白术、磐安浙贝母、磐安杭白芍、磐安玄参、磐安元胡、磐五味
8	安徽	6	宁前胡、铜陵凤丹、金寨茯苓、金寨西洋参、金寨天麻、金寨灵芝
9	辽宁	6	桓仁山参、桓仁黄芪、桓仁贝母、桓仁天麻、连山关刺五加、清原龙胆
10	四川	5	阆中川明参、苍溪川明参、荥经天麻、巴州川明参、昭化茯苓
11	河南	5	焦作怀牛膝、焦作怀地黄、焦作怀菊花、焦作怀山药、温县铁棍山药
12	云南	5	昭通天麻、龙陵紫皮石斛、泸西灯盏花、丽江玛咖、马厂归
13	湖南	4	靖州茯苓、绥宁绞股蓝、慈利杜仲、隆回金银花

续表

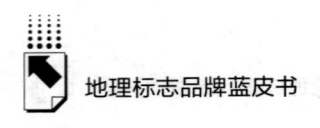

序号	省份	注册量	地理标志商标名称
14	内蒙古	4	阿拉善锁阳、阿拉善肉苁蓉、固阳黄芪、杭锦旗甘草
15	贵州	3	赤水金钗石斛、绥阳金银花、德江天麻
16	青海	3	玉树虫草、杂多虫草、久治贝母
17	广东	2	德庆何首乌、德庆巴戟天
18	广西	2	陆川橘红、桂林罗汉果
19	江西	2	东乡白花蛇舌草（集体商标）、德兴铁皮石斛
20	黑龙江	2	天问山黄精、大庆大同板蓝根
21	西藏	2	库车药桑、那曲虫草
22	江苏	2	滨海白何首乌、洋马菊花
23	陕西	2	平利绞股蓝、略阳杜仲
24	河北	2	巨鹿金银花、巨鹿枸杞
25	吉林	2	抚松人参、抚松林下山参
26	宁夏	1	盐池甘草
27	新疆	1	裕民无刺红花
	总计	146	—

资料来源：根据国家知识产权局商标网数据整理所得。

（三）地理标志专用标志使用市场主体情况

1. 地理标志专用标志使用市场主体数量

截至2022年底，核准中药材地理标志专用标志使用市场主体数量为1453家，各省份拥有的中药材地理标志专用标志数量如图3所示。其中中药材地理标志专用标志使用市场主体数量最多的为安徽，共324家，占比达22%，其次为吉林148家（见图3）。

2. 地理标志专用标志产品规模

地理标志专用标志使用市场主体规模超过25家的地理标志共有10种，分别是霍山石斛、蕲艾、吉林长白山人参、宁夏枸杞、长白山人参、平邑金银花、文山三七、桐乡杭白菊、涪城麦冬和武义宣莲。其中地理标志专用标志使用市场主体数量最多的为霍山石斛，共有189家（见图4）。

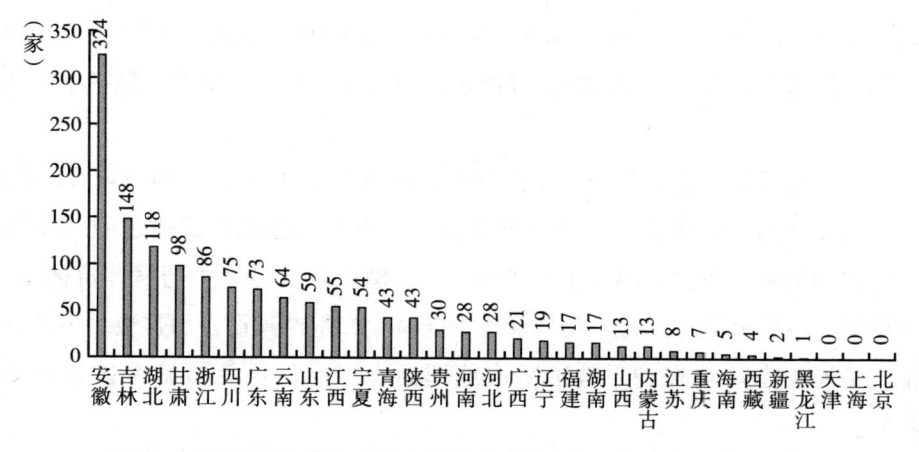

图3 截至2022年底各省份中药材地理标志专用标志市场主体数量

资料来源：根据国家知识产权局地理标志专用标志使用企业检索数据计算所得。

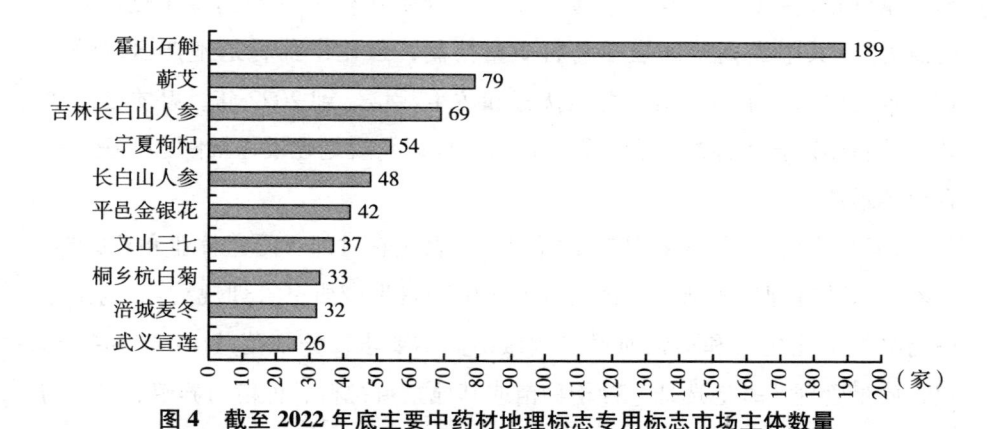

图4 截至2022年底主要中药材地理标志专用标志市场主体数量

资料来源：根据国家知识产权局地理标志专用标志使用企业检索数据计算所得。

（四）中药材地理标志保护监管机制

1. 中药材发展主要政策

2015年4月，为加强中药材保护、促进中药产业科学发展，工业和信息化部、国家中医药管理局、国家发展改革委等部门联合发布《中药材保护和发展规划（2015~2020年）》，其中提到要建设大宗优质中药材生产基地，发展中药材产区经济；突出区域特色，挖掘和继承道地中药材生产和产地加工技术，打造品牌中药材，提高优质中药材的社会认知度，弘扬中医药文化。

为了继承和弘扬中医药，保障和促进中医药事业发展，2016年12月，第十二届全国人民代表大会常务委员会第二十五次会议决议通过的《中华人民共和国中医药法》第二十三条规定："国家建立道地中药材评价体系，支持道地中药材品种选育，扶持道地中药材生产基地建设，加强道地中药材生产基地生态环境保护，鼓励采取地理标志产品保护等措施保护道地中药材。"

2019年10月，为深入贯彻习近平新时代中国特色社会主义思想和党的十九大精神，认真落实习近平总书记关于中医药工作的重要论述，促进中医药传承创新发展，中共中央、国务院发布《关于促进中医药传承创新发展的意见》。其中提到要加强中药材质量控制，强化中药材道地产区环境保护，推行中药材生态种植、野生抚育和仿生栽培。到2022年，基本建立道地中药材生产技术标准体系、等级评价制度以及规划建设一批国家中医药综合改革示范区。

2022年3月，国家药品监督管理局、农业农村部、国家林业和草原局、国家中医药管理局四部门联合发布了《中药材生产质量管理规范》，为推进中药材规范化生产和加强质量控制做出基本要求，该规范共14章144条，包含质量管理、基地选址、种子种苗或其他繁殖材料、种植与养殖、采收与产地加工、质量检验等，适用于中药材生产企业规范生产中药材的全过程管理。在基地选址方面规定，中药材生产基地一般应当选址于道地产区，在非道地产区选址，应当提供充分文献或者科学数据证明其适宜性。

2022年6月，为贯彻落实党中央、国务院关于中医药工作的决策部署，明确"十四五"时期中医药发展目标任务和重点措施，国务院办公厅印发了《"十四五"中医药发展规划》，该规划提出加强对道地中药材的地理标志保护，培育一批道地中药材知名品牌。

2. 中药材地理标志保护标准体系

中药材地理标志保护标准体系分为国家标准、地方标准和团体标准三大类，截至2022年底，共有各类标准34项，其中国家标准16项、地方标准14项、团体标准4项（见表10）。

表10　中药材地理标志保护标准体系

标准体系	标准数量（项）	标准名称
国家标准	16	吉林长白山人参（GB/T19506—2009）、吉林长白山中国林蛙油（GB/T19507—2008）、方城丹参/裕丹参（GB/T22745—2008）、昭通天麻（GB/T19776—2008）、怀地黄（GB/T20350—2006）、怀牛膝（GB/T20352—2006）、石柱黄连（GB/T 20358—2006）、永春篾香（GB/T 21262—2007）、都江堰川芎（GB/T21823—2008）、怀菊花（GB/T20353—2006）、灵宝杜仲（GB/T22742—2008）、卢氏连翘（GB/T22743—2008）、济源冬凌草（GB/T22744—2008）、江油附子（GB/T23399—2009）、涪城麦冬（GB/T23400—2009）、文山三七（GB/T19086—2008）
地方标准	14	涉县柴胡（DB13/T 2395—2017）、汤阴北艾（DB41/T 2022—2020）、确山夏枯草（DB41/T 1824—2019）、邵东玉竹（DB43/ 254—2005）、蕲艾（DB42/T 926—2013）、金华佛手（DB33/T 305—2014）、杭白菊（DB33/T 2443—2022）、宁前胡（DB34/T 2063—2014）、亳菊（DB34/T 4159—2022）、九华黄精（DB34/T 3014—2017）、广昌泽泻（DB36/T 545—2018）、怀玉山三叶青（DB36/T 1014—2018）、柳下邑猪牙皂（DB3708/T 40—2023）、高唐栝蒌（DB3715/T 34—2023）
团体标准	4	灵石酸枣仁（T/LSSZR 0001—2021）、阿拉善锁阳（T/ALBCIA 002—2021）、阿拉善肉苁蓉（T/ALBCIA 001—2021）、杭白菊（NY/T 602—2002）
总计	34	—

资料来源：全国标准信息公众服务平台及《地理标志保护发展报告（2021年度）》。

3. 中药材地理标志示范区建设

2021年，国家知识产权局发布《国家地理标志产品保护示范区建设管理办法（试行）》，同年发布地理标志产品保护示范区筹建名单，共计划筹建50个示范区，其中计划筹建的中药材国家地理标志产品示范区有霍山石斛、蕲艾、化橘红和精河枸杞（见表11）。2022年计划筹建的25个地理标志产品保护示范区名单中不包含中药材。

表11 2021年中药材国家地理标志产品保护示范区筹建名单

序号	省份	地理标志产品保护示范区
1	新疆	精河枸杞国家地理标志产品保护示范区
2	广东	化橘红国家地理标志产品保护示范区
3	湖北	蕲艾国家地理标志产品保护示范区
4	安徽	霍山石斛国家地理标志产品保护示范区

资料来源：根据《国家地理标志产品保护示范区建设管理办法（试行）》整理所得。

4. 中药材地理标志重点联系指导名录

2021年，国家知识产权局经综合评定、社会公示，并结合各地实施国家地理标志运用促进工程项目以及筹建国家地理标志产品保护示范区情况，共将160个地理标志产品列入运用促进重点联系指导名录，其中进入名录的中药材地理标志产品有19个，分布在14个省份。其中云南有三个中药材进入名录，分别是龙陵紫皮石斛、文山三七以及昭通天麻，西藏是那曲冬虫夏草和林芝灵芝，山东是平邑金银花和文登西洋参，广东省是新会陈皮和化橘红，其他省份都只有一个中药材进入重点联系指导名录（见表12）。

表12 2021年中药材地理标志产品重点联系指导名录

序号	省份	地理标志产品
1	云南	龙陵紫皮石斛、文山三七、昭通天麻
2	西藏	那曲冬虫夏草、林芝灵芝
3	山东	平邑金银花、文登西洋参
4	广东	新会陈皮、化橘红
5	吉林	吉林长白山人参
6	内蒙古	阿拉善肉苁蓉
7	贵州	赤水金钗石斛
8	陕西	富平九眼莲
9	青海	玉树虫草
10	安徽	霍山石斛
11	甘肃	靖远枸杞
12	新疆	精河枸杞
13	宁夏	中宁枸杞
14	湖北	蕲艾

资料来源：根据《地理标志运用促进重点联系指导名录》整理所得。

5. 中欧地理标志互认中药材名录

2021年3月1日,《中欧地理标志协定》正式生效。在中欧第一批已认证的100个地理标志中包含2个中药材,分别是柴达木枸杞和精河枸杞,在第二批175个待认证地理标志中包含11个中药材(见表13)。

表13 中欧互认中药材地理标志

序号	产品名称	产品状态	产品类别
1	柴达木枸杞	已认证	新鲜或加工水果、蔬菜和谷物——枸杞
2	精河枸杞	已认证	新鲜或加工水果、蔬菜和谷物——枸杞
3	宁夏枸杞	待认证	新鲜或加工水果、蔬菜和谷物——枸杞
4	中宁枸杞	待认证	新鲜或加工水果、蔬菜和谷物——枸杞
5	涉县柴胡	待认证	新鲜或加工水果、蔬菜和谷物——根
6	石柱黄连	待认证	新鲜或加工水果、蔬菜和谷物——根
7	岷县当归	待认证	新鲜或加工水果、蔬菜和谷物——根
8	新会陈皮	待认证	新鲜或加工水果、蔬菜和谷物——柑
9	化橘红	待认证	新鲜或加工水果、蔬菜和谷物——柑
10	吉林长白山人参	待认证	新鲜或加工水果、蔬菜和谷物——块茎
11	霍山石斛	待认证	新鲜或加工水果、蔬菜和谷物——茎
12	五峰五倍子	待认证	新鲜或加工水果、蔬菜和谷物——果实
13	文山三七	待认证	新鲜或加工水果、蔬菜和谷物——三七

资料来源:根据《中欧地理标志协定》附录整理所得。

三 中药材产业地理标志品牌发展典型案例

中药材作为中国传统医学的珍贵遗产,承载着丰富的历史文化与医学智慧。中药材不仅是医疗保健的重要组成部分,更是代表中华传统文化的瑰宝。本部分以岷县当归和蕲春蕲艾为例,深入探讨地理标志品牌保护与推广助力中药材产业发展的特色做法和经验启示。

(一)岷县当归地理标志品牌发展案例

岷县位于甘肃省,地处青藏高原、黄土高原和西秦岭交会地带,属于温带半湿润向高寒湿润气候过渡带，高寒阴湿、雨量充沛、光照充足、土层深厚、土质疏松、腐殖质含量高，为当归创造了优越的生长条件。岷县当归又称"岷归"，早在2000多年前，岷县当归就是极为珍贵的贡品。"岷县当归"自1964年以来，先后获"原产地标记认证""中国农业重要文化遗产""中国驰名商标""生态原产地保护产品"等国家和省级荣誉20余项。

1. 岷县当归发展简况

岷县自古以来便是中药材种植大县，近年来，随着国家对中药材产业的大力支持以及"岷县当归"品牌影响力的不断增强，中药材产业特别是当归产业已经成为岷县经济发展的重要支柱。2019年岷县当归的种植面积为25.6万亩；2021年岷县当归加工营销企业共有140家、制药企业9家，并生产中药制剂、中药饮片等相关产品；2022年岷县当归种植面积达30万亩，年产量7万吨以上。从事中药材产业的农民从中药材产业中获得的人均可支配收入占当年人均可支配收入的60%以上。[①] 以岷县当归为主的中药材产业，已经成为促进该县经济发展的支柱产业之一。

2. 岷县当归地理标志发展情况

岷县当归2004年注册地理标志证明商标，2016年登记为农产品地理标志，2021年成功入选第二批中欧地理标志互认名单。2019年岷县当归种植产业正式批准筹建"全国当归种植产业知名品牌创建示范区"，2021年岷县当归加工技艺认定为第五批国家级非物质文化遗产代表性项目。在"2022中国地理标志农产品（中药材）品牌声誉前100位"榜单中，岷县当归居全国第21位、甘肃省第1位。农业农村部实施地理标志保护工程期间，对岷县当归地理标志保护产品两次总投资400万元，主要开展了岷县当归地理标志核心示范区创建、育苗新技术研发、岷县当归标准化生产技术培训、加工贮藏条件改善、特色品质评价研究，树立宣传标牌，参加全国绿色食品博览会、中国国际农产品交易会地理标志专业展览和岷县当归专场推介会等品

---

① 《岷县：擦亮"岷归"金字招牌》，《甘肃经济日报》，https://szb.gansudaily.com.cn/gsjjrb/pc/layout/202308/15/col01.html，2023年8月15日，第1版。

牌宣传推介工作，有效地提高了岷县当归地理标志农产品的品质、知名度及消费者的满意度。

3. 成功经验和借鉴意义

一是当地政府、企业和药农三方联动。2022年12月，甘肃省药品监督管理局，岷县县委、县政府与北京珍宝岛中药产业集团联合提出"龙头企业+扶贫车间"模式，通过龙头企业把岷县分散的当归、红（黄）芪加工户组织起来，对初加工进行技术规范，负责质量安全并承担责任；岷县县委、县政府从规范种植、防止中药材源头污染等方面出台相关政策，加强监管；药农则积极参加种植技术培训，提高种植当归的数量以及质量。通过三方联动，从源头上稳定药材种植面积，把控药材质量。

二是种植基地的标准化建设。2011年，岷县被农业部授予"全国农业标准化示范县"称号，当归为示范产品。通过当归种植基地的标准化建设，提高当归的质量，确保生产过程的规范性，从而提高岷县当归的市场竞争力。目前，岷县已建设中药材省级抓点示范核心试验基地100亩、技术示范片1000亩及万亩集中连片示范带，中药材种植面积稳定在65万亩以上。[1]

三是加强技术和市场软硬件设施建设。2013年成立了当归研究院，负责制定以"岷归"为主，以黄芪、红芪、党参等多种中药材为辅的产业发展规划并组织实施；负责对相关产业政策的分析研究；为"岷归"及中药材产业发展提供人才培训、科技咨询、质量检测等服务；负责"岷归"及各类中药材种植技术研究和相关产品的深度研发工作，切实提升"岷归"及其他中药材产品层次，推进中药材产业向中医药产业转型升级。建设了全国唯一一家以当归为名的"中国当归城"药材批发市场，集药材交易中心、加工中心、仓储中心、货运中心、信息中心、会展中心、度假中心、服务中心于一体的多功能综合性的中药材经济开发区。2022年中药材交易量达35

---

[1]《强产业　拓渠道　抓改革　促增收——岷县积极发展乡村特色产业助农增收助力乡村建设》，岷县人民政府网站，http://www.minxian.gov.cn/art/2023/6/15/art_17119_1657226.html，2023年6月15日。

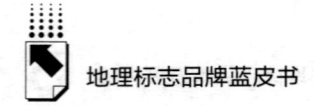

万吨，交易额达 115 亿元，其中岷县当归交易量占全国总量的 80% 以上。

四是地理标志与电子商务融合发展。岷县紧紧抓住电子商务机遇，2018 年 10 月，阿里研究院发布的《首届中国农民丰收节电商数据报告》显示，岷县入围阿里巴巴贫困县农产品电商前 15 强。同时岷县当归入围 2017～2018 年地理标志农产品电商品牌榜 100 强，是甘肃省唯一上榜的地理标志农产品。[1] 岷县当归在电商平台上的表现不仅是地理标志产品的成功案例，也反映了岷县在现代化营销方面的积极探索。

（二）蕲春县蕲艾地理标志品牌发展案例

蕲艾产自湖北省蕲春县，蕲春是明代医圣李时珍的故乡。蕲春县属亚热带大陆季风气候，四季分明，雨量充沛，气候温和，历年平均无霜期为 249.1 天，降水量为 1341.7 毫米，日照时数为 2025.8 小时，气温 16.8 度，适宜种植艾草。蕲艾含 17 种已知化合物，并且挥发油含量、总黄酮含量、燃烧发热量等明显优于其他地区所产艾叶。蕲艾油有明显的平喘、镇咳、祛痰及消炎作用。在《本草纲目》中，李时珍称"艾叶自成化以来，则以蕲州者（今日蕲春）为胜，用充方物，天下重之，谓之蕲艾"。

1. 蕲艾发展简况

近年来，蕲春县坚持"养生蕲春，从艾出发"，深挖蕲艾发展潜力，大力宣传蕲艾品牌，蕲艾已经成为蕲春县的重要特色支柱产业。目前，全县艾草种植面积超过 20 万亩，相关市场主体 3000 余家，蕲艾产品研发 18 个系列 1000 多个品种。以蕲艾为主导的大健康产业蓬勃发展，蕲艾成为省级农产品核心品牌和国家级农产品区域公用品牌，成功创建蕲艾国家级农业标准化示范区。

2. 蕲艾地理标志发展情况

2010 年，蕲艾成功申报为国家地理标志保护产品，位列"十大楚药"

---

[1] 《岷县开启贫困地区"电商扶贫"新路子》，岷县人民政府网站，http://www.minxian.gov.cn/art/2019/10/11/art_ 15569_ 1230314.html，2019 年 10 月 11 日。

之首。2019年，在首届湖北地理标志大会暨品牌培育创新大赛中，"蕲艾"获得优秀奖，在2020年第二届湖北地理标志大会暨品牌培育创新大赛中"蕲艾"获得金奖，2021年，蕲春艾灸疗法被列入国家级非物质文化遗产。2021年5月，在中国品牌价值评价信息发布暨中国品牌高峰论坛上，蕲艾品牌居全国区域品牌（地理标志）第37位；同年，蕲艾成功入选国家地理标志产品保护示范区建设名单，充分表明蕲艾在全国的巨大品牌影响力和市场竞争力。为擦亮"蕲艾"地标产品的金字招牌，蕲春县市场监督管理局积极推进商标、专利、地理标志等知识产权创新、运用和保护工作，不断完善地标产品体系建设。

3.成功经验和借鉴意义

一是用好品牌、用对品牌。蕲艾作为湖北省核心农产品品牌之一，蕲春县采用链式思维，积极构建"1+N+X"品牌矩阵，以"1"为龙头，即李时珍和《本草纲目》国际品牌；以"N"为内核，通过对蕲艾国家地理标志保护产品品牌、蕲春艾灸疗法国家非遗品牌、蕲春艾灸师全国最受欢迎劳务品牌、蕲艾产业技术研究院科研品牌等系列品牌的持续培育、整体提升，厚植品牌建设根基，促进三次产业融合发展，实现品牌效应聚合放大；以"X"为外延，推进蕲艾与制造业品牌、农业品牌、服务业品牌、建筑业品牌、文旅业品牌、中医药传承创新品牌等国内其他知名品牌融合发展，做好"蕲艾+"文章，实现品牌共创、成果共享、发展共荣。[①]

二是校地合作、强化质量。蕲春县与中国医学科学院药用植物研究所、华中农业大学等院校合作，不断加强对蕲艾种质种苗、蕲艾鉴定、蕲艾入食品等关键技术领域标准的研究，成功研制出"蕲黄1号""蕲青1号"。同时，与湖北省标准化研究院合作，建立完成蕲艾全产业链标准体系，制订《蕲艾标准体系建设规划（2023~2028）》《蕲艾标准体系建设三年行动方

---

① 《蕲春推动蕲艾全产业链融合发展》，蕲春县人民政府网站，http://www.qichun.gov.cn/content/article/11752925，2023年12月6日。

案》，有序推进蕲艾标准化工作。主导和参与制定、修订蕲艾基础通用、蕲艾种植、仓储物流、生产加工、产品质量、灸疗服务等 6 大类标准 29 项，占全国艾草类标准的 72%。① 这些标准的制定，为蕲艾产业建立行业龙头地位奠定了坚实的基础。

三是产品创新、产业创新。2023 年 5 月，蕲春县政府牵头组建省级科创平台——蕲艾产业技术研究院，推进蕲艾产业创新创造。积极发挥蕲艾产业支柱作用，在保障蕲艾发展水平和产品品质的基础上，加强效用好、市场潜力大的道地中药材、地产药材产业发展和新产品研究，形成有地方特色的高附加值的中药饮片、中成药、中药保健品的生产业态。推进蕲艾小镇建设，发展古镇文化旅游，打造"药旅联动"先行区，创建全省旅游强镇。正是蕲春县对蕲艾产品创新、产业创新的重视，使蕲艾"从草到宝，一棵小艾草撬动一个大产业"。

四 中药材产业地理标志品牌发展存在的问题

（一）中药材知识产权保护体系有待完善

我国中药材知识产权保护涵盖专利、商业秘密、商标、地理标志等方面的法律制度和行政保护措施，但这些保护制度间缺乏有机衔接，导致保护和激励中医药创新的力度不够、效果不佳。在专利保护方面，中医药领域约 60% 的专利申请由个人提交，部分申请质量还有待提升；在商标保护方面，一些知名中医药企业的商标在海外被抢注十分普遍；在地理标志保护方面，中药材种质资源建设、优良品种培育和药材标准化生产方面有待提升。

---

① 《蕲春深耕蕲艾品牌建设》，蕲春县人民政府网站，http://www.qichun.gov.cn/content/article/11759074，2023 年 12 月 19 日。

（二）中药材特色品质和监管水平有待提升

目前，我国中药材生产技术还相对落后，部分药材生产者重产量轻质量，滥用化肥、农药、生长调节剂，导致中药材品质下降，影响中药质量和临床疗效。中药材生产经营管理较为粗放，供需信息交流不畅，价格起伏幅度过大，也阻碍了中药产业健康发展。一些生产企业同国外药物研发公司合作时，道地中药材相关的传统知识和遗传资源缺乏有效保护，相关管理部门缺乏有效的措施防范其他国家对我国道地中药材相关遗传资源的挖掘和相关传统知识的无偿使用。①

（三）地理标志品牌带动能力有待加强

地理标志品牌带动能力不强的原因，包括知名度不足、差异化不明显、市场竞争激烈、宣传推广不足等。如河南省的"确山夏枯草"荣获"河南省农产品区域品牌"和"国家地理标志保护产品"，但是由于知名度不高、宣传推广不足等，夏枯草并没有成为当地的支柱产业，没有表现出应有的品牌带动能力以及地理标志产品的优势。在中药材地理标志产品中，诸如确山夏枯草的例子不胜枚举。

（四）道地中药材地理标志保护有待规范

道地中药材的特性会因地域、气候等因素有所不同，导致地理标志保护标准制定的复杂性。目前对药材的品质、临床疗效等还缺乏客观、准确的国家级标准，种质资源建设总体布局欠缺，产业发展受限，生产企业大多规模小、附加值低。② 基于地理标志保护道地中药材的水平和制度有待完善。

---

① 《我国道地药材保护的主要问题》，国家知识产权局商标局网站，https://sbj.cnipa.gov.cn/sbj/jtzmsb/jtzmsb_ktyj/202208/t20220822_21922.html，2022年7月8日。
② 《用好知识产权　造福国计民生——访全国政协常委、国家知识产权局副局长何志敏》，国家知识产权局，https://www.cnipa.gov.cn/art/2020/5/25/art_779_99793.html，2020年5月25日。

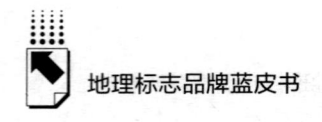

（五）中药材包装加贴专用标志有待改进

目前，地理标志中药材主要是散装或大包装销售，缺乏精细加工和精细包装，销售的中药材绝大多数都没有标签、标志或标识，普遍没有使用农产品追溯码，使上市销售的中药材无法确定产地和生产单位，导致鱼龙混杂，质量良莠不分，不能充分体现地理标志品牌的优质优价。

五 中药材地理标志品牌发展对策建议

中药材行业地理标志品牌的发展至关重要，不仅涉及产业的繁荣与升级，更关系中药文化的传承与推广。因此，本报告提出以下对策建议，以助力中药材地理标志品牌的健康发展。

（一）加强中医药产业知识产权保护

主管部门需要加强部门联动，一是建立中医药知识产权相关的数据库，包括专利信息、商标信息、地理标志等，方便企业了解和检索相关信息，提高对知识产权的统筹管理水平。二是完善法律法规，形成中国特色的中医药知识产权保护体系。建立基于传统知识和商业秘密保护的中医药品种登记制度，并与专利、商标、地理标志等知识产权保护规则有机衔接。[①] 三是促进国际合作，积极参与世界知识产权组织，加强与其他国家和地区的合作，共同推动形成全球中医药知识产权保护的标准和规范，形成国际合作机制。中医药企业方面，需要建立健全内部知识产权保护机制，如专门的知识产权管理部门，明确保护责任，加强内部培训等。多方联动形成合力，提升我国中医药行业知识产权保护水平，推动中医药产业的健康发展。

[①] 《用好知识产权　造福国计民生——访全国政协常委、国家知识产权局副局长何志敏》，国家知识产权局，https：//www.cnipa.gov.cn，2020年5月25日。

（二）积极开展中药材特色品质研究

地理标志产品的根和魂是产品的特色品质，在中药材品牌建设中显得尤为重要，要积极推动中药材产地环境气候分析、质量安全分析、产品质量分析和特色品质分析，进一步剖析地理标志中药材和道地中药材的典型特征，尽快制定药材的分等、分级标准并严格落实，以确保中药材的健康长久发展，为中药材地理标志品牌建设筑牢品质基础。

（三）加强中药材地理标志品牌建设与推广

品牌化道路是提升产业化水平和产品竞争力、提高中药材效益和增加农民收入的必然选择。依托中药材地理标志，积极建设知名的中药材品牌，打造区域品牌，实现地域与品牌的耦合性，[①] 如甘肃省的岷县当归、靖远枸杞等。各地区可综合运用多种品牌的宣传推广手段，以及现代化的品牌传播途径，增强中药材地理标志的市场影响力，提高区域品牌的市场经济价值。

（四）完善中药材地理标志产业链

充分借助地理标志产品的品牌效应，在推进中药材全产业链发展过程中，同时实现地理标志联农带农富农。除此之外，还可以进一步探索推动地理标志与生态、文旅、康养的融合发展，大力发展与中药材相关的有机农业、康养旅游、科普体验等产业，形成"中药材+农业""中药材+文旅""中药材+康养"等新型业态融合互动发展的崭新局面。打造"地理标志+"特色模式，加快推进地理标志产业高质量发展。

（五）提高道地中药材地理标志品牌示范带动能力

道地中药材作为中药材中质量最好的一类，应充分发挥其优越性以及品

[①] 邓伟升、朱协、文传浩：《绿色品牌生态系统：概念内涵、赋能逻辑与研究议题》，《生态经济》2023年第3期。

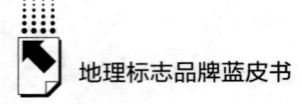

牌带动能力。通过中药材地理标志专用标志使用核准制度，开展地理标志保护专项行动，提升道地中药材保护水平，规范道地中药材市场。在现有的道地中药材产区，建设规范化种植研究和示范基地，鼓励农户集中化、现代化种植经营，提高生产种植效率和质量，同时确保道地中药材生产的规范性，提高道地中药材的市场竞争力，维护好道地中药材这个品牌，充分发挥道地中药材的品牌带动能力。

参考文献

［1］知识产权出版社有限责任公司编写《地理标志保护发展报告（2021年度）》，知识产权出版社，2023。

［2］黄璐琦、张小波主编《全国中药材生产统计报告（2020）》，上海科学技术出版社，2021。

［3］王亚君：《道地药材品质特征及其成因的系统研究》，《中国中药杂志》2011年第5期。

［4］杜路、曾加：《论道地药材的地理标志保护》，《西北大学学报》（哲学社会科学版）2012年第5期。

［5］罗浩亮、邹松兵、任海伟主编《甘肃地理标志农产品》，兰州大学出版社，2022。

［6］邓伟升、朱协、文传浩：《绿色品牌生态系统：概念内涵、赋能逻辑与研究议题》，《生态经济》2023年第3期。

B.4
葡萄酒地理标志品牌发展报告

徐婧 关煜荟*

摘　要： 中国是世界第三大葡萄种植国、第十二大葡萄酒生产国、第七大葡萄酒消费国，葡萄与葡萄酒产业已成为乡村振兴的重要产业。截至2022年，我国已认定葡萄酒地理标志产品14个，注册葡萄酒地理标志商标5个，分布于12个省份，地理标志的保护和运用对葡萄酒行业的高质量发展，以及酿酒葡萄种植业具有重要的意义。本报告在分析葡萄酒的行业规模、酿酒葡萄产区分布、葡萄酒进出口情况的基础上，梳理总结葡萄酒地理标志认定、地理标志商标注册、地理标志专用标志使用市场主体概况以及保护监管机制，进一步以贺兰山东麓葡萄酒、烟台葡萄酒作为典型案例，分析其发展情况和成功经验，最后总结葡萄酒地理标志发展在产业基础、生产技术水平、品牌推广、监管体制等方面所面临的问题，并提出提升葡萄酒地理标志保护运用水平、丰富葡萄酒质量特色、加强葡萄酒地理标志质量监管和拓展葡萄酒地理标志品牌文化内涵的对策建议。

关键词： 地理标志品牌　地理标志产品　葡萄酒

"葡萄美酒夜光杯，欲饮琵琶马上催"。葡萄酒生产在我国有着悠久的历史，汉唐以来就有葡萄酒生产的记载。葡萄酒是在特定的气候、土壤等条件下，采用相应的栽培技术，种植相应的品种，并通过相应的工艺进行

---

* 徐婧，西北师范大学经济学院教授、西北师范大学中华地标产业研究中心专家库成员，主要研究领域为国际贸易、区域经济与产业发展；关煜荟，西北师范大学经济学院硕士研究生，主要研究领域为国际贸易与产业发展。

酿造而成的。原产地的风土条件、葡萄品种以及所采用的栽培技术、采收、酿造方式等决定了葡萄酒的质量和风格，使葡萄酒成为地理标志保护的典型产品。世界主要葡萄酒生产国对葡萄酒地理标志保护由来已久，并建立了成熟的体系，葡萄酒生产能够带动从葡萄种植到加工、旅游等一系列产业发展，对农业提质增效、增加农民就业和提高收入都具有重要的意义。因此，通过地理标志品牌建设促进中国葡萄酒产业提质增效具有重要的现实意义。

一 葡萄酒行业发展概况

（一）葡萄酒概念界定及分类

根据国家标准《饮料酒术语和分类》（GB/T 17204—2021），葡萄酒是指以葡萄或葡萄汁为原料，经全部或部分酒精发酵酿制而成的，含有一定酒精度的发酵酒。按照色泽、二氧化碳含量、含糖量、酒精度、产品特性的不同，可将葡萄酒分为19个三级分类品种，比如按色泽分为桃红葡萄酒、红葡萄酒、白葡萄酒等。根据《2017国民经济行业分类注释》，葡萄酒分为干葡萄酒、半干葡萄酒、甜葡萄酒、半甜葡萄酒、起泡葡萄酒、特种葡萄酒、葡萄白兰地、酿酒葡萄汁8类（见表1）。

表1 不同分类标准下的葡萄酒类别

分类标准	分类依据	葡萄酒分类
国家标准《饮料酒术语和分类》（GB/T 17204—2021）	按色泽分类	桃红葡萄酒、红葡萄酒、白葡萄酒
	按二氧化碳含量分类	平静葡萄酒、含气葡萄酒
	按酒中含糖量分类	干葡萄酒、半干葡萄酒、半甜葡萄酒、甜葡萄酒、甜起泡葡萄酒、半干葡萄起泡酒、干起泡葡萄酒、绝干葡萄起泡酒、天然起泡葡萄酒、超天然起泡葡萄酒、自然起泡葡萄酒
	按酒精度分类	低度葡萄酒、葡萄酒
	按产品特性分类	特种葡萄酒

续表

分类标准	分类依据	葡萄酒分类
《2017国民经济行业分类注释》(按一号修改单修改)	代码1515	干葡萄酒、半干葡萄酒、甜葡萄酒、半甜葡萄酒、起泡葡萄酒、特种葡萄酒、葡萄白兰地、酿酒葡萄汁

资料来源：国家标准《饮料酒术语和分类》(GB/T 17204—2021)和《2017国民经济行业分类注释》(按一号修改单修改)。

(二)葡萄酒行业规模

根据国际葡萄与葡萄酒组织(OIV)公布的最新数据，2022年我国葡萄种植面积达78.5万公顷，列全球第三位，仅次于西班牙和法国。2013~2022年，我国葡萄酒产量总体呈下降趋势，其中2013~2016年较为稳定，平均保持在11.5亿升，2017年开始降幅明显，到2022年降至2.14亿升(见图1)。虽然葡萄酒产量有所下降，但葡萄酒品质显著提升，在葡萄酒文旅建设和当地风土资源挖掘方面取得长足进步。

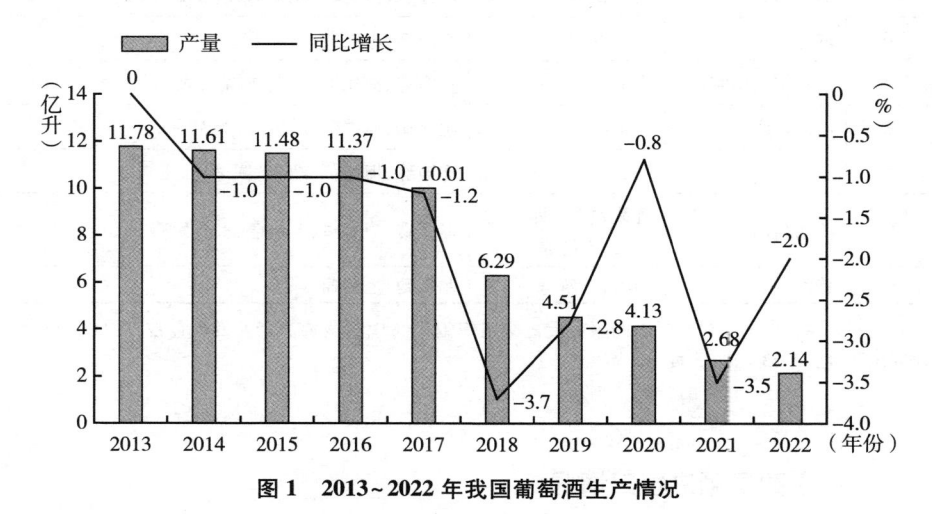

图1 2013~2022年我国葡萄酒生产情况

资料来源：根据国家统计局官网相关数据所得。

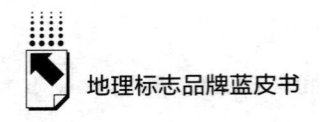

（三）酿酒葡萄产区分布

我国的酿酒葡萄产区主要集中在北纬38°~53°，综合考虑中国气象地理区划及行政区划，可以将中国现有酿酒葡萄栽培区域划分为11个产区，分别为东北产区、京津冀产区、山东产区、黄河故道产区、黄土高原产区、内蒙古产区、宁夏贺兰山东麓产区、河西走廊产区、新疆产区、西南高山产区和特殊产区（见表2）。

表2 中国酿酒葡萄产区划分、各产区分布范围及主要栽培品种

序号	产区	分布范围	主要栽培品种
1	东北	辽宁、吉林、黑龙江	山葡萄及其杂交种、威代尔
2	京津冀	北京、天津、河北	赤霞珠、蛇龙珠、梅鹿辄、玫瑰香、霞多丽、贵人香
3	山东	山东	赤霞珠、蛇龙珠、梅鹿辄、品丽珠霞多丽、贵人香
4	黄河故道	河南东、安徽北及江苏北	赤霞珠、梅鹿辄、霞多丽
5	黄土高原	山西、陕西	赤霞珠、梅鹿辄、蛇龙珠、霞多丽、白玉霓
6	内蒙古	内蒙古	赤霞珠、山葡萄
7	宁夏贺兰山东麓	宁夏	赤霞珠、梅鹿辄、蛇龙珠、霞多丽、雷司令
8	河西走廊	甘肃	黑比诺、赤霞珠、霞多丽、贵人香
9	新疆	新疆	赤霞珠、梅鹿辄、烟73、霞多丽、雷司令
10	西南高山	青藏高原、四川盆地、云贵高原	赤霞珠、梅鹿辄、玫瑰蜜、水晶葡萄
11	特殊	湖南、广西	刺葡萄、毛葡萄

资料来源：中国乡村发展志愿服务促进会组织编写《中国葡萄酒产业发展蓝皮书（2022）》，研究出版社，2023，第23页。

（四）葡萄酒进出口情况

根据国际葡萄与葡萄酒组织（OIV）数据，2022年全球葡萄酒产量约262.1亿升，消费量约231.6亿升。生产方面，意大利、法国、西班牙三国

的葡萄酒产量约占全球产量的50%。消费方面，美国连续多年居全球第1位，2022年占比达14.6%，其次为法国和意大利。中国葡萄酒产量居全球第12位，消费量居第7位，2022年总消费量为8.8亿升，人均消费量较低且进口葡萄酒占比较大。未来，随着中国经济发展和生活水平的提高，葡萄酒消费量仍有较大上升空间。

1. 葡萄酒进出口规模

根据《海关统计月报进出口主要商品目录（2023年）》，截至2022年，我国共进出口7种HS编码为6位的葡萄酒（见表3）。

表3 葡萄酒HS编码及相应的商品名称

HS编码	与HS编码对应的商品名称	本文简称
220410	鲜葡萄酿造的起泡酒	葡萄汽酒
220421	装入≤2升容器的鲜葡萄酿造的酒	瓶装葡萄酒
220422	装入2升以上但不超过10升容器的鲜葡萄酿的酒	小桶装葡萄酒
220429	装入>10升容器的鲜葡萄酿造的酒	大桶装葡萄酒
220430	酿酒葡萄汁	同左
220510	小包装（容器≤2升）的味美思酒	同左
220590	其他包装的味美思酒	同左

注：HS编码对应的商品名称的简称参考《我国特色农产品市场与产业分析报告》第七篇中的《我国葡萄酒市场与产业分析报告》。

资料来源：根据《海关统计月报进出口主要商品目录（2023年）》。

进口方面，2014~2018年，我国葡萄酒进口总额呈增长趋势，由15.22亿美元上升到28.61亿美元，年均增长率为21.99%。2019~2022年，我国葡萄酒进口总额逐年减少，由2018年的28.61亿美元下降至2022年的14.39亿美元，年均增长率为-12.43%。出口方面，2013~2016年，我国葡萄酒出口总额逐年增加，由0.39亿美元增加至5.43亿美元，2017~2020年，葡萄酒出口总额逐年下降，由2016年的5.43亿美元下降至2020年的0.27亿美元，年平均下降52.78%。2022年，我国葡萄酒贸易逆差值为13.97亿美元。

地理标志品牌蓝皮书

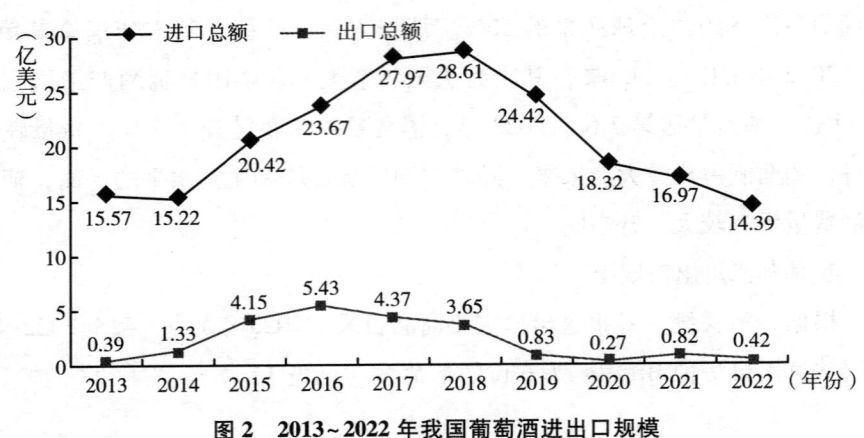

图2　2013~2022年我国葡萄酒进出口规模

资料来源：根据ITC-Trade Map数据库相关数据计算所得。

数据点（进口总额）：2013: 15.57, 2014: 15.22, 2015: 20.42, 2016: 23.67, 2017: 27.97, 2018: 28.61, 2019: 24.42, 2020: 18.32, 2021: 16.97, 2022: 14.39

数据点（出口总额）：2013: 0.39, 2014: 1.33, 2015: 4.15, 2016: 5.43, 2017: 4.37, 2018: 3.65, 2019: 0.83, 2020: 0.27, 2021: 0.82, 2022: 0.42

2. 葡萄酒进出口地区结构

2022年，我国葡萄酒进口排名前十的国家依次为法国、智利、意大利、西班牙、美国、新西兰、德国、阿根廷、南非、格鲁吉亚（见表4）。其中法国、智利、意大利、西班牙四个国家占我国葡萄酒进口的比重超过80%，法国所占份额最多，几乎占我国葡萄酒进口的一半。我国葡萄酒进口来源地整体结构比较稳定。

表4　2018~2022年中国葡萄酒进口前十的国家

单位：亿美元

序号	国家	2018年	2019年	2020年	2021年	2022年
1	法国	10.70	6.95	5.10	7.54	6.63
2	智利	3.76	3.46	2.20	3.32	3.27
3	意大利	1.71	1.59	1.17	1.67	1.37
4	西班牙	1.70	1.47	0.99	1.48	1.04
5	美国	0.76	0.39	0.24	0.41	0.49
6	新西兰	0.29	0.21	0.18	0.27	0.30
7	德国	0.28	0.24	0.22	0.28	0.27
8	阿根廷	0.26	0.27	0.28	0.38	0.21

续表

序号	国家	2018年	2019年	2020年	2021年	2022年
9	南非	0.36	0.23	0.15	0.34	0.20
10	格鲁吉亚	0.19	0.19	0.14	0.14	0.15
	总计	20.00	15.00	10.68	15.83	13.91

资料来源：根据ITC-Trade Map数据库相关数据计算所得。

2022年，我国出口葡萄酒排名前十的国家和地区为中国香港、澳大利亚、新加坡、美国、法国、韩国、中国澳门、日本、缅甸、英国。近年来，我国增加了对新加坡、澳大利亚、美国的葡萄酒出口，尽管中国香港在我国葡萄酒出口份额减小，但仍是我国葡萄酒的主要出口地（见表5）。

表5 2018~2022年中国葡萄酒出口前十的国家和地区

单位：亿美元

序号	国家和地区	2018年	2019年	2020年	2021年	2022年
1	中国香港	3.52	0.63	0.20	0.42	0.27
2	澳大利亚	0.04	0.01	0	0.03	0.04
3	新加坡	0.01	0	0.01	0.33	0.03
4	美国	0.01	0.01	0.01	0	0.02
5	法国	0.03	0.02	0.01	0.01	0.01
6	韩国	0.01	0.02	0.01	0.01	0.01
7	中国澳门	0.01	0.01	0.01	0.01	0.01
8	日本	0	0.01	0.01	0.01	0
9	缅甸	0.01	0.08	0.01	0	0
10	英国	0	0	0	0	0
	总计	3.63	0.79	0.25	0.80	0.40

资料来源：根据ITC-Trade Map数据库相关数据计算所得。

3.葡萄酒进出口产品结构

我国目前主要进口3种葡萄酒，分别是瓶装葡萄酒、大桶装葡萄酒和葡萄汽酒。2022年，这3种葡萄酒进口额达到总进口额的98.99%，其中瓶装葡萄酒的进口比高达85.04%，大桶装葡萄酒以及新鲜葡萄汽酒所占比重分别为7.91%、6.04%。其他种类的葡萄酒进口份额较小（见表6）。

表6　2018~2022年我国葡萄酒进口产品结构

单位：亿美元，%

产品类别	2018年	2019年	2020年	2021年	2022年	2022年占比
瓶装葡萄酒	25.73	21.92	16.53	14.57	12.24	85.04
大桶装葡萄酒	1.87	1.44	0.92	1.07	1.14	7.91
葡萄汽酒	0.82	0.84	0.72	1.13	0.87	6.04
其他	0.19	0.22	0.16	0.19	0.14	1.01

资料来源：根据ITC-Trade Map数据库相关数据计算所得。

我国目前主要出口两种葡萄酒，分别是瓶装葡萄酒和葡萄汽酒，其中瓶装葡萄酒出口额最大，占总出口额的91.87%，其次是葡萄汽酒，占比为6.26%。其他种类葡萄酒出口额占比较低（见表7）。

表7　2018~2022年我国葡萄酒出口产品结构

单位：亿美元，%

产品类别	2018年	2019年	2020年	2021年	2022年	2022年占比
瓶装葡萄酒	3.62	0.80	0.24	0.80	0.38	91.87
葡萄汽酒	0.01	0.01	0.02	0.01	0.03	6.26
其他	0.01	0.01	0.01	0.01	0.01	1.95

资料来源：根据ITC-Trade Map数据库相关数据计算所得。

二　葡萄酒行业地理标志认定及发展概况

（一）地理标志产品认定概况

随着我国葡萄酒消费规模的提升，国内葡萄酒生产企业也在积极进行规模化和品牌化发展。自2002年以来，越来越多的葡萄酒产品被认定为地理标志产品。"烟台葡萄酒"是国内第一批实施地理标志产品保护的葡萄酒，这一政策使"烟台葡萄酒"的产量、销量、利润得到了突飞猛进的发展。[①]目前，我国葡萄酒共有14个地理标志产品，分别分布在河北、山东、宁夏、吉林、辽宁、甘肃、广西、山西、西藏、新疆、湖北、黑龙江（见表8）。

表8 截至2022年受保护的葡萄酒地理标志产品

序号	地理标志产品	所在省份	实施时间
1	昌黎葡萄酒	河北	2002年8月6日；2005年10月17日
2	烟台葡萄酒	山东	2002年8月28日
3	沙城葡萄酒	河北	2002年12月9日
4	贺兰山东麓葡萄酒	宁夏	2003年4月1日；2011年1月30日
5	通化山葡萄酒	吉林	2005年12月28日
6	恒仁冰酒	辽宁	2006年12月31日
7	河西走廊葡萄酒	甘肃	2012年7月31日
8	都安野生山葡萄酒	广西	2012年12月12日
9	戎子酒庄葡萄酒	山西	2013年12月23日
10	盐井葡萄酒	西藏	2014年12月11日
11	吐鲁番葡萄酒	新疆	2015年12月4日
12	和硕葡萄酒	新疆	2015年12月4日
13	鄢西山葡萄酒	湖北	2017年3月31日
14	东宁冰酒	黑龙江	2020年11月5日

资料来源：2005~2020年数据来自国家知识产权局，2005年前的数据参考《中国葡萄酒产业发展蓝皮书（2022）》。

（二）地理标志证明商标注册概况

截至2022年，我国葡萄酒地理标志证明商标共有5个，分别是柳河山葡萄酒、贺兰山东麓葡萄酒、泰山南麓葡萄酒、烟台葡萄酒、蓬莱海岸葡萄酒（见表9）。2011年，柳河山葡萄酒最早由吉林柳河山葡萄酒商会注册了地理标志证明商标。2012年，贺兰山东麓葡萄酒和蓬莱海岸葡萄酒由宁夏

---

① 中国乡村发展志愿服务促进会组织编写《中国葡萄酒产业发展蓝皮书（2022）》，研究出版社，2023，第45页。

回族自治区葡萄花卉产业发展局、烟台市蓬莱葡萄酒行业协会申请了地理标志证明商标。2015年，泰山南麓葡萄酒由泰安市葡萄酒协会申请了地理标志证明商标。2017年，烟台葡萄酒和蓬莱海岸葡萄酒分别由烟台市会展业服务中心、烟台市蓬莱葡萄酒行业协会申请了地理标志证明商标。

表9 截至2022年注册的葡萄酒地理标志证明商标

序号	地理标志证明商标	申请人	公告日期
1	柳河山葡萄酒	吉林柳河山葡萄酒商会	2012年11月
2	贺兰山东麓葡萄酒	宁夏回族自治区葡萄花卉产业发展局	2014年3月
3	泰山南麓葡萄酒	泰安市葡萄酒协会	2017年3月
4	烟台葡萄酒	烟台市会展业服务中心	2017年12月
5	蓬莱海岸葡萄酒	烟台市蓬莱葡萄酒行业协会	2018年2月

资料来源：根据国家知识产权局中国商标网检索所得。

综合来看，我国目前共有17个受保护的葡萄酒地理标志，其中地理标志产品14个，地理标志商标5个，双重保护的2个，分别为贺兰山东麓葡萄酒和烟台葡萄酒。山东省拥有葡萄酒地理标志3个，河北、吉林、新疆分别有2个。

（三）地理标志专用标志使用市场主体概况

截至2022年，经核准葡萄酒地理标志专用标志使用市场主体数量为161家，分布在山东、河北、吉林、山西、广西、宁夏、新疆、甘肃8个省区（见表10）。共11个葡萄酒地理标志申请了地理标志专用标志，分别是烟台葡萄酒、蓬莱海岸葡萄酒、戎子酒庄葡萄酒、昌黎葡萄酒、沙城葡萄酒、通化山葡萄酒、河西走廊葡萄酒、都安野生山葡萄酒、贺兰山东麓葡萄酒、和硕葡萄酒、吐鲁番葡萄酒。其中，使用地理标志专用标志的企业宁夏是最多的，占40.99%，其次是河北、吉林、山东，分别占比为19.25%、14.91%、13.05%。

表 10　葡萄酒地理标志专用标志使用市场主体情况

序号	地理标志产品	所在地区	地理标志专用标志使用市场主体数量（个）	地理标志专用标志市场主体占比（%）
1	贺兰山东麓葡萄酒	宁夏	66	40.99
2	通化山葡萄酒	吉林	24	14.91
3	沙城葡萄酒	河北	18	11.18
4	蓬莱海岸葡萄酒	山东	16	9.94
5	昌黎葡萄酒	河北	13	8.07
6	河西走廊葡萄酒	甘肃	8	4.97
7	和硕葡萄酒	新疆	7	4.35
8	烟台葡萄酒	山东	5	3.11
9	吐鲁番葡萄酒	新疆	2	1.24
10	戎子酒庄葡萄酒	山西	1	0.62
11	都安野生山葡萄酒	广西	1	0.62
总　计		—	161	100

资料来源：根据国家知识产权局地理标志专用标志使用企业检索数据计算所得。

（四）地理标志保护监管机制

1. 地方葡萄酒地理标志保护相关政策

2021 年 6 月、7 月，新疆发布《新疆维吾尔自治区葡萄酒产业"十四五"发展规划》和《关于加快推进葡萄酒产业发展的指导意见》，提出要强化葡萄酒地理标志保护。要培育领军企业，加大地理标志产品申报和宣传推介力度，提高品牌知名度和美誉度；鼓励和支持产区积极申报国家地理标志产品；支持在优质旅游线路推广"产区+生产研发中心+酒窖式庄园"模式，培育建设地理标志认证的葡萄酒产区，配套建设生产技术研发服务中心和检测中心，提供专业技术服务；鼓励和支持产区积极申报国家地理标志产品及开展酿酒葡萄品种区划、风土研究，打响产区品牌，实现产区特色化发展。2022 年，新疆维吾尔自治区工业和信息化厅等六部门联合发布《关于促进葡萄酒产业高质量发展的若干措施》，该措施支持申报地理标志产品保护，鼓励和支持葡萄酒主产区制订酿酒葡萄规划。

2020年11月，山东省第十三届人大常委会第二十四次会议审议通过《烟台葡萄酒产区保护条例》，出台了八项禁止行为，规定了烟台葡萄酒地理标志证明商标的申请和使用规则。2022年，烟台市人民政府发布的《烟台市葡萄酒产业链"链长制"实施方案》和《关于推动烟台葡萄酒产区建设的实施方案》提出，鼓励葡萄酒行业协会组织会员使用"烟台葡萄酒"地理标志，并完善烟台葡萄酒产区标准体系；提高地理标志证明商标影响力，加强国家地理标志证明商标的保护和推广，力争20家以上企业通过国家知识产权局授权使用"蓬莱海岸葡萄酒"地理标志证明商标；推广使用"烟台葡萄酒"地理标志，加强对烟台葡萄酒地理标志专用标志、烟台葡萄酒地理标志证明商标使用的监督管理，依法打击侵犯知识产权的行为。

2014年，宁夏回族自治区人民政府办公厅发布《加强贺兰山东麓葡萄酒质量监管品牌保护及市场规范的指导意见》。该意见指出要制定贺兰山东麓葡萄与葡萄酒质量特征标准；加强贺兰山东麓葡萄酒地理标志产品保护和证明商标的监督管理。2021年5月，农业农村部、工业和信息化部、宁夏回族自治区人民政府联合印发了《宁夏国家葡萄及葡萄酒产业开放发展综合试验区建设总体方案》，该综合试验区涵盖了贺兰山东麓葡萄酒地理标志产品保护区，并划分为辐射区和核心区，这对提升葡萄酒龙头企业市场竞争力、产业带动力、品牌影响力具有重要意义。同年，宁夏回族自治区人民政府办公厅印发了《宁夏贺兰山东麓葡萄酒产业高质量发展"十四五"规划和2035年远景目标》，提出要完善贺兰山东麓葡萄酒地理标志专用标志使用管理办法等产区管理制度。

2. 葡萄酒地理标志保护标准体系

目前，我国葡萄酒地理标志保护标准体系较为完善。如表11所示，葡萄酒地理标志保护标准体系可以分为国家标准、地方标准、团体标准三大类，截至2022年底，共有各类标准12项，其中国家标准5项、地方标准6项、团体标准1项。

表 11 我国葡萄酒地理标志保护标准体系

序号	类别	地理标志	标准号	实施日期
1	国家标准	通化山葡萄酒	GB/T 20820—2007	2007 年 7 月 1 日
2	国家标准	烟台葡萄酒	GB/T 18966—2008	2008 年 10 月 1 日
3	国家标准	贺兰山东麓葡萄酒	GB/T19504—2008	2008 年 11 月 1 日
4	国家标准	昌黎葡萄酒	GB/T 19049—2008	2009 年 6 月 1 日
5	国家标准	沙城葡萄酒	GB/T19265—2008	2009 年 6 月 1 日
6	地方标准	河西走廊葡萄酒	DB62/T 2294—2012	2012 年 12 月 1 日
7	地方标准	吐鲁番葡萄酒	DB65/T 3780—2015	2015 年 10 月 15 日
8	地方标准	和硕葡萄酒	DB65/T 3859—2016	2016 年 3 月 1 日
9	地方标准	盐井葡萄酒	DB54/T 0118—2017	2017 年 3 月 14 日
10	地方标准	郧西山葡萄酒	DB42/T 1552—2020	2020 年 8 月 3 日
11	地方标准	都安野生山葡萄	DB45/T2208—2020	2020 年 11 月 13 日
12	团体标准	蓬莱海岸葡萄酒	T/CBJ4101—2022	2023 年 5 月 1 日

资料来源：根据全国标准信息公共服务平台数据整理所得。

3. 葡萄酒地理标志专项建设

2021 年 12 月，国家知识产权局发布了《第一批地理标志运用促进重点联系指导名单》，其中贺兰山东麓葡萄酒被列入名单。2022 年 10 月，贺兰山东麓葡萄酒国家地理标志产品保护示范区获批筹建，建设周期为 3 年，这对进一步提升贺兰山东麓葡萄酒品牌价值、扩大市场影响力将起到重要的推动作用。《贺兰山东麓葡萄酒国家地理标志产品保护示范区建设工作方案》提出，未来 3 年，银川市将力争在葡萄酒产品质量、品牌价值、产业效益上实现显著提升。

4.《中欧地理标志协定》互认的葡萄酒地理标志

根据《中欧地理标志协定》，我国被列入中欧地理标志互认名单中的葡萄酒地理标志产品有 5 个，分别是贺兰山东麓葡萄酒、桓仁冰酒、烟台葡萄酒、沙城葡萄酒、戎子酒庄葡萄酒。

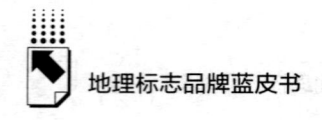

三 葡萄酒行业地理标志品牌发展案例

（一）贺兰山东麓葡萄酒地理标志品牌发展案例

宁夏贺兰山东麓位于北纬37°43′至39°23′，是世界公认的最适合酿酒葡萄栽培的地区（北纬30°至45°）之一，被誉为"中国酿酒葡萄种植最佳生态区""世界上能酿造出最好葡萄酒的地方"，被国际葡萄与葡萄酒组织（OIV）评为世界葡萄酒"明星产区"。

1. 贺兰山东麓葡萄酒发展简况

宁夏种植葡萄的历史可追溯至我国隋唐时期，至今已有1600多年的历史。宁夏葡萄酒产业的发展始于20世纪80年代初期，历经试验示范、快速扩张、品质提升、稳定成长四个阶段，已形成一定的产业产能、市场份额和品牌知名度，成为宁夏扩大开放、调整结构、转型发展、促农增收的重要产业。2022年，贺兰山东麓产区酿酒葡萄种植基地占地面积为58.3万亩，是我国最大的酿酒葡萄集中连片产区，超过中国种植面积的1/3。现有酒庄和种植企业实体228家，年生产葡萄酒1.36亿瓶，占全国的37%，综合产值为342.7亿元，酒庄年接待游客超过135万人次，葡萄酒产业已成为宁夏扩大开放、调整结构、转型发展、促农增收的重要产业。[1]

2. 贺兰山东麓葡萄酒地理标志发展概况

2003年，贺兰山东麓葡萄酒获批国家地理标志保护产品，2014年注册地理标志证明商标，2021年被列入《中欧地理标志协定》产品互认名录。2022年，"贺兰山东麓葡萄酒国家地理标志产品保护示范区"获批筹建。宁夏获批使用"贺兰山东麓葡萄酒"地理标志专用标志企业66家。在2023年中国品牌价值评价中，"贺兰山东麓葡萄酒"居全国地理标志产品区域品牌榜第8位，区域公用品牌效应凸显。

---

[1] 《宁夏贺兰山东麓葡萄酒产业发展情况》，宁夏贺兰山东麓葡萄酒产业园区管理委员会网站，http://www.nxputao.org.cn/cqgk/hlsdl/202212/t20221207_4947107.html，2022年12月7日。

3. 成功经验和借鉴意义

一是政策扶持力度持续强化。先后出台了贺兰山东麓葡萄酒产区保护条例、葡萄酒产业高质量发展实施方案、创新财政支农方式加快葡萄产业发展的扶持政策暨实施办法等政策性文件，为产业发展提供了政策支撑。宁夏回族自治区及相关市、县（区）先后投入60多亿元，配套建设了水、电、路、林等产区基础设施，建成了"旱能灌、园成方、林成网、路相连、网覆盖"的产区配套设施体系。

二是社会生态效益显著。葡萄酒产业每年为生态移民及产区周边农户提供季节性和固定用工岗位13万个，当地农民收入的1/3来自葡萄酒产业，有力地带动了农民增收致富。酿酒葡萄种植使35万亩荒山变成绿色长廊，酒庄绿化及防护林建设大幅度提高了产区植被覆盖率，葡萄园"深沟浅种"种植模式有效提升了水土保持能力，美丽的葡萄园和风格迥异的酒庄成为贺兰山东麓亮丽的风景线和生态屏障。

三是标准、科技、人才全面的支撑体系。坚持用标准引领产区发展，成立宁夏葡萄与葡萄酒产业标准化技术委员会，发布了贺兰山东麓葡萄酒技术标准体系（DB64/T 1553—2018），制定了30多项技术标准。实施优新品种选育、栽培关键技术研究、酿造工艺关键技术研发、产区风土条件与葡萄酒特异性研究、葡萄酒质量监测指标体系及技术平台构建等一批科技研发项目，集成推广了浅清沟、斜上架、深施肥、统防统治及高效节水灌溉等一批关键技术，创建了以葡萄酒产业为主导的自治区级农业高新技术产业示范区，组建了6个自治区创新平台、2个自治区农业科技示范展示区和30家试验示范酒庄。葡萄酒教育方面，建设自治区葡萄酒产业人才高地，组建宁夏国家葡萄及葡萄酒产业开放发展综合试验区专家委员会，成立宁夏大学食品与葡萄酒学院、宁夏葡萄酒与防沙治沙职业技术学院、宁夏贺兰山东麓葡萄酒教育学院，不断深化与国内外院校人才培训合作，建立了葡萄酒学历教育、职业技能教育和社会化教育培训三级体系。[1]

---

[1] 《宁夏贺兰山东麓葡萄酒产业高质量发展"十四五"规划和2035年远景目标的通知》，宁夏回族自治区人民政府网站，2022年1月31日。

（二）烟台葡萄酒地理标志品牌发展案例

烟台产区是中国葡萄酒的主要产区，也是国内葡萄酒产业发展历史最悠久的产区。烟台酿酒葡萄种植风土条件优越，地处北纬37°，坐拥千里海岸，地形以丘陵低山为主，土壤砾石含量高、透气性好，满足优质葡萄酒生产所需要的阳光、沙砾、海洋"3S"法则，是中国唯一冬季不需要对葡萄藤进行埋土防寒处理的优良产区。

1. 烟台葡萄酒发展简况

烟台产区的葡萄酒产业发展主要分为四个阶段。第一个阶段是起步阶段，1892年，爱国华侨张弼士先生投资建立张裕葡萄酒公司；第二个阶段是新中国成立以后，进入恢复发展期；第三个阶段是以改革开放为节点的快速发展阶段；第四个阶段是党的十八大以后，进入高质量发展阶段。[①] 截至2022年，烟台拥有葡萄酒生产企业204家，知名酒庄63个，配套企业250多家，张裕葡萄酒、中粮长城酒业、珑岱酒庄等一大批知名头部企业扎根于此。全市规模以上葡萄酒企业产量继续占全国的30%；实现主营业务收入24.6亿元，占全国的比重为31.2%，同比上升4个百分点；利润占全国的46.8%，连续3年保持正增长。[②]

2. 烟台葡萄酒地理标志发展概况

2002年，"烟台葡萄酒"获国家质检总局原产地保护产品，2017年注册为地理标志证明商标。2021年，山东省首部地方标准《地理标志专用标志使用管理规范》实施。同年，"烟台葡萄酒"列入首批中欧地理标志互认产品，为推动烟台葡萄酒进入欧洲市场奠定了坚实基础。烟台获批使用"烟台葡萄酒"地理标志专用标志企业5家。2023年"中国品牌价值评价信息发布"活动上，烟台葡萄酒以860.24亿元的品牌价值，再次蝉联区域品

[①] 《高京涛：立法规、强基础，烟台积极打造葡萄酒名庄集群》，中国酒业协会，https://www.cada.cc/Item/1160.aspx，2020年7月21日。

[②] 《"烟台葡萄酒"品牌价值跃升至859亿元，去年产量占全国三成》，烟台市人民政府网站，https://www.yantai.gov.cn/art/2023/4/26/art_41950_3104105.html，2023年4月26日。

牌（地理标志产品）前100家榜单葡萄酒类榜首。

3. 成功经验和借鉴意义

一是完善顶层设计，创新出台葡萄酒产业链"链长制""九个一"工作机制，包括"一链长、一链办、一核心区、一规划、一平台、一资金、一节会、一联盟、一公司"。"一链长"即由市政府分管领导任葡萄酒产业链链长。"一链办"即成立葡萄酒产业链链长制办公室，负责产业研究、企业培育、项目推进、平台建设、督导考核等工作。"一核心区"即以蓬莱区"一带三谷"产区为核心，联动发展烟台开发区张裕葡萄酒小镇、莱山区瀑拉谷酒庄产业集群，带动其他区（市）葡萄酒产业协同发展。"一规划"即委托国内一流专家团队编制烟台市葡萄与葡萄酒产业中长期发展规划，为产业链发展提供规划指引。"一平台"即组建葡萄酒产业研究中心，设立专家咨询委员会，负责对产业链发展工作提供智力支持。"一资金"即出台葡萄酒产业高质量发展专项资金实施细则，用于支持葡萄酒产业高质量发展。"一节会"就是把葡萄酒博览会办成国内领先、世界知名、独具特色的葡萄酒全产业链品牌节会。"一联盟"是加强烟台葡萄酒协会建设，发挥行业协会作用，强化产业协作，实现优势互补。"一公司"是成立市场化、专业化招商公司，围绕葡萄酒产业链引进更多项目。

二是统筹规划葡萄酒子产区，打造不同功能载体。按照"协同联动、集约集聚、特色发展"的布局原则，建设定位清晰、特色鲜明、配套完备、绿色生态的"1+2+X"发展格局。"1"即建设蓬莱区"一带三谷"引领核心区，依托世界七大葡萄海岸、中国葡萄酒名城、中国葡萄酒产业融合发展示范区等品牌优势，着力培育葡萄酒国家地标品牌，打造全国葡萄酒高质量发展引领区。"2"即建设开发区产业融合示范区和莱山区国家现代农业产业园。其中开发区产业融合示范区拟积极培育葡萄酒龙头企业，打造系列品牌单品，做优品质化酒庄布局，聚优做强葡萄酒产业链体系，打造产业链健全、配套体系完善、竞争力强劲的葡萄酒优质产区和融合发展示范区；莱山区国家现代农业产业园依托瀑拉谷酒庄产业集群，以现代农业为基础，以酒庄产业为依托，以葡萄酒主题旅游度假为引擎，打造特色鲜明、环境优美、人与自然和谐的都市型绿色生态休闲养生基地。"X"即带动其他多个功能区建设。打造芝罘葡萄酒特色文化街区，培育龙口、栖霞、福山等产业链配套集聚区，促进葡萄酒细分领域专业化、精细化、特色化发展，孵化高水平特色产业。[①]

三是举办多元化立体式的品牌推广活动。2022年，烟台市围绕产区品牌营销，高标准推出一系列重大活动。与央视频合作举办国际葡萄酒节，《央young之城——微醺烟台·分享之夜》等话题总阅读量超4.2亿人次；推出"国际葡萄·葡萄酒城——烟台"号冠名高铁，横跨京沪、京广等交通干线，通达北上广深、江浙沪，覆盖中东部大部分地区，"微醺烟台"的魅力形象传遍大江南北。借张裕葡萄酒公司创建130周年之际，举办中国葡萄酒技术质量发展大会等主题活动20余场，与摩尔多瓦、格鲁吉亚等"一带一路"沿线国家建立联系，成功加入全球葡萄酒旅游组织，巡展参展13场，获国际知名大奖140多项，居国内各大产区前列。[②]

四是加强葡萄酒科技支撑。目前，烟台有5个国家级重点实验室和技术中心、9个省级重点实验室、2个博士后工作站，还有7所大专院校设置了葡萄酒专业，每年为全国葡萄酒行业提供1000余人的人才支撑。建立了数字市场一体化监管平台，创新打造企业信用评估模型。针对烟台葡萄酒产业聚集发展的特点，从葡萄原料采购、基酒采购、厂房设施等方面着手，打造了"葡萄酒企业信用评分模型"和"葡萄酒企业风险预警模型"，推动实现精准监管。

四 葡萄酒地理标志品牌发展存在的问题

（一）葡萄酒产业发展基础有待提升

与国外葡萄酒产业相比，我国葡萄酒产业整体发展时间短，产区和酒庄

[①] 《烟台发布葡萄酒产业链发展规划和政策，成立烟台葡萄酒产业发展联盟》，烟台市人民政府网站，http://ptjj.yantai.gov.cn/art/2021/11/28/art_1617_2879946.html，2021年11月28日。

[②] 《"烟台葡萄酒"品牌价值跃升至859亿元，去年产量占全国三成》，烟台市人民政府网站，https://www.yantai.gov.cn/art/2023/4/26/art_41950_3104105.html，2023年4月26日。

不同程度地存在历史文化积淀少、标准制度体系不健全的问题；葡萄酒文化教育科普程度低，消费观念、生活方式尚未成熟；酒庄（企业）农工商、文旅康全产业链融合发展不足；酿酒葡萄渣、皮、籽开发利用程度不高，其延伸副产品精深加工不足，酒石酸、葡萄籽油、葡萄籽提取物的价值尚未完全体现，产区的产业链、供应链、价值链、利益链不健全，缺乏全产业链竞争力。

（二）葡萄酒生产技术水平有待提高

葡萄酒产业属于传统农业，但葡萄酒产业高质量发展离不开高科技的支撑，这也是法国等国家几百年来始终致力于葡萄酒产业育种、种植、酿造等一系列科研攻关的原因所在。目前，我国葡萄酒自主研发能力不足，急需培育适宜本地气候条件的葡萄品种；探索适宜本地风土条件的栽培技术和酿造技术；研发针对特定地理条件的高效节水灌溉技术与设备。水肥一体、生态循环、智能监管等技术的研发也有待加强。

（三）葡萄酒地理标志品牌推广有待加强

目前消费者对葡萄酒的关注度在不断提升，对国外葡萄酒地理标志，如香槟、波尔多均有所耳闻，但对国内葡萄酒地理标志品牌了解较少。究其原因，一方面是国内缺乏龙头品牌引领，消费者面对众多的葡萄酒品牌，不知道选择哪一个葡萄酒品牌合适；另一方面，主管部门在产区风土特色文化、地理标志品牌推广方面，生产企业在讲好酒庄故事、创新特色产品方面均有待提升。

（四）葡萄酒地理标志保护监管体制有待完善

地理标志保护是品牌建设的基础和品牌价值提升的保障。但在现实中，一方面产区内个别生产者存在"搭便车"的侥幸心理，生产中以次充好，但在包装时借用葡萄酒地理标志，损害了品牌声誉。另外，产区外生产者为了能够获得地理标志品牌带来的超额利润，不惜冒着侵犯知识产权的风险，

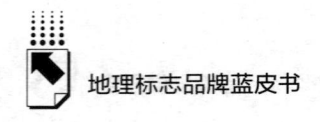

在产品上注明为"地理标志品牌"。这些均需要主管部门在葡萄酒地理标志品牌使用和质量监管方面加大力度。

五 葡萄酒行业地理标志品牌发展对策建议

我国葡萄酒行业虽然面临诸多挑战，但随着我国经济持续发展和居民收入的提高，葡萄酒将形成更加广阔的市场，发展潜力巨大。

（一）提升葡萄酒地理标志保护运用水平

研究国际葡萄酒地理标志保护制度，加强葡萄酒地理标志知识的宣传，提升企业对葡萄酒地理标志的认知，促进产区各企业共同打造葡萄酒地理标志品牌，提升葡萄酒地理标志的核心竞争力。鼓励有出口资质的葡萄酒企业开展国际葡萄酒质量认证，充分利用中欧地理标志互认的契机，推动我国葡萄酒产业走向国际。

（二）丰富葡萄酒质量特色

根据本区域特点，鼓励各酿酒葡萄产区引进、选育适合本区域的酿酒葡萄品种，并选择适宜的栽培方式，制定酿酒葡萄种植规范，推进优良酿酒葡萄品种区域化。利用信息化技术建立以保障葡萄酒质量安全为中心的追溯体系，实现从酿酒葡萄种植到葡萄酒生产加工、流通、消费全过程的产品信息可追溯。建立服务产区的葡萄酒产品质量安全检测技术示范中心，为企业提供产品检测、人员培训等方面的服务。进一步完善葡萄酒质量标准，规范葡萄酒产地、年份、品种等方面的管理，研究制定冰葡萄酒等特种葡萄酒产品质量标准和生产操作规范。加强人才队伍建设，培养一批葡萄酒酿造高级技术人员，为产业发展提供有力的科技支撑。

（三）加强葡萄酒地理标志质量监管

鼓励符合条件的葡萄酒产区申请地理标志产品保护，促进葡萄酒产区运用地理标志保护制度来维护特色质量、拓展品牌价值。开展葡萄酒产品分级管理工作；进行酿酒葡萄品种管理，筛选适宜不同主产区种植的酿酒葡萄品种，推进优良酿酒葡萄品种区域化。加强葡萄酒地理标志产品质量标准监管，对产区内企业生产的葡萄酒实施严格统一的质量标准，确保地理标志专用标志的合规使用。主管部门进行定期检查与不定期抽查，加大惩罚力度，有效防止企业"鱼龙混杂"现象，为葡萄酒的产品质量提供保障。

（四）拓展葡萄酒地理标志品牌文化内涵

弘扬中国传统葡萄酒文化，吸收国外葡萄酒文化精髓，注重葡萄酒文化和品牌建设的有机结合，结合我国传统文化，以及各区域历史、民族、饮食等文化，建立发展具有中国特色的葡萄酒文化，加大葡萄酒科普宣传，促进科学、合理、健康消费。积极延伸产业链，推进葡萄酒产业多元化发展。利用特有的生态、地理、文化等优势，加快发展葡萄采摘、葡萄酒品尝、休闲旅游等相关产业，拓展品牌文化内涵。加强国际合作与交流，鼓励企业参加国际葡萄酒展会，借助国际葡萄与葡萄酒产业大会平台，着力打造国际知名的葡萄酒商品交易中心和文化交流中心，加大宣传推广力度，持续提升中国葡萄酒的知名度和国际影响力。

参考文献

[1] 农业农村部市场与信息化司：《我国特色农产品市场与产业分析报告（2021）》，中国农业出版社，2022。

[2] 中国乡村发展志愿服务促进会组织编写《中国葡萄酒产业发展蓝皮书（2022）》，研究出版社，2023。

[3] 刘勋菊、王丽、吴思澜等：《亚洲葡萄酒市场格局及中国葡萄酒产业前景分析》，《中外葡萄与葡萄酒》2021年第2期。

B.5
手工艺品地理标志品牌发展报告

刘 玉*

摘 要： 手工艺品作为我国传统技艺与非遗文化的物质载体，蕴含着中华民族的文化价值观念、思想智慧和实践经验。地理标志对于提升手工艺品的经济价值和文化价值、推动地区经济高质量发展、保护和传承传统文化具有重要的意义。截至2022年底，我国已认定手工艺品地理标志产品123个，注册手工艺品地理商标97个。本报告在全面分析手工艺品产业规模、产品分布、地区分布和进出口情况的基础上，梳理总结手工艺品地理标志产品、地理标志商标和地理标志专用标志使用市场主体概况，并进一步选取具有代表性的黄岗柳编和汝瓷作为案例，分析总结其成功经验及启示。通过分析发现，手工艺品地理标志发展迅速，许多手工艺品已经建立起品牌优势，使用线上线下多种途径进行推广销售，有效实现了传统工艺的继承和创新；但与此同时也有部分手工艺品面临产业发展规模不足、技艺传承困难、品牌保护薄弱、品牌建设不足等问题。最后，本报告提出加大政策支持力度、充分利用信息化技术、引进和培养人才并完备手工艺品传承体系、加强行业管理和知识产权保护等政策建议。

关键词： 地理标志品牌 地理标志产品 手工艺品

手工艺品在中国有着悠久的历史，是中华民族文化艺术的瑰宝、智慧的结晶，它们源于生活却又创造出高于生活的价值，许多民间传统手工艺技能

---

* 刘玉，西北师范大学经济学院硕士研究生，主要研究领域为国际贸易与产业发展。

都属于非物质文化遗产。作为地方特色文化代表的手工艺品与地理标志特征具有高度的契合性。手工艺品地理标志保护和品牌建设，对于提升手工艺品的整体品质和市场竞争力，促进中华优秀传统文化的保护、传承与创新具有重要的意义。

一 手工艺品行业发展概况

（一）手工艺品概念界定及分类

传统工艺是指具有历史传承和民族或地域特色、与日常生活联系紧密、主要使用手工劳动的制作工艺及相关产品，是创造性的手工劳动和因材施艺的个性化制作，具有工业化生产不能替代的特性。[1] 传统手工艺品是劳动人民为适应生活需要和审美要求，就地取材，以手工生产为主的一种工艺美术品。

手工艺品因各地区、各民族的社会历史、风俗习尚、地理环境的不同而种类繁多。根据《地理标志认定 产品分类与代码》，手工艺地理标志产品包括陶瓷器皿，玉器珠宝，烟花爆竹，手工雕刻，原石及石材类，纺织、编织及刺绣类，香制品，笔墨纸砚，传统乐器，其他手工艺品10类，与《国民经济行业分类（GB/T 4754—2017）》中的工艺美术制造业大体一致。根据数据可得性，本报告在进行行业分析时主要使用《国民经济行业分类（GB/T 4754—2017）》中的分类标准，进行地理标志分析时使用《地理标志认定 产品分类与代码》中的分类（见表1）。

---

[1] 《国务院办公厅关于转发文化部等部门中国传统工艺振兴计划的通知》，中国政府网，https：//www.gov.cn/gongbao/content/2017/content_ 5186977.htm，2017年3月12日。

表1 不同分类标准下的手工艺品类别

分类依据	大类代码	名称	小类代码	名称
《地理标志认定 产品分类与代码》	04	手工艺品	0401	陶瓷器皿
			0402	玉器珠宝
			0403	烟花爆竹
			0404	手工雕刻
			0405	原石及石材类
			0406	纺织、编织及刺绣类
			0407	香制品
			0408	笔墨纸砚
			0409	传统乐器
			0499	其他手工艺品
《国民经济行业分类（GB/T 4754—2017）》	2430	工艺美术及礼仪用品制造业	2431	雕塑工艺品制造
			2432	金属工艺品制造
			2433	漆器工艺品制造
			2434	花画工艺品制造
			2435	天然植物纤维编织工艺品制造
			2436	抽纱刺绣工艺品制造
			2437	地毯、挂毯制造
			2438	珠宝首饰及有关物品制造
			2439	其他工艺美术及礼仪用品制造

资料来源：《地理标志认定 产品分类与代码》《国民经济行业分类（GB/T 4754—2017）》。

（二）手工艺品产业规模

传统工艺作为中华民族的文化基因传承千百年，具有鲜明的文化遗产特征，它既是物质文化的有效载体，又是非物质文化遗产的传播媒介，更是中华优秀传统文化的璀璨明珠。进入新时代之后，人民对美好生活的热烈追求和中华民族伟大复兴的磅礴伟力，极大地推动了工艺美术行业的繁荣发展。

根据《中国工业统计年鉴（2022）》的相关数据，截至2021年，我国工艺美术行业的制造企业达5254家，平均用工人数为75.78万人，行业资产总计达5489.54亿元，营业收入为9144.68亿元，同比增长19.05%，营业利润509.81亿元，同比增长24.74%。2013~2021年，我国工艺美术行业的生产企业数、营业收入和营业利润呈波动上升趋势，行业总资产和平均用工人数整体呈先升后降再升的趋势（见表2），说明我国手工艺品行业发展稳中向好，尤其是2020~2021年，国家相关政策对手工艺品行业和非物质文化遗产的保护支持，推动了手工艺品的专业化和产业化发展。

表2　2013~2021年我国工艺美术及礼仪用品制造业发展概况

年份	企业单位数（家）	资产总计（亿元）	营业收入（亿元）	营业利润（亿元）	平均用工人数（万人）
2013	4555	8349.91	8579.07	509.60	104.30
2014	4896	9861.63	10035.30	575.01	109.36
2015	5245	10424.18	10472.23	618.19	113.97
2016	5292	10964.99	11072.50	668.45	111.70
2019	4713	5097.21	8312.01	447.57	80.80
2020	4746	5185.83	7681.59	408.70	73.93
2021	5254	5489.54	9144.68	509.81	75.78

注：2017~2018年的《中国工业统计年鉴》未出版，缺少相关数据。
资料来源：各年份《中国工业统计年鉴》。

（三）手工艺品地区分布

如表3所示，2021年我国文教、工美、体育和娱乐用品制造业的资产达9561.61亿元，其中广东省资产占比最高，达26.23%，营业收入4040.84亿元，平均用工人数55.74万人，均居全国首位；福建省营业利润为182.07亿元，占全国的22.25%，显著高于其他地区。

表3　2021年各省份文教、工美、体育和娱乐用品制造业主要经济指标

省份	资产（亿元）	营业收入（亿元）	营业利润（亿元）	平均用工人数（万人）	资产占比（%）
广东	2508.05	4040.84	130.48	55.74	26.23
浙江	1417.40	1619.43	76.02	23.54	14.82
江苏	1175.81	1633.19	78.45	20.88	12.30

续表

省份	资产（亿元）	营业收入（亿元）	营业利润（亿元）	平均用工人数（万人）	资产占比（%）
福建	946.98	2328.68	182.07	23.17	9.90
河南	783.09	670.53	40.37	9.55	8.19
山东	570.45	698.09	34.88	8.42	5.97
上海	399.94	764.51	50.31	2.30	4.18
江西	343.21	617.45	58.01	5.89	3.59
湖北	331.80	642.24	64.73	4.11	3.47
安徽	239.50	343.19	20.10	5.52	2.50
湖南	169.80	523.24	29.84	5.08	1.78
河北	138.05	175.66	6.41	2.54	1.44
天津	89.80	128.50	6.08	1.06	0.94
北京	76.53	45.02	-0.96	0.28	0.80
四川	75.74	153.37	8.14	1.12	0.79
云南	68.11	87.44	12.95	0.61	0.71
重庆	53.74	89.23	11.3	1.02	0.56
辽宁	45.20	33.17	0.03	0.51	0.47
广西	37.67	77.90	4.32	2.61	0.39
陕西	25.32	52.80	4.28	0.86	0.26
山西	14.69	8.59	-0.14	0.18	0.15
贵州	13.34	22.56	1.41	0.5	0.14
黑龙江	8.51	4.27	-0.12	0.16	0.09
新疆	8.32	4.47	-0.32	0.15	0.09
青海	7.07	2.93	-0.16	0.06	0.07
吉林	5.43	2.47	-0.11	0.08	0.06
海南	4.54	1.85	0.09	0.02	0.05
西藏	1.74	0.31	0.03	0.01	0.02
甘肃	0.62	0.43	0.01	0.01	0.01
宁夏	1.15	0.45	-0.11	0.03	0.01
内蒙古	0	0	0	0	0
合计	9561.61	14772.8	818.38	176.02	100.00

注：囿于数据可得性，本表使用文教、工美、体育和娱乐用品制造业的大类统计口径，工美属于其中之一。

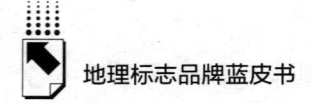

资料来源：《中国工业统计年鉴（2022）》数据。

（四）手工艺品产品分布

根据《国民经济行业分类（GB/T 4754—2017）》，手工艺品行业可以按类别不同分为雕塑工艺品制造，金属工艺品制造，漆器工艺品制造，花画工艺品制造，天然植物纤维编织工艺品制造，抽纱刺绣工艺品制造，地毯、挂毯制造，珠宝首饰及有关物品制造和其他工艺美术及礼仪用品制造九大类。

1. 2021年各类手工艺品发展规模

2021年，我国手工艺品行业共有企业5254家，其中1681家从事其他工艺美术及礼仪用品制造，863家雕塑工艺品制造企业，花画工艺品和漆器工艺品的制造企业数量较少，分别为132家和107家；全国手工艺品行业平均用工人数75.78万人，其他工艺美术及礼仪用品制造相关企业从业人数最多，为22.11万人，雕塑工艺品制造企业平均用工人数为12.18万人，金属工艺品制造企业平均用工人数为8.23万人（见图1）。

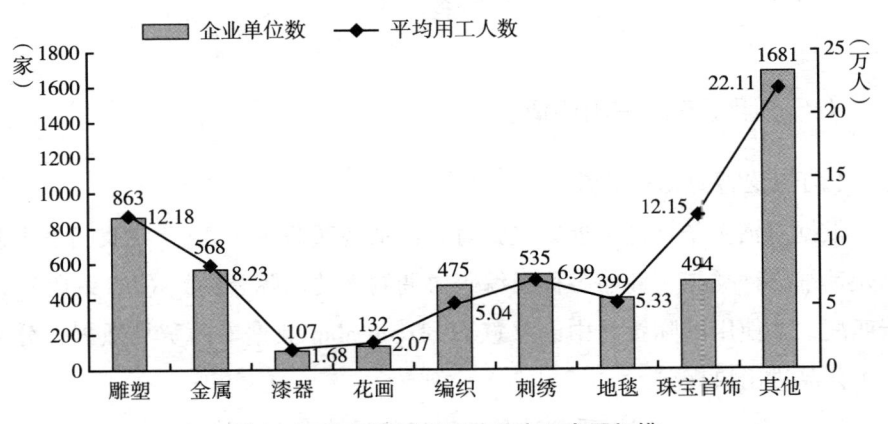

图1 2021年我国手工艺品产业发展规模

注：限于篇幅，图中行业使用了简称，后同。
资料来源：《中国文化及相关产业统计年鉴》。

2. 2021年各类手工艺品主要经济指标

2021年，我国手工艺品的各行业资产、营业收入和营业利润情况如图2

地理标志品牌蓝皮书

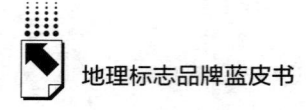

所示，珠宝首饰及有关物品制造企业的资产、营业收入和营业利润均居首位，分别为1877.81亿元、3677.32亿元和138.98亿元，其次是其他工艺美术及礼仪用品制造和雕塑工艺品制造企业；花画工艺品和漆器工艺品制造企业的资产、营业收入较低，地毯、挂毯制造企业的营业利润相对偏低。

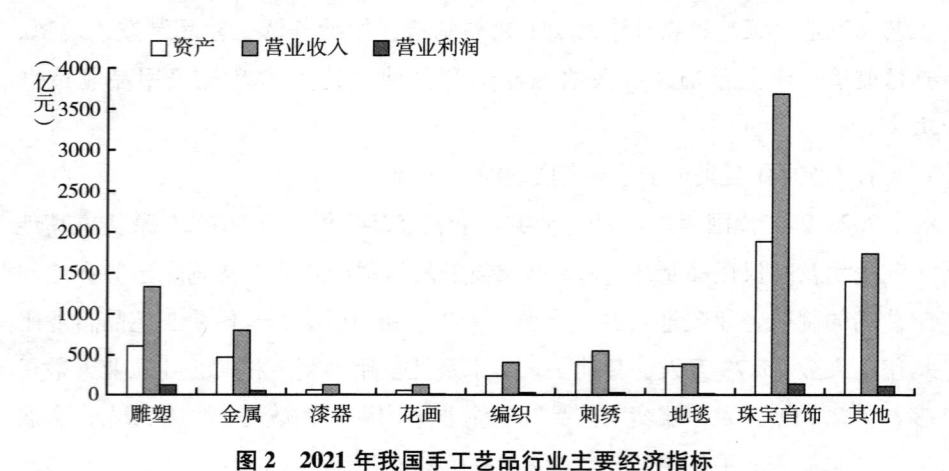

图2　2021年我国手工艺品行业主要经济指标

资料来源：《中国文化及相关产业统计年鉴》数据。

（五）手工艺品进出口情况

1. 手工艺品进出口规模

根据《海关统计月报进口主要商品目录（2023年）》①，将我国手工艺品及其细分种类与《商品名称及编码协调制度的国际公约》（HS编码）进行匹配，并使用国际贸易中心（ITC）Trade Map数据库的贸易数据，分析手工艺品进出口概况。

2013~2022年，我国手工艺品的进口额呈波动上升趋势，尤其是2021~2022年增加明显，我国手工艺品出口额呈先降后升趋势，2021~2022年显著回升。我国手工艺品进出口差额发生明显变化，2018年之前出口额长期

---

① 《海关统计月报进口主要商品目录（2023年）》，海关总署官网，http://www.customs.gov.cn/customs/302249/zfxxgk/2799825/302274/tjzd/4899458/index.html，2023年3月18日。

112

高于进口额，2018年之后（除2020年以外）进口额超过出口额，且二者差距逐渐加大（见图3）。

图3　2013~2022年我国手工艺品进出口规模

资料来源：ITC-Trade Map 数据库。

2. 手工艺品进出口地区结构

我国手工艺品进口的主要国家和地区结构变化差异显著，其中瑞士占我国手工艺品的进口比重自2018年攀升至30%左右后有一定的波动，2022年达到32.94%；南非占我国手工艺品的进口比重波动下降；2022年加拿大对我国手工艺品产品的出口占比出现历史性新高，达13.77%；澳大利亚对我国出口表现出先降后升再下降的趋势；缅甸、日本、中国香港、比利时和德国的占比大多不超过5%；印度在我国进口手工艺品中的占比呈下降趋势，2022年仅为1.84%（见表4）。

表4　2018~2022年我国手工艺品进口国家和地区结构

单位：亿美元，%

序号	进口国家和地区	2018年	2019年	2020年	2021年	2022年	2022年占比
1	瑞士	185.24	157.82	51.76	228.25	351.51	32.94
2	南非	135.07	126.85	80.31	153.53	163.42	15.31
3	加拿大	46.15	45.55	0.57	16.77	146.99	13.77

续表

序号	进口国家和地区	2018年	2019年	2020年	2021年	2022年	2022年占比
4	澳大利亚	82.57	75.92	12.37	91.01	83.66	7.84
5	缅甸	0.92	2.05	0.93	10.92	41.18	3.86
6	日本	19.22	21.54	25.65	43.67	41.02	3.84
7	中国香港	24.44	32.40	17.66	43.88	34.72	3.25
8	比利时	6.69	9.89	14.48	21.84	30.85	2.89
9	德国	5.57	11.05	14.23	20.25	20.58	1.93
10	印度	29.43	16.15	12.83	26.56	19.64	1.84
11	其他	105.28	127.87	110.54	163.26	133.71	12.53
	总计	640.60	627.07	341.33	819.94	1067.28	100

资料来源：根据 ITC-Trade Map 数据库相关数据整理。

我国手工艺品出口的主要国家和地区的整体结构没有发生根本性变化，出口最多的地区是中国香港，但是占比有所下降；其次是美国，手工艺品对美国的出口呈现绝对值增加但占比下降的状态；2022年，除中国香港和美国以外的其他国家和地区占我国出口的比重均不足3%（见表5）。

表5 2018~2022年我国手工艺品出口国家和地区结构

单位：亿美元，%

序号	出口国家和地区	2018年	2019年	2020年	2021年	2022年	2022年占比
1	中国香港	146.38	154.23	140.99	221.70	214.02	35.96
2	美国	85.14	73.46	69.16	114.97	114.07	19.17
3	日本	13.94	13.74	13.62	16.83	16.58	2.79
4	马来西亚	5.03	7.01	6.71	9.86	13.53	2.27
5	德国	10.46	11.52	11.40	14.94	13.07	2.20
6	意大利	6.78	8.98	7.30	8.91	12.58	2.11
7	英国	9.31	12.41	11.24	15.86	12.33	2.07
8	澳大利亚	6.49	6.41	7.04	9.27	11.71	1.97
9	荷兰	8.40	9.71	9.08	13.97	10.89	1.83
10	法国	4.94	6.06	5.63	12.13	10.76	1.81
11	其他	103.42	120.31	109.10	136.56	165.62	27.83
	总计	400.30	423.83	391.26	574.99	595.17	100

资料来源：根据 ITC-Trade Map 数据库相关数据整理。

3. 手工艺品进出口产品结构

2018~2022年,我国手工艺品进口最多的类别是金属工艺品,2022年进口额占比高达84.28%左右,其中进口最多的品类是由贵金属或镀有贵金属的金属制成的珠宝制品及其零件。2022年我国金属工艺品进口主要来自瑞士、加拿大和南非。其次是珠宝首饰及有关物品,2022年进口额平均占比为12.61%;其余类别的工艺品进口额占比均低于3%,其中占比最低的类别是雕塑工艺品和天然植物纤维编织工艺品(见表6)。

表6 2018~2022年我国手工艺品进口产品结构

单位:亿美元,%

产品类别	2018年	2019年	2020年	2021年	2022年	2022年占比
雕塑工艺品	0.33	0.39	0.39	0.70	0.66	0.06
金属工艺品	520.09	514.89	248.53	652.83	899.51	84.28
漆器工艺品	1.23	5.78	5.31	21.38	13.66	1.28
花画工艺品	2.29	2.09	2.21	2.45	1.87	0.18
天然植物纤维编织工艺品	0.16	0.19	0.16	0.20	0.23	0.02
抽纱刺绣工艺品	0.79	0.84	0.64	1.12	1.00	0.09
地毯、挂毯工艺品	1.36	1.20	0.80	1.09	0.93	0.09
珠宝首饰及有关物品	96.04	85.73	65.77	118.27	134.60	12.61
其他工艺美术及礼仪用品	18.30	15.96	17.52	21.90	14.84	1.39
总 计	640.60	627.07	341.33	819.94	1067.28	100

资料来源:根据ITC-Trade Map数据库相关数据整理。

2018~2022年,我国手工艺品出口占比最高的类别是金属工艺品,2022年占手工艺品总出口额的40.93%,其中出口最多的品类依然是由贵金属或镀有贵金属的金属制成的珠宝制品及其零件。出口额排名第二的类别是花画工艺品,2022年占比达21.28%;雕塑工艺品,地毯、挂毯工艺品,2022年珠宝首饰及有关物品出口额占比为6.43%,漆器工艺品出口额占比最低,2022年仅为2.43%(见表7)。

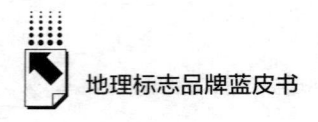

表 7　2018~2022 年我国手工艺品出口产品结构

单位：亿美元，%

产品类别	2018 年	2019 年	2020 年	2021 年	2022 年	2022 年占比
雕塑工艺品	29.56	30.79	30.72	42.62	40.76	6.85
金属工艺品	178.08	180.72	163.42	241.56	243.63	40.93
漆器工艺品	1.73	6.12	4.93	22.92	14.47	2.43
花画工艺品	63.91	77.78	79.83	112.67	126.64	21.28
天然植物纤维编织工艺品	16.04	16.58	16.58	21.42	19.03	3.20
抽纱刺绣工艺品	21.89	20.48	12.08	16.97	22.59	3.80
地毯、挂毯工艺品	30.19	29.43	29.84	37.74	38.73	6.51
珠宝首饰及有关物品	21.72	23.22	18.16	35.90	38.27	6.43
其他工艺美术及礼仪用品	37.18	38.70	35.70	43.18	51.04	8.58
总　计	400.30	423.83	391.26	574.99	595.17	100

资料来源：根据 ITC-Trade Map 数据库相关数据整理。

二　手工艺品地理标志认定及发展概况

（一）地理标志产品认定概况

1. 手工艺品地理标志产品认定数量

截至 2022 年底，已认定的手工艺品行业地理标志产品共 123 个。[①] 2020 年新认定手工艺品地理标志产品 1 个，为宜春夏布；2021 年新认定手工艺品地理标志产品 3 个，分别为怀仁陶瓷、潮州手拉朱泥壶和陆川铁锅；2019 年和 2022 年未认定新的手工艺品地理标志产品（见图 4）。

2. 手工艺品地理标志产品分类

截至 2022 年底，我国手工艺品地理标志认定产品中，纺织、编织及刺

[①] 数据来自国家知识产权局地理标志产品检索网页，https://dlbzsl.hizhuanli.cn:8888/Product/Search。

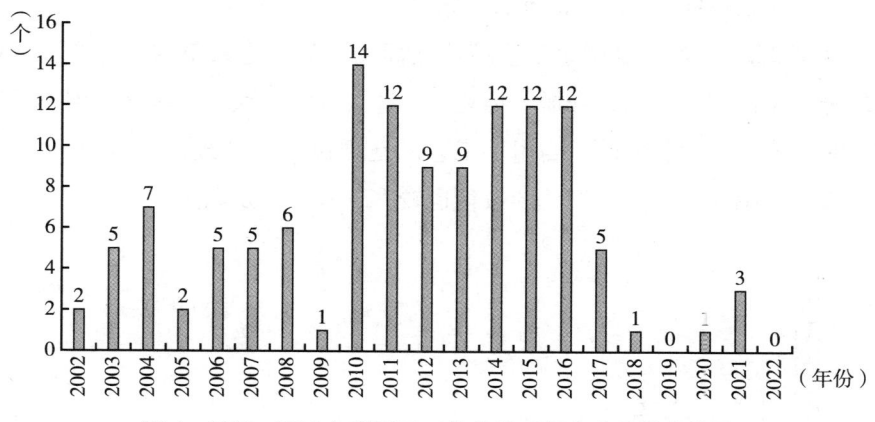

图 4 2002~2022 年我国手工艺品地理标志产品认定数量

资料来源：根据国家知识产权局官网地理标志产品检索数据整理所得。

绣类产品数量最多，共有34个；其次是陶瓷器皿产品，有27个；笔墨纸砚有14个；其他手工艺品有13个，原石及石材类有12个，玉器珠宝有11个，手工雕刻有4个，烟花爆竹和香制品各3个，传统乐器2个（见图8）。

表8 截至2022年底我国手工艺品地理标志产品认定数量

代码	名称	示例	认定数量(个)
0401	陶瓷器皿	宜兴紫砂、大埔青花瓷	27
0402	玉器珠宝	和田玉、合浦南珠	11
0403	烟花爆竹	浏阳花炮、宜章红炮	3
0404	手工雕刻	华州皮影、环县皮影	4
0405	原石及石材类	英石、巴林石	12
0406	纺织、编织及刺绣类	云锦、舒席、蜀绣	34
0407	香制品	尼木藏香、永春篾香	3
0408	笔墨纸砚	宣纸、端砚、湖笔	14
0409	传统乐器	中泰竹笛、梁河葫芦丝	2
0499	其他手工艺品	陆川铁锅、遂昌竹炭	13
	总　计	—	123

资料来源：根据国家知识产权局官网地理标志产品检索数据整理所得。

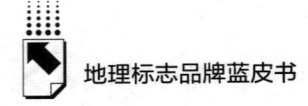

3.手工艺品地理标志产品地域分布

截至2022年底，我国手工艺品地理标志产品认定数量共123个，保护地域分布于四川、广东、安徽、福建、江苏、湖北、陕西、湖南、河南、浙江等25个省份（见图5）。四川手工艺品地理标志产品最多，有14个，广东、安徽、福建、江苏、湖北的数量也较多，有8个及以上。

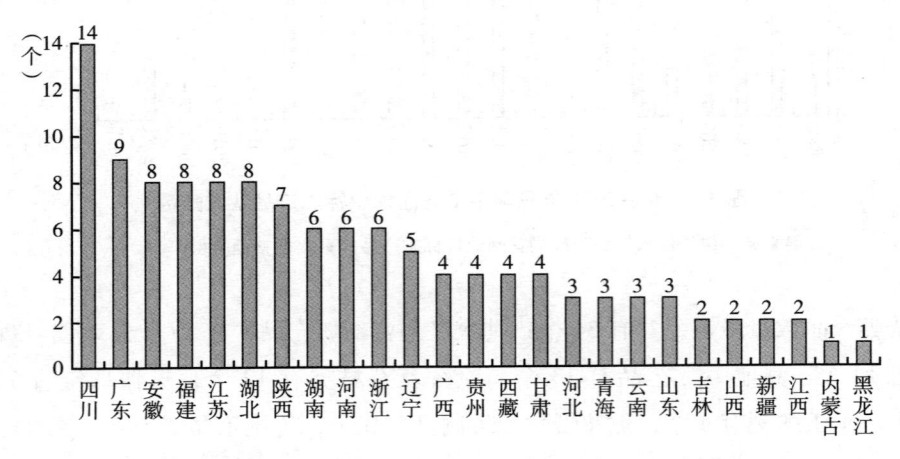

图5 截至2022年底我国各省份手工艺品地理标志产品认定数量

资料来源：根据国家知识产权局官网地理标志产品检索数据整理所得。

（二）地理标志商标注册概况

1.手工艺品地理标志商标注册数量

根据国家知识产权局相关数据，截至2022年底，以手工艺品地理标志作为集体商标、证明商标的注册量为97件，其中证明商标注册量为87件，占比为89.69%，集体商标注册量为10件，占比为10.31%。97件已注册的手工艺品地理标志商标中，同时被列入地理标志商标保护产品的52件，仅作为集体商标或证明商标进行保护的45件。

2.手工艺品地理标志作为集体商标、证明商标注册分类

根据《类似商品和服务区分表——基于尼斯分类第十一版》，可以将截至2022年底手工艺品地理标志的97件注册商标，分为14个商标类别，按

数量多少分别为第 21 类、第 20 类、第 24 类、第 26 类、第 16 类、第 19 类、第 13 类、第 14 类、第 25 类、第 27 类、第 15 类、第 3 类、第 8 类和第 28 类，根据各类别数量和总注册量计算对应占比，其中第 21 类注册为集体商标或证明商标的地理标志数量最多，有 29 件，包括龙泉青瓷、曲阳定瓷等产品，第 20 类和第 24 类均有 15 件，其他类别数量占比均低于 10%（见表9）。

表9 截至 2022 年底我国手工艺品地理标志商标注册数量

序号	类别	仅商标保护 数量(件)	仅商标保护 示例	双重保护 数量(件)	双重保护 示例	合计 数量(件)	合计 占比(%)
1	第21类	11	曲阳定瓷	18	龙泉青瓷	29	29.90
2	第20类	10	大黄竹编	5	扬州漆器	15	15.46
3	第24类	8	长治堆锦	7	黄梅挑花	15	15.46
4	第26类	2	海原回绣	6	东台发绣	8	8.25
5	第16类	2	泾县书画纸	4	松花砚	6	6.19
6	第19类	4	塔卧石雕	1	寿山石	5	5.15
7	第13类	1	临澧烟花	3	宜章红炮	4	4.12
8	第14类	2	莱州玉雕	2	东海水晶	4	4.12
9	第25类	1	枝江布鞋	2	南京云锦	3	3.09
10	第27类	2	泊里红席	1	和田地毯	3	3.09
11	第15类	1	玉屏箫笛	1	梁河葫芦丝	2	2.06
12	第3类	0		1	尼木藏香	1	1.03
13	第8类	1	大足锻打刀	0		1	1.03
14	第28类	0		1	华州皮影	1	1.03
总计		45		52		97	100

资料来源：根据国家知识产权局商标网和地理标志产品检索数据整理所得。

3. 手工艺品地理标志商标地域分布

截至 2022 年底，我国手工艺品地理标志作为集体商标、证明商标的注册地区分布于全国 22 个省份，其中湖南省手工艺品地理标志商标注册总量为 18 件，位居榜首，集体商标注册量最多的省份为湖北省（见表10）。

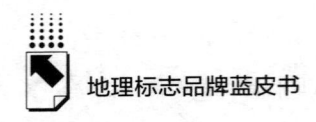

表10　截至2022年底我国手工艺品地理标志商标注册地区分布情况

单位：件

省份	注册总量	证明商标	集体商标
湖南	18	18	0
山东	11	11	0
四川	10	10	0
江苏	7	5	2
湖北	7	3	4
河北	5	4	1
福建	5	5	0
辽宁	4	4	0
山西	3	3	0
安徽	3	3	0
河南	3	3	0
云南	3	3	0
西藏	3	1	2
内蒙古	2	2	0
浙江	2	2	0
广东	2	2	0
重庆	2	2	0
贵州	2	2	0
陕西	2	2	0
吉林	1	0	1
宁夏	1	1	0
新疆	1	1	0
总计	97	87	10

资料来源：根据国家知识产权局商标网数据整理所得。

（三）地理标志专用标志使用市场主体概况

1. 手工艺品地理标志专用标志使用市场主体数量及地区分布

截至2022年底，核准手工艺品地理标志专用标志使用市场主体数量为1262家，分布于我国24个省份，其中福建省数量最多，为317家（见图

6)，占比达25.12%；其次是湖南265家，河南145家，安徽117家，四川69家，河北52家，广东47家，广西39家，山东35家等（见图6）。

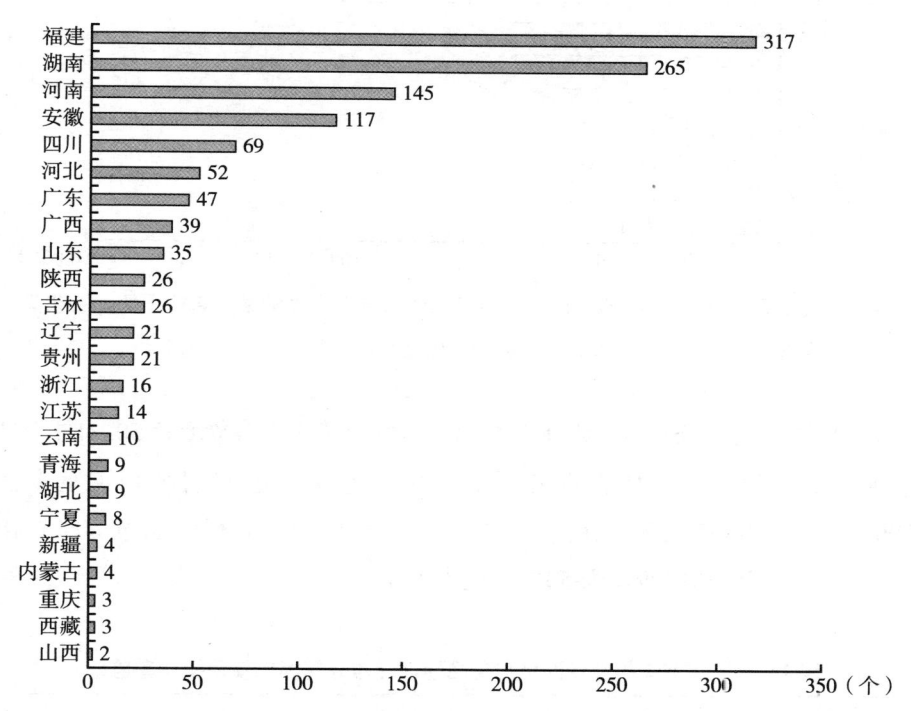

省份	数量
福建	317
湖南	265
河南	145
安徽	117
四川	69
河北	52
广东	47
广西	39
山东	35
陕西	26
吉林	26
辽宁	21
贵州	21
浙江	16
江苏	14
云南	10
青海	9
湖北	9
宁夏	8
新疆	4
内蒙古	4
重庆	3
西藏	3
山西	2

图6 截至2022年底我国部分省份手工艺品地理标志专用标志使用市场主体数量

资料来源：根据国家知识产权局地理标志专用标志使用企业检索数据计算所得。

2. 地理标志专用标志使用市场主体数量排名前十的手工艺品

地理标志专用标志使用市场主体规模超过30家的手工艺品地理标志共有10种，分别为建盏、德化白瓷、浏阳花炮、钧瓷、汝瓷、黄岗柳编、唐山骨质瓷、浏阳烟花、浏阳鞭炮和坭兴陶，其中唐山骨质瓷为集体商标，德化白瓷、汝瓷和浏阳鞭炮为证明商标。其中地理标志专用标志使用市场主体规模最大的为建盏，共有151家（见图7）。

3. 手工艺品地理标志专用标志使用覆盖率

截至2022年底，123个手工艺品地理标志产品中，使用地理标志专用

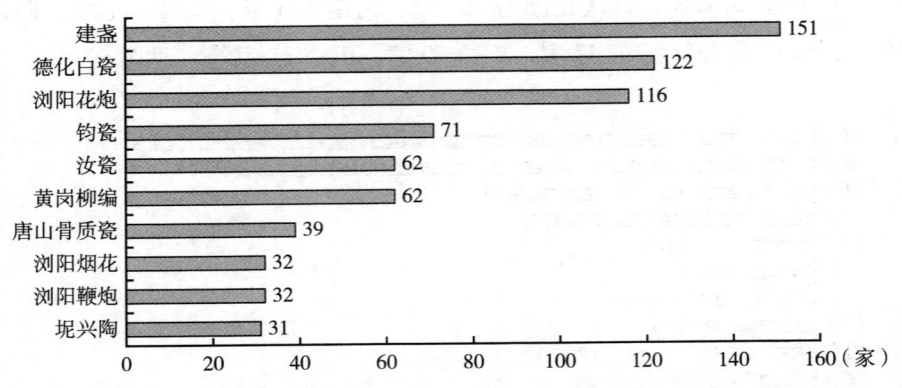

图 7 截至 2022 年底我国地理标志专用标志使用市场主体数量排名前十的手工艺品

手工艺品	数量（家）
建盏	151
德化白瓷	122
浏阳花炮	116
钧瓷	71
汝瓷	62
黄岗柳编	62
唐山骨质瓷	39
浏阳烟花	32
浏阳鞭炮	32
坭兴陶	31

资料来源：根据国家知识产权局地理标志专用标志使用企业检索数据计算所得。

标志的手工艺品为63个，地理标志专用标志使用平均覆盖率达50.81%。其中河北、内蒙古、吉林和青海的地理标志专用标志使用平均覆盖率达100%；辽宁为80.00%；湖南、广东、云南、四川和安徽均超过60%；山西、福建、河南和广西均为50%（见表11）。

表 11 截至 2022 年底我国手工艺品地理标志专用标志使用平均覆盖率

省份	地理标志产品总数（个）	使用地理标志专用标志数量（个）	地理标志专用标志使用平均覆盖率(%)	使用地理标志专用标志的手工艺品名称
河北	3	3	100	唐山骨质瓷、迁安桑皮纸、清苑熏香
内蒙古	1	1	100	巴林石
吉林	2	2	100	松花石、松花砚
青海	3	3	100	藏毯、热贡唐卡、昆仑玉
辽宁	5	4	80.00	阜新玛瑙、抚顺琥珀、喀左紫砂、岫岩玉
湖南	6	4	66.67	湘绣、浏阳花炮、宜章红炮、醴陵瓷器
广东	9	6	66.67	大埔青花瓷、香云纱、端砚、流沙南珠、泗纶蒸笼、乳源彩石
云南	3	2	66.67	梁河葫芦丝、建水紫陶
四川	14	9	64.29	蜀锦、蜀绣、麻柳刺绣、道明竹编、南充丝绸、夹江书画纸、隆昌土陶、苴却砚、荥经砂器

续表

省份	地理标志产品总数（个）	使用地理标志专用标志数量（个）	地理标志专用标志使用平均覆盖率（%）	使用地理标志专用标志的手工艺品名称
安徽	8	5	62.5	黄岗柳编、霍邱柳编、宣纸、舒席、岳西桑皮纸
山西	2	1	50.00	怀仁陶瓷
福建	8	4	50.00	建盏、德化白瓷、永春篾香、福州脱胎漆器
河南	6	3	50.00	当阳峪绞胎瓷、钧瓷、汝瓷
广西	4	2	50.00	坭兴陶、合浦南珠
江苏	8	3	37.50	扬州漆器、云锦、东海水晶
湖北	8	3	37.50	来凤漆筷、竹山绿松石、红安大布
浙江	6	2	33.33	龙泉青瓷、杭州丝绸
山东	3	1	33.33	伏里土陶
陕西	7	2	28.57	蓝田玉、富平墨玉
贵州	4	1	25.00	大方漆器
西藏	4	1	25.00	尼木藏香
新疆	2	0	0	伊犁薰衣草精油
黑龙江	1	0	0	无
江西	2	0	0	无
甘肃	4	0	0	无
总计（平均）	123	63	50.81	

资料来源：根据国家知识产权局官网相关数据计算得出。

（四）手工艺品地理标志保护管理机制

2009年，国务院颁布的《文化产业振兴规划》，将发展文化产业上升到国家战略，提出把文化产业培育成推动经济发展方式转变的战略性新兴产业。随后文化部联合有关部门先后发布一系列文化产业发展相关政策，提出要加强文化品牌建设，振兴中国传统工艺。2017年文化部、工业和信息化部、财政部发布的《中国传统工艺振兴计划》中，明确提出建立国家传统工艺振兴目录。2021年12月，国家知识产权局发布《地理标志保护和运用"十四五"规划》，对"十四五"期间手工艺品地理标志保护和运用工作做了进一步的部署。

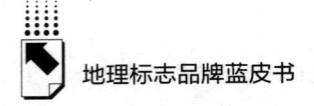

1. 文化产业及手工艺品地理标志发展相关政策

2017年3月，为落实党的十八届五中全会关于"构建中华优秀传统文化传承体系，加强文化遗产保护，振兴传统工艺"和《中华人民共和国国民经济和社会发展第十三个五年规划纲要》关于"制定实施中国传统工艺振兴计划"的要求，为促进中国传统工艺的传承与振兴，《中国传统工艺振兴计划》明确了振兴我国传统工艺的10项主要任务，包括提高传统工艺产品的设计、制作水平和整体品质，鼓励传统工艺从业者在自己的作品或产品上署名或使用手作标识，鼓励传统工艺企业和从业者合理运用知识产权制度并注册产品商标，支持有条件的地方注册地理标志证明商标或集体商标，培育有民族特色的传统工艺知名品牌。

2022年，文化和旅游部、商务部、国家知识产权局等多部门联合发布《关于推动传统工艺高质量传承发展的通知》，提出促进传统工艺发展，加强品牌建设。实施传统工艺品牌扶持计划，支持相关企业培育具有地域和民族特色的自主品牌，定期通过非遗品牌大会等活动对社会效益突出、经济效益良好、具有社会影响力的品牌予以发布，提升传统工艺品牌知名度和影响力。支持传统工艺企业等生产经营主体生产个性化、定制化的传统工艺产品，以及美观实用的日用品，提高产品整体品质和市场竞争力，扶持传统工艺特色品牌。加强传统工艺相关知识产权保护，综合运用著作权、商标权、专利权、地理标志等多种手段，保护创新成果，培育知名品牌。

地理标志作为传承发展传统工艺的重要手段之一，中共中央、国务院高度重视地理标志保护工作。2021年12月，国家知识产权局印发的《地理标志保护和运用"十四五"规划》提出，"推动在地理标志保护机制下，强化初级农产品、加工食品、道地中药材、传统手工艺品等的保护"。

2. 手工艺品地理标志保护标准体系

手工艺品地理标志保护标准体系可以分为国家标准、地方标准和团体标准三大类，截至2022年底，共有各类标准64项，其中国家标准8项、地方标准53项、团体标准3项（见表12）。

表12　手工艺品地理标志产品保护标准体系

标准体系	标准数量(项)	示例
国家标准	8	扬州漆器、永春篾香、宣纸、云锦、德化白瓷、遂昌竹炭、汝瓷、钧瓷
地方标准	53	黄梅挑花、松花砚、潮州手拉朱泥壶等
团体标准	3	黄陂泥塑、界首彩陶和固安柳编

资料来源：国家标准全文公开系统及地方标准信息服务平台。

传统工艺品类地理标志产品的国家标准目前已发布8项，分别为扬州漆器（GB/T 19959—2005）、永春篾香（GB/T 21262—2007）、宣纸（GB/T 18739—2008）、云锦（GB/T 21930—2008）、德化白瓷（GB/T 21998—2008）、遂昌竹炭（GB/T 21819—2008）、汝瓷（GB/T 23397—2009）和钧瓷（GB/T 23403—2009）。

地方标准共53项，其中2019年制定并实施的地方标准3项，分别为舒席（DB34/T 3380—2019）、建水紫陶（DB53/T 559—2019）和尧头黑瓷（DB61/T 1238—2019）；2020年10项，分别为英石（DB4418/T 007—2020）、道明竹编（DB5101/T 93—2020）、松花石（DB22/T 1570—2020）、昆仑玉（DB63/T 947—2020）、隆昌夏布（DB5110/T 28—2020）、乳源彩石（DB4402/T 05—2020）、流沙南珠（DB4408/T 5—2020）、隆昌土陶（DB5110/T 29—2020）、大埔青花瓷（DB4414/T 10—2020）和玉屏箫笛（DB5206/T 115—2020）；2021年9项，分别为香云纱（DB4406/T 5—2021）、湘绣（DB43/T 2060—2021）、端砚（DB4412/T 11—2021）、广绿玉（DB4412/T 18—2021）、阜新玛瑙（DB2109/T 002—2021）、泗纶蒸笼（DB4453/T 08—2021）、管窑陶瓷器（DB42/T 1684—2021）、怀仁陶瓷（DB14/T 2394—2021）和青神竹编（DB5114/T 37—2021）；2022年3项，分别为黄梅挑花（DB42/T 1930—2022）、松花砚（DB22/T 1571—2022）和潮州手拉朱泥壶（DB4451/T 2—2022）。

团体标准共3项，分别为黄陂泥塑（T/HPTC 002—2020）、界首彩陶（T/JSGD 13—2021）和固安柳编（T/CAI 135—2021）。

3.手工艺品地理标志专项建设

2019~2022年，国家知识产权局先后实施"地理标志运用促进工程"和"国家地理标志产品保护示范区"等项目，旨在完善地理标志保护体系，加强地理标志品牌建设，其中手工艺品地理标志入选情况如表13所示。

表13 手工艺品地理标志入选情况

序号	文件名称	入选的手工艺品地理标志
1	《2021年国家地理标志产品保护示范区筹建名单》	汝瓷国家地理标志产品保护示范区
2	《第一批地理标志运用促进重点联系指导名录》（2021年）	岫岩玉、汝瓷、富平墨玉、藏毯（青海产区）
3	《2022年国家地理标志产品保护示范区筹建名单》	黄岗柳编国家地理标志产品保护示范区

资料来源：国家知识产权局网站。

2021年8月，国家知识产权局发布《2021年国家地理标志产品保护示范区筹建名单》，在公布的50个示范区中，与手工艺品地理标志产品相关的示范区共两个，即汝瓷国家地理标志产品保护示范区和陕西富平墨玉国家地理标志产品保护示范区。2021年12月23日，国家知识产权局批准成立钧瓷国家地理标志产品保护示范区。2022年10月26日，国家知识产权局发布的《2022年国家地理标志产品保护示范区筹建名单》将黄岗柳编列入其中，准备筹建黄岗柳编国家地理标志产品保护示范区。2021年12月13日，国家知识产权局发布关于《第一批地理标志运用促进重点联系指导名录》（2021年）的通知，结合各地区实施国家地理标志运用促进工程项目以及筹建国家地理标志产品保护示范区情况，将部分地理标志产品列入运用促进重点联系指导名录，在第一批确定的名录中，共有岫岩玉、汝瓷、富平墨玉、藏毯（青海产区）4种手工艺品地理标志产品入选。

三 手工艺品地理标志品牌发展典型案例

(一) 黄岗柳编地理标志品牌发展案例

安徽省阜南县黄岗柳编历史悠久、文化底蕴深厚，杞柳种植可上溯千年，编织历史亦达500多年。黄岗柳条柔软易弯、粗细匀称、色泽高雅，通过新颖的设计，可以编织成各种朴实自然、造型美观、轻便耐用的实用工艺品。2011年7月8日，国家质检总局将"黄岗柳编"列为国家地理标志保护产品。2019年11月，《国家级非物质文化遗产代表性项目保护单位名单》公布，阜南县柳编工艺品协会获得"黄岗柳编"项目保护单位资格。2020年7月27日，黄岗柳编入选中欧地理标志第二批保护名单。

1. 黄岗柳编发展简况

2001年，安徽省阜南县被国家林业局命名为"中国杞柳之乡"，其在国家工商行政管理总局注册的"黄岗""阜南"两个柳编工艺品商标已享誉海内外。阜南柳编产业集群被安徽省列为重点产业集群。2008年阜南县被国家发改委、农业部、财政部等六部门批准为农业（林业）循环经济示范试点县，柳编产业作为重点示范产业。阜南柳编工艺品编织技术被列入安徽省阜阳市"非物质文化遗产"。2009年被国家工艺品美术协会授予"中国柳编之乡"称号。

截至2022年，黄岗镇柳编产业快速发展，共获得国家专利154项，成为黄岗吸纳就业最多、致富百姓最广、财政贡献最大、发展速度最快的支柱产业。黄岗柳编文化产业园区共入驻企业58家，其中规模以上企业22家，具有自主出口权企业37家，省级林业产业化龙头企业7家，从业人员2.2万余人。带动全镇脱贫500余户、增加2000余人就业，户年增收6000元以上。①

---

① 《黄岗柳编示范园区入选全国示范》，阜阳市人民政府，https://www.fy.gov.cn/content/detail/620c54768866882c2d8b4567.html，2022年2月16日。

2. 黄岗柳编地理标志发展情况

2011年7月,"黄岗柳编"获得地理标志保护产品认定,2016年国家质检总局批准阜南县37家企业在产品外包装上使用"黄岗柳编地理标志产品专用标志"。2023年阜南县"黄岗柳编"成功入选十二省(市)首批重点地理标志保护名录。截至2022年,全县种植杞柳2万多亩,有14个乡(镇)、40多个柳编专业村、13万余人从事柳编产业,全县拥有柳木加工企业324家,实现产值近90亿元,柳编企业累计获批专利1087件,拥有安徽省名牌16个、著名商标7个,61家企业被核准使用地理标志产品专用标志。① "黄岗柳编"产品远销北美、西欧及东南亚等30多个国家和地区,年产值35.2亿元,年出口额近4.52亿美元,出口市场份额占全省同类产品的60%,约占全国的35%。②

3. 成功经验和借鉴意义

首先,黄岗县采取"政府引导、财政补贴、以奖代补、技术服务"等措施扶持相关企业,着力解决当地企业融资问题,支持企业进行精深加工、树立品牌、依托基地、拓展市场。大力实施品牌战略,努力推进品牌创建,做好黄岗柳编地理标志产品保护工作,更好地规范黄岗柳编的产地范围、原料种植、生产加工、监督管理,最大限度地提升柳编的质量特色和品牌价值,进一步提高黄岗柳编在国内外市场上的知名度。其次,通过加大对地理标志产品的市场监督指导,进一步完善政策措施,持续推动建成创新高效、配套齐全、效益良好的地理标志产品示范园区,引导产业质量、效益提高和动能转换,促进区域经济发展和农民增收,带动产业集聚协调融合发展。与此同时,加快完善由政府部门主导、动员社会各方力量积极参与的地理标志保护的相关标准应用促进体系,形成从标志到产品到品牌到产业化发展的一系列全链条发展。最后,积极利用参加广交会、上海家博会以及美国、德国

---

① 《阜南县黄岗柳编国家地理标志产品保护示范区建设正式启动》,安徽省市场监督管理局(知识产权局),https://amr.ah.gov.cn/xwdt/dszc/148060691.html,2023年4月28日。
② 《阜南县"黄岗柳编"入选12省市重点地理标志保护名录》,阜南县人民政府网,https://www.funan.gov.cn/xxgk/detail/64ebfbd1886688406b8b4567.html,2023年8月28日。

等国内外会展的机会，开展宣传推介活动，大力宣传当地的地理标志保护产品，促进地理标志品牌建设，充分发挥地理标志在精准扶贫、乡村振兴中的带动示范作用，确保地理标志品牌建设工作高质量快速发展。

（二）汝瓷地理标志品牌发展案例

汝瓷，河南省平顶山市特产，始创于唐朝中期，盛名于北宋，位居宋代"五大名瓷"之首，因产于汝州而得名，曾有过"汝河两岸百里景观，处处炉火连天"的繁荣景象，在中国陶瓷史上占有显著地位。2004年7月16日，国家质检总局批准对"汝瓷"实施原产地域产品保护。2005年10月17日，根据《中华人民共和国产品质量法》和《原产地域产品保护规定》，国家质检总局通过了对汝瓷扩大原产地域保护范围申请的审查。2007年1月，河南省政府批准汝瓷烧制技艺列入河南省首批非物质文化遗产项目名录。2011年5月，国务院正式批准汝瓷烧制技艺列入第三批国家级非物质文化遗产项目名录。

1. 汝瓷发展简况

汝州积极扶持发展文化产业，将汝瓷列入全市重点规划发展产业，从政策、资金上给予了大力支持。2016年，汝州市拥有汝瓷企业61家，年产汝瓷200余万件，年产值达2亿元以上；除了仿烧传统汝瓷造型外，还研制开发出了200种以上新品种，产品远销日本、新加坡、美国等30多个国家和地区，使汝瓷文化的研究保护和产业发展进入快速发展的时代。2017年，汝州市有汝瓷生产企业120多家，年产值3亿多元，网上交易额近3000万元。2021年，宝丰县成立汝瓷创新创业孵化产业园，引进多家汝瓷龙头企业，新上双层控温全自动生产线，产值6.8亿元。吸引国家级陶瓷工艺大师33人入驻，陶瓷企业、研究机构达165家，从业人员近千人，汝窑陶瓷产品增加到2000多种。截至2022年，汝州市辖区内汝瓷企业有70余家，从业人员5000余人，年产量3620万件，产值达3亿元。[1]

---

[1] 《现代汝瓷业的发展》，汝州市人民政府，https：//ruzhou.gov.cn/contents/37767/502598.html，2022年7月7日。

2. 汝瓷地理标志发展情况

汝州市依托汝瓷资源优势，深入实施商标品牌战略，在品牌价值、品牌形象、品牌传播和品牌发展上持续发力，全方位打造"汝瓷"地理标志品牌。依靠品牌引领带动，推动了县域经济提质增效，助推了汝州地域经济高质量发展。"汝州汝瓷"成功获批国家知识产权局2021年地理标志运用促进重点联系指导名录以及地理标志运用促进工程重点项目，汝州市获批筹建汝瓷国家地理标志产品保护示范区。

2021年9月举行的中国（北京）国际精品陶瓷博览会上，汝瓷获得4个特等奖、19个金奖、9个银奖。2021年5月，由中国品牌建设促进会发布的品牌价值评价结果显示，汝州地理标志产品"汝瓷"品牌价值达118.68亿元。[1]

2022年，汝瓷地理标志专用标志授牌仪式在汝州市举行。玉松汝瓷、弘宝汝瓷、宣和坊汝瓷、冬青汝瓷、廷怀汝瓷、新嘉诚汝瓷、美华汝瓷厂等47家汝州企业被核准使用汝瓷地理标志专用标志。

3. 成功经验和借鉴意义

一是建设汝瓷产业园规划，重视对技术人员的培养，通过企业培训、校企联合、以师带徒等方式，培养各类汝瓷技能型人才和技艺大师，为汝瓷产业发展备足人才。二是利用"互联网+"助力汝瓷多渠道销售，"汝瓷之乡"河南省宝丰县积极探索汝瓷线上销售模式，通过开展电商直播培训，让汝瓷艺人学习拍摄短视频、走进直播间，介绍汝瓷产品及其制作工艺，拓宽了产品销售渠道，把汝瓷产业发展与电子商务结合起来，短视频和直播带货成为汝瓷销售的一大渠道。三是注意加大对汝瓷产品和品牌的保护力度，汝州市为保护汝瓷文化产业和知识产权，专门设立"汝瓷文化保护公益诉讼检察联络站"，这对于进一步提升汝瓷文化影响力，推动汝瓷产业持续健康发展具有重要意义。

---

[1] 《擦亮名片 叫响品牌——四十七家企业获准使用汝瓷地理标志专用标志》，《平顶山日报》，http://epaper.pdsxww.com/pdsrb/html/2022-08/24/content_365349.htm，2022年8月24日。

四 手工艺品地理标志品牌发展存在的问题

（一）产业发展规模不足

传统手工艺品生产经营模式多表现为企业带动型、行业协会带动型、家庭作坊型和个人生产型，但目前大多数手工艺品生产均未能实现产业化和规模化，缺乏规模效益，因此市场竞争力相对不足。产业化发展程度低，缺少科学的产业发展规划，许多手工艺品生产企业规模小、产值少，无法真正形成产业规模，缺乏竞争力，在发展过程中容易因其脆弱性受到摧折；另一方面是缺少正规的文化产业公司，产品的质量、产权和销售都不够规范，导致生产者和消费者都缺乏信心，不能产生良好的经济效益。

（二）技艺传承困难

手工技艺的传承及手工艺人的培养是传统手工艺生产存在的突出问题。手工艺品的质量更多地取决于手工艺人的"手工技艺"，作品水平也往往因人而异，手工技艺的传承在很大程度上影响着传统手工艺品的可持续发展。一方面，手工艺人年龄结构失衡，存在手工匠人年龄老化的问题，从业人员流失，传统手工技艺衰退，业内一部分手工匠人因业内利润空间有限、劳动强度大、收入低而生产积极性降低，人才外流使一部分传统的手工工艺濒临失传；另一方面，手工艺人整体文化素质相对不高，学历较低，传统手工艺品的手工匠人，其手艺大多是由师傅或家中长辈口传身授，只有手工技艺而没有接受过系统化专业化基础化的工艺美术培训，这在一定程度上限制了手工匠人的艺术创造力与产品宣传能力，使传统手工艺品的生产创新、宣传力度相对不足。

（三）品牌保护薄弱

随着信息化发展进程加快，手工艺品假冒伪劣产品层出不穷，原创作品被仿制盗版的情况时有发生，使手工艺人的产品销售困难，继而导致技艺传承更加困难。政府和相关企业运用商标保护品牌的意识和能力较为薄弱，正确注册、运用、管理商标，有效维权防范侵害，存在一定的困难和问题。缺乏专业的行会组织和正式的管理机构，缺乏科学的技术标准和准入、退出机制，没有形成长效良性机制。

（四）品牌建设不足

在受地理标志保护的手工艺品经营中，部分经营者缺乏企业发展的长远规划，忽视自有品牌的创造，认为商标注册手续烦琐而不愿申请；拥有自有商标的企业和没有自有商标的企业共享同一地理标志，容易因某个企业产品不合格使地理标志产品在市场上受到不利影响。行业内形成的"搭便车"现象的负面影响深远，同一地理标志下优秀的企业价值会被其他企业吸收，造成产品质量参差不齐，扰乱市场正常环境，影响产品信誉。而有些企业即使申请了自有商标，因为经营者没有认识到商标的重要性，利用率非常低，也造成了无形财产的浪费。

五 手工艺品地理标志品牌发展对策建议

（一）加大政策支持力度，适度进行税收减免和补贴

地理标志产品生产企业的生存发展离不开政府的政策支持。政府应进行财政补贴帮扶，对地理标志产品减免税收，针对手工艺品项目给予适当补贴。加强政策性引导与扶持，对手工艺品发展制定科学的规划以及出台扶持促进产业发展的相关政策，为企业发展创造良好环境。

（二）利用信息化技术，助推手工艺品产业提速增效

为顺应新的发展形势，传统手工艺品应该主动融入自媒体发展，将自媒体的优势运用于非物质文化传承，通过短视频、直播等形式展现地理标志产

品的制作过程、制作工艺和内在价值，以更加直观的方式让更多的人了解非物质文化遗产，提高传统手工艺品的美誉度。充分利用信息化技术和终端工具，将手工艺品地理标志产品的销售有机地融入互联网中，做好企业的宣传、产品的推介、销售、结算等业务，开发"互联网+非遗+乡村振兴"新模式。

手工艺品产业的主管机构、行业协会和企业等各种主体应充分利用门户网站、官方微博和微信公众号，实时更新当地手工艺品产业、产品和研究的最新动态，实时和上下游产业链等多方战略合作伙伴等进行信息交流。通过网络电子商务平台来宣传、销售产品。这不仅有利于降低企业运营成本，而且能够加快产品的生产、研发和转化进程，便于企业及时根据市场需求和国际资本动向，及时调整战略。

（三）大力引进和培养人才，完备手工艺品传承体系

现有人才队伍的良莠不齐和后继乏力，制约着手工艺品产业的高质量发展。应尽快制订手工艺品人才培养与储备长期规划，并依据长期规划和实际情况，制定短期的切实可行的目标任务。要加强对人才的统一管理和层次划分，加大对初级人才的引入与培训工作，充分利用职业院校与现有企业的"校企合作"优势，在满足企业人才需求的同时，给初级人员提供更多的锻炼提升机会。在人才的培养上，可以采取多种方式，拓宽各级人才的视野，打通人才培养的通道，定期召开不同等级的研讨会，在借鉴中促进发展。

（四）加强行业管理，完善产业协会的职能作用

行业协会是行业内合法权益的维护者，在传统手工艺品地理标志保护方面起着至关重要的作用。作为政府和企业之间的纽带和桥梁，及时向企业传递相关政策和法规，以及向政府反映行业内的发展困难和所需支持，并协助相关部门提供相应的指导和帮助，在文化事业发展过程中发挥着积极的作用。必须要深化协会内部改革，促进协会健康发展，把地理标志产品推向更广阔的市场，真正成为从业者的利益代表。

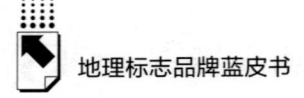

尽快制定手工艺品行业管理规定，规范产品生产经营秩序，提高行业发展水平。做好手工艺品相关知识的宣传和普及工作，提高传统手工艺品的知名度和社会影响力。进一步规范市场机制，强化行业从业人员的专利保护意识，依法打击侵权行为，推动行业健康发展。同时各地产业协会对未获得许可但具有一定发展潜力的手工艺品地理标志产品和企业应主动积极采取帮扶措施。

（五）发挥知识产权优势，加强传统工艺保护

综合使用著作权、商标权、专利权、地理标志等多种知识产权，大力保护传统工艺知识产权，打击盗版伪劣商品，鼓励手工艺品企业积极申请自有商标。在知识产权制度改革进程中，应当立足我国国情探求其知识产权发展需求，从促进文化与艺术复兴及发展的角度出发，重新审视知识产权制度对传统手工艺品的"独创性"判定，并且在传统手工艺品的知识产权保护实践及其法律适用中以追求手工艺品产业发展为目标，保障知识产权许可效率，完善著作权管理制度，为传统手工艺品的行政与司法保护提供有效救济机制，保障手工艺创作者的生存与创新环境。

参考文献

［1］知识产权出版社有限责任公司编写《地理标志保护发展报告（2021年度）》，知识产权出版社，2023。

［2］本书编委会编《中国地理标志产品集萃——手工艺品》，中国质检出版社、中国标准出版社，2016。

［3］国家知识产权局知识产权运用促进司主编《地理标志助力乡村振兴典型案例汇编》，中国标准出版社，2022。

［4］查岚兰、袁响、胡俊丽等：《"互联网+非遗"助推乡村产业振兴模式研究——以甘肃省庆阳香包为例》，《南方农机》2023年第2期，第111~113页。

［5］李文婷：《论后脱贫时代背景下非物质文化传承助力乡村振兴——以安徽省阜南黄岗柳编为例》，《现代商贸工业》2021年第31期，第3~5页。

［6］张祝平：《互联网时代传统文化产业传承与创新发展研究——以汝瓷为例》，《河北青年管理干部学院学报》2019年第3期，第102~109页。
［7］蔚萌：《传统手工艺品地理标志国际保护法律问题研究》，浙江财经大学硕士学位论文，2022，第52页。
［8］张爱东：《"一带一路"建设下苏绣对外贸易的机遇和挑战》，《北方经贸》2022年第6期，第43~45页。
［9］夏思诺：《吉林省传统手工艺品跨境电商的发展研究》，《商展经济》2022年第4期，第47~50页。
［10］潘婵、王蕾、高勤：《"互联网+"背景下传统手工艺品营销创新思考》，《经济研究导刊》2021年第19期，第55~57页。
［11］郑颖捷：《手工艺品地理标志保护的地理联结点》，《中南民族大学学报》（人文社会科学版）2020年第6期，第74~80页。
［12］胡朝阳、任俪文：《传统手工艺品的知识产权保护困境与出路——以手工绣制品为例》，《重庆大学学报》（社会科学版）2021年第5期，第159~168页。
［13］周燕华、时秀梅：《中国传统手工艺品发展的SWOT分析》，《大连民族大学学报》2020年第4期，第303~309+313页。
［14］邓倩楠：《传统手工艺品地理标志保护——以庆阳香包为例》，兰州理工大学硕士学位论文，2020，第28页。
［15］吴歆悦、李雪艳：《传统手工艺的文化价值》，《美术教育研究》2020年第9期，第39~40+43页。

区域篇

B.6 电子商务助力地理标志品牌发展报告
——以甘肃省陇南市为例

高莉 赵炎强[*]

摘 要： 甘肃省陇南市高度重视发展电子商务，立足特色山地农业资源和丰富的地理标志产品，走出不同于城市电商的农村电商发展之路。截至2022年底，陇南市拥有地理标志保护产品14个，农产品地理标志16个，地理标志商标8个。本报告以甘肃省陇南市为例，探讨电子商务助力地理标志品牌发展的路径和实践。本报告首先分析陇南市地理标志品牌的发展现状，并系统介绍了陇南市在农村电商快速发展的背景下，通过运用互联网思维和电子商务手段推广销售地理标志产品的具体做法。同时，本报告具体阐述了促进地理标志品牌发展过程中电商平台、互联网技术、品牌形象、优质网货、营销活动的作用，并进一步为陇南地理标志品牌的发展提出了积极开展电商、注重宣传推广、深化品牌合作、开展国际合作等具体建议。

---

[*] 高莉，中共陇南市委党校助教，主要研究领域为县域经济发展、农村电商发展等；赵炎强，陇南市电子商务发展局产品管理科科长，负责农产品跨境电商、电商农产品研发、电商品牌建设等工作。

关键词： 地理标志品牌　地理标志产品　电子商务　陇南市

甘肃省陇南市抢抓互联网发展机遇，大力发展农村电商，先后获"中国消除贫困创新奖""全国十佳精准扶贫创新城市""全国电商扶贫示范市"等多项殊荣。通过对电子商务助力地理标志品牌发展的路径和实践进行研究，有助于丰富电子商务和地理标志品牌发展的相关理论，为政府制定相关政策提供依据，也为地理标志品牌发展提供实际指导。

一　陇南市地理标志品牌发展现状

（一）陇南市地理标志概况

陇南市地处陕甘川交会地带，属亚热带向暖温带过渡地区，是甘肃省唯一的长江流域地区。陇南因全境处于南北交会地带，地形立体差异明显，且林草覆盖率高，农业特色产业种类多、品质优，被著名地质学家李四光称为"宝贝的复杂地带"。陇南也是中国主要中药材产地之一，野生药材种类繁多，境内有各类中药材1200多种，其中名贵药材350多种，素有"天然药库"之称，是甘肃省重要的中药材生产和出口基地。甘肃省出产的五大拳头药材中，尤以陇南的"米仓红芪""文县纹党""宕昌当归""铨水大黄"因量多质优名列全国之冠，驰名中外。陇南市已形成中药材、核桃、油橄榄、花椒四大长效主导产业，苹果、茶叶、畜牧、蔬菜、马铃薯五个区域优势产业，蜂蜜、食用菌、苗木、银杏、水产、蚕桑、烤烟、魔芋等地方性特色产业，[1] 是名副其实的"千年药乡""中国核桃之乡""中国经济林花椒之乡""国家油橄榄示范基地"。[2]

---

[1] 《生态陇南物产丰饶》，《陇南日报》2023年7月18日，第2版。
[2] 陇南市人民政府，https://www.longnan.gov.cn/mlln/tscy/index.html，2023年5月30日。

陇南市拥有丰富的地理标志资源，近年来，陇南市大力推进绿色、有机、地标特色农产品和区域公共品牌建设，通过申请和保护地理标志产品，打造具有地方特色的品牌，品牌建设成效显著。截至2022年底，陇南市拥有各类地理标志保护产品共28个，其中地理标志保护产品14个，地理标志商标8个，农产品地理标志16个，全市地理标志专用标志使用企业达70多家，"武都油橄榄"成功入选《中欧地理标志协定》受欧盟保护的地理标志名录。"武都花椒""武都橄榄油"被国家知识产权局确定列入第一批地理标志运用促进重点联系指导名录，"武都橄榄油"荣获雄安发布·2023年度中国农产品区域公用品牌（产业）10强，武都区被国家知识产权局确定为2021年国家地理标志产品保护示范区，"陇南绿茶""成县核桃""两当狼牙蜜"等9个品牌，"祥宇""陇小南""天泽香"等99个企业商标，入选"甘味"农产品品牌目录，入选数量居甘肃省第1位。

表1 陇南市地理标志发展概况

单位：个

序号	地理标志名称	地理标志产品	批准年份	地理标志商标	批准年份	农产品地理标志	批准年份	专用标志市场主体
1	礼县大黄	是	2004	是	2020			2
2	武都油橄榄	是	2005			是	2022	5
3	龙神茶	是	2006					1
4	西和半夏	是	2007	是	2023	是	2020	0
5	康县黑木耳	是	2008	是	2008			6
6	文县纹党	是	2008					4
7	两当狼牙蜜	是	2008	是	2018			3
8	礼县苹果	是	2010	是	2020			4
9	金徽酒	是	2011					1
10	武都花椒	是	2012	是	2011	是	2015	30
11	红川酒	是	2013					1
12	徽县银杏	是	2013					0
13	文县绿茶	是	2013					4
14	成县核桃	是	2014	是	2020			11
15	武都橄榄油			是	2009			0
16	哈达铺当归					是	2011	0
17	武都红芪					是	2011	0
18	宕昌党参			申请		是	2011	0
19	宕昌黄芪			申请		是	2014	0

续表

序号	地理标志名称	地理标志产品	批准年份	地理标志商标	批准年份	农产品地理标志	批准年份	专用标志市场主体
20	徽县紫皮大蒜					是	2014	0
21	宕昌大黄			申请		是	2015	0
22	武都纹党参					是	2016	0
23	陇南绿茶					是	2016	0
24	武都崖蜜					是	2018	0
25	陇南苦荞					是	2019	0
26	宕昌百花蜜			申请		是	2019	0
27	康县太平鸡					是	2020	0
28	西和八盘梨					是	2022	0

资料来源：国家知识产权局和农业农村部全国地理标志农产品信息查询系统。

（二）陇南市地理标志保护政策体系

为了更好地保护地理标志品牌，陇南市政府制定了一系列政策措施，建立了较为完善的地理标志保护政策体系。通过加强地理标志的注册、使用、管理等方面的工作，保障消费者权益，促进地理标志产业的健康发展。同时，陇南市还加大对地理标志侵权行为的打击力度，维护市场秩序和公平竞争。陇南市市场监管局牵头联合多部门紧紧围绕当地特色产业和优势农产品，以地理标志专用标志推广普及和规范使用为切入点，扎实开展地理标志挖掘、培育、申报、运用和保护工作，推动地理标志工作实现新跃升。

1. 出台相关政策、开展专项行动

2021年，陇南市制定出台《陇南市知识产权保护奖励补助办法》《陇南市"十四五"知识产权保护和运用规划》等一系列政策性文件，健全地理标志产品的培育、运用和保护工作机制，明确对新注册地理标志证明商标和新认定地理标志保护产品的奖励标准，有效激发了地理标志申请、运用和保护的内生动力。同时，开展专项行动，加大保护力度。陇南市发布了《2023年地理标志保护专项行动方案》《关于进一步加强地理标志工作的通知》，在全市范围内组织开展了地理标志保护专项行动，持续严厉打击地理标志侵权假冒违法行为，切实维护地理标志品牌声誉和品牌价值。以武都区为例，武都区市场监督管理局联合商务局、区电商中心每年不定期在全区范围内组织开展油橄榄、花椒地理标志产品专用标志使用专项摸底检查。对于擅自使用或伪造地理标志专用标志或名称，使用易产生误解的标识或名称误导消费者等违法行为，予以坚决打击，规范了市场秩序，使地理标志产品保护工作在促进地方经济发展中发挥更大的作用。

2. 开展资源普查、强化用标普及

陇南市深入推进地理标志培育挖掘工作，在全市范围内组织开展了地理标志资源普查活动，进一步健全完善全市地理标志保护资源信息库和潜在地理标志资源数据库，为实现地理标志保护和统一管理、推进地理标志专用标志普及，提升地理标志开发利用效率及促进使用提供有力支撑。同时，及时衔接国家和省内有关政策，加速推进地理标志专用标志推广普及和规范用标，切实提高产品附加值和市场竞争力。2023年以来，全市新增地理标志专用标志使用企业16家，同比增长19.5%；全市地标产品年度总产值达55.02亿元，同比增长51.11%，为助农增收和乡村振兴发挥了积极作用。①

3. 广泛宣传引导、擦亮地标品牌

陇南市以"知识产权万里行""知识产权宣传周"等活动为契机，加大地理标志宣传力度，讲好陇南地理标志故事。打造了"陇南知识产权"展厅、上线了"陇南知识产权"微信小程序，制作了《源味陇南》地理标志宣传片，在全市有关广场电子显示屏和相关各媒体平台进行播放。同时，开展知识产权"进社区、进企业、进校园"活动，组织地理标志持有人及使用人积极参加各展会展览，并依托国家知识产权商标业务陇南受理窗口，全方位展示陇南地理标志及其产品蕴含的丰富文化和特质，全力提升地理标志品牌的美誉度。

---

① 《陇南市强化"六措施" 擦亮地理标志"金名片"》，陇南市人民政府，https：//www.longnan.gov.cn/content/article/73332855，2023年7月5日。

二 陇南市地理标志品牌发展创新实践

在陇南市农村电商快速发展的背景下，全市积极探索将电子商务与地理标志品牌发展相结合的新模式，通过线上线下多渠道销售、举办电商活动、开展品牌建设、强化供应链管理、推动地理标志产品产业升级、推进地理标志产品创新发展、注重地理标志知识培训和企业用标引导等方式，全方位拓展特色产品销售，以电子商务带动地理标志产业发展，推动地理标志产品走向更广阔的市场。

（一）线上线下多渠道销售

在地理标志产品的销售方面，陇南市采用传统渠道和电商相结合方式。

一是开展电商销售工作。陇南市依托本地1.4万多个网店进行线上销售。全市地理标志产品的龙头企业如祥宇橄榄油、天泽香花椒、陇小南核桃等均在京东、天猫、拼多多等平台开设了官方旗舰店，拓展线上销售渠道。

二是开展新媒体营销宣传。陇南新媒体矩阵共有1700余个账号，其中全市有政务微信账号800多个，政务微博账号600多个，政务抖音、快手等直播号近300个。陇南新媒体矩阵齐发力，为包括陇南地理标志产品在内的各类农特产品的宣传和销售带来了流量，起到了很好的宣传推介作用，提高了产品的知名度。同时，利用新媒体平台创新性地开展地理标志产品宣传，如成县陇小南电子商务有限公司围绕成县核桃制作了《乡村振兴》系列漫画和动漫，用新颖、灵活的方式介绍核桃特性，讲述核桃故事，推介成县核桃，为成县核桃吸引了一批"90后""00后"粉丝。另外，各县（区）开发了一系列具有特色的地理标志产品微信表情包，如"武都四宝"橄榄哥、花椒姐、红芪弟、蜜蜂妹、宕昌的香菇妹、党参爷爷等，通过形象生动的动漫表情包让地理标志产品深入网民生活。

三是持续做好传统渠道销售。一方面继续做好地理标志产品的批发和零售工作，积极对接农产品批发交易中心、传统商超渠道进行销售。另一方面，依托陇南电商平台"甘味陇货"线下门店，组织全市地理标志产品入驻全国门店。截至2023年10月，陇南电商平台在北京、上海、成都、重庆、青岛等国内重点城市建成"陇货入*"域外门店38个，店面产品销售以陇南各类地理标志产品为主，销售额突破2亿元。此外，陇南地理标志产品的对外出口也是重要的销售渠道。陇南的当归、红芪、纹党、大黄均获得国家出口商品荣誉证书，产品畅销世界，礼县苹果更是陇南地标产品出口的拳头产品，出口量占全市农产品出口总量的90%以上。

（二）积极举办电商活动

为了吸引更多消费者关注和购买陇南各类地理标志产品，陇南市推出了一系列营销活动。

一是举办赛事活动。陇南市通过举办电商短视频大赛、电商电竞大赛、走进原产地营销等活动，提高了外界对陇南地标产品的认知程度。以短视频大赛为例，2018~2023年，已经举办了5届比赛，仅参与官方各类赛事活动的抖音、快手、微视有效参赛作品就超过了10万条，"嗨一起去陇南""寻美陇南""拾味陇南"等大赛话题阅读量超过50多亿人次。而陇南电商全明星电子竞技大赛以"当电商遇到电竞，陇南土特产升仙"作为大赛主题，以陇南武都花椒和礼县苹果等地理标志产品命名的全国高校的战队，在王者荣耀的竞技赛场上相互厮杀，从而让陇南地理标志产品给高校大学生留下了深刻的印象。

二是开展线上促销活动。利用"618""双11""双12"，以及一些国内外传统节日的热度，结合本地农特产品特色，定期开展促销活动，如在端午节、中秋节前夕开展蜂蜜、酸菜、果酒、核桃等促销活动，每次都能取得良好的销售业绩，以2023年"双11"为例，当天陇南销售各类农特产品1.68亿元，同比增长2.4%。

三是开展线下推介活动。通过举办如"成县核桃节""礼县苹果节""武都花椒节"等地标产品主题推介活动，不断提升产品的知名度和美誉度。同时，陇南市（县、区）相关部门还积极组织地理标志产品参加全国性的农特产品展销活动，开展产品推介宣传活动。2023年陇南市电子商务发展局就组织以全市地标产品为主的各类农特产，在青岛、重庆、乌鲁木齐、北京、徐州等地开展"甘味陇货城市行"活动，签订意向订单4亿多元，提升了陇南地理标志产品的对外影响力。

（三）开展品牌建设

陇南市大力实施商标品牌战略，依托全市生态资源优势，全力推动地理标志培育工作，深入实施地理标志运用促进工程，助推农业特色产业发展水平提升。

一是注重区域公共品牌的建设工作。陇南市依托国家电子商务进农村综合示范项目，设立专项资金用于地理标志产品为主的农产品电商区域品牌建设工作，仅电商示范县项目资金中用于品牌建设的资金就超过1500万元，目前全市9个县（区）共有电商区域公共品牌12个。同时，各县（区）在推进农产品电商区域公共品牌建设的过程中，严格品牌管理制度和退出机制，通过抽样检查、跟踪回访、定期调研等方式，指导企业规范化使用县域公共品牌，确保区域品牌企业的健康发展。

二是积极开展品牌推广活动。各县（区）在区域公共品牌推广过程中，通过撰写地理标志产品推广文案、拍摄地理标志产品宣传片、设计品牌标识和海报、制作区域品牌专属包装、召开新闻发布会等方式，引导企业使用区域公共品牌。目前，宕昌"羌源味道"，文县"山歌水妹""天境文县"，"康县山珍"等区域公共品牌在甘肃以及周边省份已经取得了一定的影响力，拓宽了陇南地理标志产品的销售渠道，提升了产品品牌价值和市场竞争力。

三是建设地理标志产品品牌矩阵。深入推进品种培优、品质提升、品牌打造和标准化生产，构建"甘味"公用品牌、市（县）区域品牌、企业商标品牌"三位一体"的农特产品品牌矩阵，健全分级分类培育机制，完善认定和动态退出制度。全市绿色有机地理标志产品达263个，其中绿色食品227个、有机食品8个、地理标志产品登记认证28个。

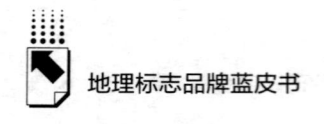

（四）强化供应链管理

为了确保线上销售的地理标志产品质量和物流配送效率，陇南市加强了地理标志产品的供应链管理。

一是开展供应链组织建设。由陇南玖嘉电商平台供应链管理有限公司牵头，组织地理标志产品相关的种养殖专业合作社、生产加工企业、电商企业和物流配送企业等成立陇南电商平台供应链联合会。通过建立紧密合作关系，提高供应链的组织化程度和高效批量供应能力，确保产品质量和及时配送，提高了消费者的满意度。

二是打造供应链矩阵。充分发挥陇南电商平台产销对接载体作用，紧密产业上下游对接和区域横向联系。利用跨境电商平台组织国际贸易供应链；利用东西协作、域外商会和域外门店资源组织国内消费供应链；利用甘肃省内14个市（州）差异化互补产品资源组织省内甘味供应链；利用市内9个县（区）特色优势产品资源组织市内陇货供应链；利用县域农产品出村和消费品下乡资源组织县域刚需供应链，形成国际与国内、东部与西部、消费与销售、上行与下行的供应链矩阵。

三是建立完善的物流配送体系。城区利用电商联营门店和平台自营门店，联合美团、饿了么同城服务力量，结合门店自有配送人员进行配送；乡村借助国家电商进农村三级物流体系和县域商业体系项目力量，实现县级统仓共配、乡级辐射中转和村级到户配送全面融合；市外依托甘味陇货域外门店就近开展配送。

（五）推动产业升级

陇南市做强地标产品的产业规模，强化产业链条，鼓励企业加大科技投入，推动地理标志产业升级。

一是做强产业规模。陇南市以实施"现代丝路寒旱农业优势特色产业三年倍增计划"为引领，加快推进特色山地农业提质增效和畜牧养殖突破提升行动，着力发展壮大中药材、畜牧、蔬菜、食用菌、花椒、油橄榄、核桃、苹果、中蜂、茶叶十大优势产业，全市特色产业面积稳定在1000万亩以上，产值达240亿元。最具代表性的陇南地理标志产品中，核桃、花椒种植面积和产量居全省第一位、全国领先；油橄榄产量、产值、面积均居全国第一位；中药材种植面积居全省第二位，武都红芪、宕昌党参、哈达铺当归、宕昌黄芪、文县纹党、礼县大黄、西和半夏已取得国家地理标志产品保护认证，其中获中药材GMP认证的企业有8家。

二是提升地理标志农产品精深加工。支持大型龙头企业更新升级加工生产线，建成世界先进水平的初榨油生产线27条，培育中药材、食用菌、油橄榄、花椒、核桃、茶叶、蜂蜜等精深加工企业70多家；拓展农产品初加工，支持中药材、食用菌、花椒、蜂蜜等生产加工企业开展清洗分拣、烘干储藏、分级分割等，全市农产品加工转化率达49%。陇南立足"独一份""好中优""特别特"的农产品资源优势，大力推进绿色、有机、地标特色农产品和区域公共品牌建设，完善农产品质量安全可追溯体系，开发各类网货产品9600余款。

三是突出科技成果转化。陇南市积极推动产业链创新链融合，成立油橄榄、茶叶2个产业科技创新联合体，组织选派农业科技人员1257人下沉基层一线开展农业新品种试验示范、新技术新机具推广、农业科技服务，推动489个农业科技示范点建设取得实效，累计引进推广农业新品种400多个，三个核桃新品种通过国家林草局植物新品种保护专家组现场审核，建成"工业互联网+中药材"创新示范基地、油橄榄数字农业示范基地，礼县苹果大数据平台、徽县智慧蜂业平台，《陇南道地中药材栽培关键技术集成与示范推广》获甘肃省科技进步三等奖。

（六）推进地理标志产品创新发展

为了提升地理标志产业的附加值和市场竞争力，陇南市积极推动地理标志产品创新发展。

一是利用大数据分析陇南地理标志品牌。一方面，陇南市通过建设电商数据联建系统，与农业和商务数据系统接驳，实现农业生产加工、产品仓储运输、网络平台销售、市场推广溯源、统计网络安全等数据联网，建设全市地理标志农产品"产、加、仓、销、运"产销一体化调度平台，发挥数据生产力作用，推动农村电商高质量发展。另一方面，陇南市电商局牵头开发了"拾味陇南"农特产品检索系统，将陇南地标产品按照"麻辣香甜浓甘鲜醇脆"进行分类，建立陇南农特产品检索库。广大用户可以通过检索系统，精准搜索到陇南各类农特产品的生产厂家和联系方式。而平台通过分析用户搜索关键词、购买行为等数据，可以更好地了解市场需求，提供符合消费者需求的产品和服务，并进行产品的优化和创新。

二是探索金融支撑地理标志产业的发展。2023年，陇南市级财政首次安排特色山地农业引导发展资金3000万元，专门切块1000万元用于产业链贷款贴息，累计发放贷款123笔、3.4亿元，有力解决了地理标志产品生产加工企业融资难、融资贵问题。同时，陇南市金融办、陇南市市场监督管理局联合相关商业银行，组织相关企业开展知识产权质押融资业务培训暨银企对接会，发挥金融支持知识产权转化的作用，组织相关商业银行开展知识产权保险、信用担保等创新性金融产品的开发，据统计2023年全市专利权质押融资额累计达1.28亿元。

三是加速推进智慧农业发展。陇南市立足国家地理标志特色产业，推进数字化技术广泛应用，实现农业产业提质增效。如在油橄榄产业数字化应用上，依托海尔卡奥斯平台，建成汉王镇祥宇公司、佛堂沟油橄榄示范园、椒园坝基地、油橄榄研究所、锦屏村基地共5个"油橄榄数字农业示范基地"，示范基地核心区总面积约1.22万亩。上线的工业互联网可视化平台及"陇南油橄榄"小程序，实现生产智能化、管理数据化、经营网络化和服务在线化。实施阿里巴巴智慧农业项目，确定了陇南祥宇、陇南田园、陇锦园三家试点企业，建设农田气象站配套及监控设备、灌溉控制柜及配套设备各4套，开发订单农业、鲜果收购、数字果筐等系统，提升油橄榄种植服务和加工流通服务的数字化服务水平。在茶叶产业数字化应用上，依托市内3家茶叶生产加工企业，实施陇南市智慧绿茶试点项目，应用农业物联网、一物一码追溯和区块链等数字技术，建立"陇南绿茶"质量追溯体系，推进陇南市茶叶数字化管理系统、茶叶数字化购销价格信息发布平台建设、陇南绿茶区块链溯源平台及"5G互联网+"茶叶质量追溯体系建设，推动数字技术在茶叶产业中的应用。

（七）注重地理标志知识培训和企业用标引导

为了推动地理标志产业的可持续发展，陇南市注重加强人才培养和队伍建设。

一是积极开展专业人才培训工作。陇南市（县、区）市场监督管理局多次举办地理标志专用标志使用监管专题培训班，培训市（县、区）地理标志监管人员，以及全市地理标志专用标志使用企业负责人，从而提升相关人员对地理标志专用标志的运用和保护能力。同时，强化电商人才地理标志知识的培训。市（县、区）电商部门在组织的各类电商培训课程中，将农产品"三品一标"（即无公害农产品、绿色食品、有机农产品和地理标志农产品）相关知识的培训作为必选课程，进一步提升了电商从业人员对地理标志专用标志的推广普及和规范使用。

二是积极参加地理标志品牌推介相关活动。陇南市积极参加全国各类地理标志推介活动，2023年组织地理标志企业参加"第二届中外地理标志产品博览会""质量之光——中国质量管理与质量创新成果展""中国杨凌农业高新科技成果博览会"等活动，持续提升地理标志产品影响力和知名度。同时，2023年陇南市礼县市场监督管理局报送的"大数据推动礼县苹果产业高质量发展"案例，入选"全国数字化质量管理创新与实践"典型案例；武都区上报的"量稳质优，小花椒夯实武都县域经济发展根基"入选国家知识产权局第二批地理标志助力乡村振兴典型案例。

三是激发电商企业的用标热情。陇南市加大扶持激励力度，市委办、市政府办联合出台《陇南市知识产权保护奖励补助办法》，明确以地理标志产品为主的知识产权创造和转化等重要领域和事项的奖励补助标准。同时，市电商局产品管理科将"三品一标"工作的衔接推进，纳入对县（区）电商中心的考核指标，有意识地引导相关部门重视地标产品的申报和应用。如在陇南市举办的网货评选大赛过程中，对于具有"三品一标"的产品在大赛评选过程中给予加分，提高了企业申报和运用地理标志产品专用标志的积极性。

三 电商助力陇南市地理标志品牌发展的经验和启示

经过一系列创新实践，陇南市地理标志品牌在电商的助力下取得了显著成效，销售额实现了快速增长，品牌的知名度和美誉度得到了进一步提升。实践说明，电商对于推动地理标志品牌发展具有巨大潜力，应积极探索电商与地理标志产业的深度融合，创新营销模式，提升品牌影响力。

（一）电商平台的销售是重要渠道

电商平台与传统的实体店销售渠道相辅相成，为地理标志产品提供了一个新的销售方式。一方面，通过电商平台可以直接面向消费者销售，减少了中间环节，进一步提高了销售利润。另一方面，电商平台可以帮助地理标志产品扩大市场覆盖范围，将产品推广到更广泛的消费者群体中，通过宣传推广、在线营销等方式，提升品牌的销售额和市场占有率。

（二）互联网技术的应用是必要手段

地理标志产品往往蕴含着丰富的历史和文化内涵，具有独特的产地、品质和文化背景，充分运用微信、微博、短视频、小红书等新媒体手段，通过直播带货、短视频分享等方式，讲述动人的故事，吸引更多消费者关注和购买地理标志产品。此外，在各大电商平台上，在线商家广泛应用智能推荐系统来呈现吸引消费者的产品，通过精准的推荐促进产品销售并提升消费者的购物体验。因此，通过与消费者进行直接沟通，了解消费者的需求，进行个性化推荐和精准营销，可以吸引更多消费者的关注和购买。

（三）品牌形象的树立是重要环节

具有独特性和吸引力的地理标志产品的品牌形象，能够有效提高产品的市场竞争力。因此，要做好地理标志产品的形象维护，通过为地理标志产品建立规范的品牌名称、标识、文化、传播标准，让消费者更容易地了解和区分不同的地理标志产品。要挖掘地理标志产品的文化内涵，进行长期投入和持续维护，保持消费者对品牌的信任；要在地理标志产品的销售环节，建立积极和值得信赖的品牌形象，提升消费者的忠诚度；要在售后服务环节，对产品的服务态度、服务效率、产品质量、营销宣传等进行持续优化和改进，进而让消费者可以放心地购买地理标志产品，从而提升产品的价值，提高产品的市场占有率，形成良好的市场口碑。

（四）优质网货的开发是必要基础

随着互联网的普及和电子商务的快速发展，消费者对商品品质和体验的要求越来越高。优质网货能够满足消费者的需求，提高消费者满意度，增加电商平台的用户黏性，从而促进电商的持续发展。因此，地理标志产品网货的开发，需要从产品开发、品牌故事、消费体验、消费场景、包装设计、产品规格、供应链优化、社交媒体推广和销售渠道等多个方面进行全面而细致的考虑和规划。只有不断提升产品的品质和市场竞争力，才能使其在地理标志产品市场中脱颖而出，成为消费者喜爱的网红产品。

（五）营销、促销活动的开展是关键环节

陇南市地理标志品牌的发展，离不开各类营销促销活动的助力。首先，营销促销活动可以吸引消费者的注意力，通过优质软文和视频等可以让更多的消费者了解和认识地标产品，提高对产品的认可度。其次，营销促销活动可以刺激消费者的购买欲望，通过各种促销手段，如满减、打折、赠品等，刺激消费者的购买欲望，提高购买概率。最后，营销促销活动还可以促进口

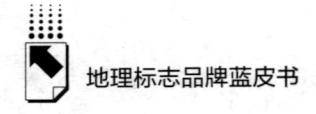

碑传播，如果消费者对地理标志产品的评价是积极的，他们会向亲朋好友推荐这些产品，进一步扩大品牌市场份额和提高满意度。

四 电子商务助力地理标志品牌发展对策建议

发展地理标志对做好"土特产"文章、推进乡村产业振兴具有重要意义。基于陇南市地理标志创新实践和经验，就电子商务助力地理标志品牌发展提出以下对策建议。

（一）积极开展电商

地理标志产品与电子商务具有天然的契合性，应该积极通过电子商务平台进行销售。一是通过入驻淘宝、京东等传统电商平台，以及拼多多、抖音、快手、小红书等新兴电商平台，也可以建立自己的电商平台，直接面向消费者销售产品，减少中间环节，提高销售效率和利润。二是可以通过加强与电商销售型企业的合作，以供货商的方式为多平台、多企业供货，以优质的地理标志产品和具有竞争力的价格做好供应链条。三是持续技术创新。地理标志品牌可以利用电子商务平台提供的大数据分析功能，了解消费者的购买习惯和需求，制定更加精准的营销策略；也可以通过科技手段，如大数据、区块链、智慧农业等，实现对地理标志产品的全链条跟踪，确保其质量和品牌的权威性，避免地理标志产品被假冒。

（二）注重宣传推广

地理标志产品因其独特的历史文化和产地背景，具有很高的营销推广价值。一是要注重地理标志产品文化的宣传营销。一方面，通过与电视、广播、报纸、杂志等传统媒体以及微信推文、短视频、微博、小红书等社交媒体相结合的方式，向消费者传递地理标志产品的独特价值和文化的差异性。另一方面，引导消费者分享自己的购买体验和使用感受，通过文化认同和情感共鸣，最终以口碑传播的方式，扩大产品的曝光度和影响力。二是开展营销活动。一方面，通过举办各种活动，如品鉴会、文化节、旅游活动等，提高消费者的兴趣和参与度，增加消费者对地理标志产品的了解和信任；另一方面，积极参加地理标志相关的案例征集、网货评选大赛、PK赛等活动，提高产品的曝光率。三是适时开展促销活动。通过制定合适的策略、选择合适的折扣方式、确定合适的促销时间、做好宣传工作、提供优质服务以及收集反馈意见等工作，确保促销活动的成功和有效。同时，可以尝试通过建立地理标志产品的会员制度，为消费者提供产品折扣、定制服务、优先购买权等福利，从而提高消费者对产品的忠诚度和黏性。

（三）深化品牌合作

地理标志产品可以与其他品牌在多个领域展开合作，以实现资源共享、优势互补。一是与其他品牌联合进行推广，共同开发新产品和市场，共同提高品牌知名度和市场占有率。比如陇南的祥宇橄榄油、金徽酒等产品与中国石油昆仑好客品牌合作，进行产品定制，吸引很多消费者关注和购买，值得很多地理标志产品学习和借鉴。二是在产业链上展开合作，通过共同打造全产业链模式，提高产品的附加值和市场竞争力。例如，将地理标志产品与旅游相结合，与非遗产品、中华老字号的打造相结合，开展旅游营销、文化营销。目前，很多陇南的民宿酒店、旅游景点、农家乐等都设立了地理标志产品专卖店或展示中心。三是与其他品牌在技术研发方面展开合作，共同推动产品创新和品质提升。可以与餐饮企业、食品加工企业、电商企业等合作，共同开发具有地方特色的美食和食品，提高产品的附加值和市场竞争力。目前，陇南涌现出一批由电商企业与生产商家合作的产品，橄榄油锅巴、花椒兔丁、武都崖蜜柠檬水、黄芪养生茶等都在这方面进行了探索，并取得了良好的市场反馈。

（四）开展国际合作

一是通过加强与国际组织、相关国家的合作与交流，学习借鉴先进经验和技术，提升地理标志品牌在国际市场的竞争力。二是通过参加国际展览、论坛等活动，与国际组织或相关机构合作，推广地理标志产品。比如，在第五届雅典娜国际橄榄油大赛上，武都橄榄油获得国际油橄榄理事会（IOC）马里奥·索利纳斯质量一等奖，获评"最佳橄榄油"称号。三是扩大产品的出口和对外贸易。利用阿里巴巴国际站、亚马逊、虾皮等国际平台，开展跨境电商业务，推动经济发展和乡村振兴。2023年陇南礼县苹果、成县核桃等产品跨境电商销售均突破1000万元，成县核桃产品在俄罗斯、吉尔吉斯斯坦设立了海外仓，使得陇南地理标志产品走向海外，取得了里程碑式的突破。

（五）优化产品和服务

地理标志品牌要通过提供优质的产品和服务赢得消费者的信任和口碑。一是精细化的产品开发。针对目标消费群体，开发符合市场需求的地理标志产品。如陇南核桃产业发展，从开始的核桃干、核桃仁，到后续出现了枣夹核桃、核桃奶茶、核桃露，再到核桃酱、核桃保健油、核桃能量固体饮料等，通过对地理标志产品进行改良和创新，推出新口味、新包装、新搭配等，吸引更多消费者关注和购买。二是符合现代理念的包装设计。一方面在设计上要注重简约、时尚、绿色、环保、实惠等。独特的设计元素和创意，蕴含文化内涵的地理标志产品包装设计，才能提高产品的辨识度和品牌价值，在众多竞争者中脱颖而出。另一方面，要挖掘产品的历史、传承、制作工艺等元素，为消费者呈现一个生动、有趣、具有吸引力的品牌故事。三是提供优质的服务。这既包括及时的发货速度、高效的售后服务、良好的服务态度、专业的知识讲解，也包括为消费者提供详尽的产品信息，更包括对地理标志产品质量和安全的监管。

（六）加强相关部门的合作

地理标志产品的保护和发展涉及多个部门，需要强化部门合作。一是建立地理标志产品保护机制。一方面，通过立法或政策制定，设定地理标志产品的保护标准和规则，保护地理标志产品不受侵权行为的影响，确保其利益。另一方面，相关部门可以通过设立专门的管理机构，成立区域性的地理标志产品领导小组，强化对地理标志产品的保护。二是建立跨部门合作平台。发挥地方政府与生产企业等多方的协同作用，设立专门的机构或团队，集结市场监管、农业、商务、电商、科技、宣传等部门力量，通过产业协会或者行业联盟，共同研究和推动地理标志产品的保护和开发。三是持续加大地理标志品牌扶持力度。调动政府、市场和生产者的积极性，从生产、使用、推广等多个环节给予持续扶持，通过"扶上马、送一程"的方式，聚焦地理标志产品数据系统建设、品质安全、产品研发、品牌推广、市场营销等重点领域，加强政策倾斜和经费支持，通过政策的延续来扶持地理标志产品和品牌的茁壮成长。

参考文献

［1］《陇南市强化"六措施" 擦亮地理标志"金名片"》，https：//mp.weixin.qq.com/s/dtDzs7MhN62WHycA1A20wQ，陇南市市场监管局微信公众号，2023年7月4日。

［2］《陇南市做足"土特产"文章 全力推动乡村产业全链条升级》，https：//mp.weixin.qq.com/s/nCXatTbQdoA1Wba3UT1d-Q，陇南政策研究微信公众号，2023年10月13日。

［3］《凝聚"新"力量，激发"新"动能——陇南市农村新产业新业态发展情况调研报告》，https：//mp.weixin.qq.com/s/C6HC4Knf8xV2iBJeuS2rgw，国统陇南调查微信公众号，2023年10月17日。

［4］《陇南市多举措推进知识产权运用转化见实效》，https：//mp.weixin.qq.com/s/hqc-Fwbkss7CIcZqITBeHQ，陇南市市场监管局微信公众号，2023年11月6日。

［5］《莱斯，陇南！！！》，https：//mp.weixin.qq.com/s/twmEHw0DyL4GCWkGGgrd1g，陇南发布微信公众号，2023年10月15日。

B.7
地理标志助力特色产业发展报告
——以湖南省桑植县为例

宋结焱[*]

摘　要： 湖南省桑植县曾经是国家级贫困县，但其具有良好的自然生态环境，特色农产品众多。在国家知识产权局的帮扶指导下，桑植县基于当地的特色资源优势，积极挖掘培育地理标志品牌，截至2022年，拥有7个地理标志产品和商标，地理标志成为带动地方特色经济发展的重要引擎和加速器。桑植县逐步探索出以产业扶贫为核心，以地理标志品牌培育为着力点，打造"质量高、发展快、模式好"的地理标志产品，助力群众脱贫增收、产业优化升级的知识产权精准扶贫的新路径。本报告在全面分析桑植县产业发展基础和地理标志品牌发展概况的基础上，梳理总结桑植县地理标志品牌建设的典型创新实践，并进一步提炼分析桑植县通过地理标志品牌培育建设助力群众增收、特色产业发展的经验启示。通过对桑植县地理标志发展创新实践的研究发现，地理标志能够有效发挥贫困地区的特色资源优势，实现地理标志与特色产业发展、生态文明建设、历史文化传承和乡村振兴有机融合。

关键词： 地理标志品牌　地理标志产品　特色产业　桑植县

湖南省桑植县具有良好的自然生态环境，资源丰富，但由于其地处偏

---

[*] 宋结焱，兰州交通大学经济管理学院副教授，甘肃省知识产权专家库专家，主要研究领域为国际贸易、农产品电商。

远，交通不便，当地特色产品销路不畅，产业规模和知名度都不高，曾经是国家级贫困县。2015年以来，在国家知识产权局的帮扶带动下，桑植县充分利用当地的资源优势，以地理标志品牌培育促进特色产业发展，按照"用好一件地理标志，打造一个品牌，发展一个产业，造福一方百姓"的发展思路，打造了知识产权精准扶贫的世界样本，为地理标志助力乡村振兴提供了有益借鉴。

一 桑植县产业发展基础及地理标志品牌发展概况

（一）桑植县产业发展基础

桑植县位于湖南省西北部，历史悠久，是贺龙元帅的故乡、红二方面军长征出发地，隶属张家界市。全县总面积3474平方公里，境内风景秀美，自然资源丰富，拥有中国首批、湖南省首个国家级自然保护区八大公山原始森林，山地面积23.87万公顷，森林覆盖面积12.24万公顷，森林覆盖率达72%，盛产茶叶、粽叶、烟叶、油料、中药材等。全县总人口45万人，拥有28个民族，其中以土家族、白族、苗族为主的少数民族占总人口的92.6%。2022年生产总值为112亿元，同比增长4.49%，三次产业构成比为16.1∶14.5∶69.4，人均生产总值为30038元，城乡居民人均可支配收入为15580元，同比增长5.5%。近年来，桑植县保持较快的发展速度和良好的发展机遇，但也面临着基础薄弱、第一产业占比高、自主创新能力不足、财政收支缺口较大等困难。

（二）桑植县地理标志品牌发展概况

在国家知识产权局的帮扶下，2015年以来桑植县不断挖掘本地特色产品优势，培育地理标志品牌，发展特色产业，截至2022年，拥有桑植白茶、桑植蜂蜜、桑植魔芋、张家界大鲵、桑植粽叶、桑植茶油6件国家地理标志证明商标，以及桑植萝卜、张家界大鲵2件地理标志产品，地理标志拥有量居张家界市第一。桑植蜂蜜、张家界大鲵获批2019年地理标志运用促进工程项目，桑植白茶、桑植蜂蜜、张家界大鲵获批2021年国家知识产权局第一批地理标志运用促进重点联系指导名录，桑植县获批入选2023年国家地理标志产品保护示范区筹建名单。

目前，桑植县坚持"质量兴农""品牌富农"战略，推行"两品一标"认证，加大对地理标志品牌的培育和保护力度，支持企业申报地理标志产品保护和商标，形成品牌整合效益，加快建成以"源来桑植"区域公共品牌为主体、"桑植白茶""桑植蜂蜜""桑植萝卜"等地理标志品牌为龙头的农产品品牌体系（见表1）。

表1 桑植县地理标志品牌发展概况

单位：个

序号	地理标志名称	地理标志类型	批准年份	申请人	地理标志专用标志市场主体数量
1	张家界大鲵	地理标志产品证明商标	2010 2013	—	2
2	桑植萝卜	地理标志产品	2014	—	—
3	桑植魔芋	证明商标	2015	张家界市魔芋科学技术研究所	—
4	桑植蜂蜜	证明商标	2018	桑植县蜜蜂产业协会	5
5	桑植白茶	证明商标	2019	桑植县茶业协会	15
6	桑植粽叶	证明商标	2021	桑植县粽叶协会	—
7	桑植茶油	证明商标	2022	桑植县特色农产品研发中心	—

资料来源：国家知识产权局地理标志查询系统。"—"为数据不详。

二 桑植县地理标志品牌发展创新实践

桑植县地理标志产品2022年实现销售收入达13亿元，其中，"桑植白茶"和"桑植粽叶"年产值分别为5.8亿元和2.8亿元，已经成为桑植人民致富的重要支柱产业，地理标志品牌与"公司+基地+农户"的模式深度融合，通过土地流转、资金入股、收益分红、参与劳务等多种利益连接机制，形成了以高质量特色农产品带动农户稳步增收、产业快速发展的新模式。

（一）桑植白茶地理标志品牌培育及产业发展实践

桑植县位于北纬30°黄金产茶带，平均海拔800米、漫射光充足、昼夜温差大，是茶叶生长的绝佳环境，白茶在当地种植历史悠久。但2012年之前桑植县的茶园面积不足2万亩，茶叶没有名气，销售量低，企业不赚钱，农民积极性也不高。近年来，桑植县以精准扶贫为抓手，以市场为导向，依托优异的自然生态资源和旅游资源优势，按照优质、安全、标准、品牌的要求，建设优质高山良种茶园，培育龙头企业，打造"桑植白茶"地理标志品牌，结合白族文化和红色文化，丰富品牌内涵，促进"桑植白茶"产业的可持续发展。

1. 强化品质特色、筑牢品牌发展基础

白茶是中国六大茶类之一，属微发酵茶，因成茶外表满披白毫呈白色而得名。桑植白茶在传统白茶加工工艺的基础上，进行六大茶类的工艺融合与创新，融入"晒青、晾青、摇青、提香、压制"工艺，创新优化"养叶、走水、增香"工艺参数，不经过杀青、揉捻工序，形成桑植白茶独特的加工技术规程，所制白茶产品香气高锐、滋味醇厚。桑植白茶包括西莲1号、碧香早、槠叶齐、黄金茶等品种。

为强化桑植白茶的品质特色，提升标准化种植和加工水平，2021年桑植县茶业协会联合湖南省茶叶研究所、桑植县农业农村局，制定湖南省地方标准《桑植白茶栽培技术规程》，从园地选址、规划和开垦、茶树品种和种苗、茶树定植、田间管理、鲜叶采摘、生产档案管理六个方面加强桑植白茶栽培技术的标准化和规范化。同时结合白族文化特色，按照"风花雪月"系列制定桑植白茶分级新标准：月系列原料以芽头为主，雪系列原料以一芽一叶为主，花系列原料以一芽二叶为主，风系列原料以一芽三四叶为主。

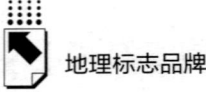

2023年，桑植县茶业协会联合湖南省茶叶研究所、桑植县农业农村局及8家茶企共同起草《桑植白茶加工技术规程》，对桑植白茶的加工环境、鲜叶采摘、加工器具、加工技术、检测检验和档案管理等生产过程加强标准化规范化管理。这些标准的建设有效促进了桑植白茶产业提质升级，为品牌培育和建设筑牢了发展基础。

2.创新产业发展模式、发挥品牌带动效应

桑植县通过保护和运用"桑植白茶"地理标志品牌，壮大茶叶产业，形成"地理标志品牌+龙头企业+专业合作社+贫困户"等多种产业发展模式，带动贫困户脱贫增收，构建了产业扶贫的长效机制。在洪家关白族乡，龙头企业张家界万宝山茶业自有茶园基地1800多亩，与260多户农户签约基地，间接带动周边地区428户农户从事有机茶种植及相关产业，协助洪家关白族乡政府精准扶贫1342人，企业获全国"合作社+农户"旅游扶贫示范企业、湖南省产业扶贫"千企帮千村"突出贡献企业等荣誉。在人潮溪镇，龙头企业张家界西莲茶业有限责任公司带动当地发展茶园面积近2万亩，村民除打理自家茶园外，还可以到茶企打工，茶叶成为村民主要的收入来源。

2017年，桑植县与湖南省茶叶龙头企业湘丰茶业集团有限公司达成桑植白茶战略合作，由湘丰茶业集团有限公司控股，牵头组织张家界境内茶企、旅游企业及桑植县经济建设投资公司，注册了湖南湘丰桑植白茶有限公司，进行"桑植白茶"的产品研发、销售渠道开拓和品牌推广，实行"统一包装，统一标准，统一价格，统一核算"，着力打造"桑植白茶"品牌，壮大桑植白茶产业。该公司成立后，进行了一系列产业发展和带贫益贫的创新举措：一是指导当地茶企将原来闲置的夏秋季鲜叶按"桑植白茶"的新工艺标准加工成白毛茶，将每年生产期从70天延长至210天；二是订单收购沙塔坪乡5000亩茶园鲜叶、桑植全县白毛茶，盘活毛茶加工企业，带动茶农增收60%；三是着力打造"桑植白茶"地理标志品牌，重点开拓张家界旅游市场。该公司现为湖南省农业产业化龙头企业、湖南省脱贫攻坚先进集体、湖南茶业精准扶贫十佳企业、省委省政府"五彩湘茶"重点支持企业。

桑植县现有茶园7.9万亩,覆盖16个乡镇102个村。有加工主体46家,市级以上龙头企业12家,规模以上企业6家,专业合作社95家,家庭农场22家,种植大户55家,形成了以"桑植白茶"地理标志品牌为主体,包括"西莲云雾""万宝山""帅湘红"等多个企业商标品牌的桑植白茶品牌体系。全县茶产业从业人员7.45万人,其中脱贫户9200户计3.5万人,占全县脱贫人口的33%。

3. 农、文、旅融合、拓展品牌文化内涵

桑植白茶种植可以追溯到700多年前,白族迁徙到当地,开始种茶树,守其古训,遵其古法,制成白茶自饮或是招待客人。白族三道茶,寓意"一苦,二甜,三回味"的人生哲理,已成为白族民间婚庆、节日和待客的茶礼。创新的桑植白茶按照"风花雪月"制定分级新标准,将白族文化精髓刻写其中。根据桑植白茶古法制茶技艺第19代传人张碧达的阐释,"白族少女头饰上,垂下的穗子代表下关的风,艳丽的花饰是上关的花,帽顶的洁白是苍山雪,弯弯的造型是洱海月"。[1]

在充分挖掘白茶历史文化内涵的同时,桑植县积极推进以茶促旅,以旅促茶,丰富乡村经济业态,拓展农民增收空间。结合当地红色旅游、茶文化优势、民俗特色和生态优势,依托张家界国际旅游市场优势,打造桑植茶旅融合线路,包括茶文化之旅线路、茶生态之旅线路、茶红色之旅线路、茶民俗之旅线路及茶观光之旅线路。茶文化与旅游业相互融合,共同发展,不仅实现茶农增收致富,还带动旅游、宾馆、民宿、餐饮等相关产业从业人员就业及增收。预计到2035年,桑植白茶产业综合产值达100亿元,其中,茶旅产值达25亿元。

(二)桑植粽叶地理标志品牌培育及产业发展实践

桑植县地处武陵山脉腹地,森林覆盖率高,气候湿润,十分适合粽叶生

---

[1] 张笛:《一"叶"演绎大山"风花雪月"——"精准扶贫区域公共品牌"桑植白茶》,新湖南,https://m.voc.com.cn/xhn/news/202008/15116995.html,2020年8月29日。

长,境内拥有27万亩天然粽叶,大多生长在海拔800米以上的高寒山区。桑植粽叶叶片薄、柔性好、香气浓郁,具有得天独厚的发展优势。

1. 政策支持引领产业发展

2019年,桑植县成立了以发展粽叶、油茶为主的林下经济产业办,与湖南省林业科学院签署为期3年的《桑植县粽叶产业高质量发展合作协议》,就种苗繁育、栽培技术管理、精深加工研发等方面进行深度合作、现场指导,提升桑植粽叶品质。桑植县制定出台了《桑植县粽叶产业化高质量发展规划(2020—2030年)》《桑植县关于发展粽叶产业的实施方案》,提出了"一苗三基地""一园三平台"发展思路,从资金、政策、基础设施等方面全力扶持当地粽叶企业发展,大力发展粽叶产业。"一苗三基地"即培育全国粽叶最好的核心种苗,建好500亩粽叶种苗繁育科研基地,全县发展10万亩粽叶示范基地,管理复耕好26万亩野生粽叶基地。"一园三平台"即建立一个全国最大粽叶产业园,全国最大的粽叶加工销售平台,全国领头的粽叶精深加工研发平台,全国一流的粽叶冷链物流储藏平台①。资金支持方面,从2020年起,桑植县连续三年发布粽叶产业发展的文件,2020年投入386万元、2021年投入990万元、2022年投入250万元扶持粽叶产业发展。其中,人工栽培粽叶每亩补助1000元;在野生粽叶产区,先后投入450万元资金修建粽叶采摘道;2021年投入资金400万元,委托桑植县老区发展投资公司研发粽叶分拣、加工自动化新技术。

2. 龙头企业带动品牌发展

桑植县积极推进"公司+合作社+农户"的模式发展壮大粽叶产业,通过风险共担、利益共享的方式,带动当地农户种植粽叶。公司与农户签订保护价收购协议,并免费提供种苗、肥料、技术培训,鼓励农户自主发展粽叶种植,保证农户种植的粽叶有品质、有销路。龙头企业张家界康华实业股份

---

① 《桑植县政府工作报告(2021年)》,桑植县人民政府网站,http://www.sangzhi.gov.cn/c2398/20220902/i696792.html,2021年11月1日。

有限公司（以下简称"康华公司"）是一家集粽叶开发、收购、加工、销售、出口、种苗繁育于一体的外向型民营企业。通过"公司+基地+专业合作社+农户"产业化经营模式，康华公司提供种苗和技术指导，同时对粽叶实施保护价回购，引导农民从事粽叶种植。康华公司拥有资产总额12149万元，已具备年收购、加工、销售冷鲜粽叶10亿片、干粽叶5000吨的生产能力，产品大多销往国内大型食品加工厂，部分还出口到日本和韩国，产品供不应求。

目前，桑植县拥有康华、金桥、启文等多家企业从事粽叶开发、加工及销售，年销售冷冻粽叶1.4万余吨，干粽叶4000余吨，全县建立了15个原料供应基地，18个乡镇168个村庄成为粽叶乡镇、粽叶专业村，形成了上游生产优质原料、下游加工销售，产业链紧密连接的特色优势产业。2020年"康华粽叶"被认定为中国驰名商标；2021年"桑植粽叶"获得地理标志证明商标；2022年3月，桑植县被中国林学会评选认定为"中国粽叶之乡"。

3. 文化内涵拓展品牌价值

桑植县充分发挥生态旅游资源效应，依托丰富的粽叶景观资源，结合红色旅游、民俗旅游、生态旅游，打造高山粽叶景观、红色旅游氧吧体验，丰富旅游线路和旅游特色。2018年，桑植县成功举办了第十四届中国粽子文化节，开展包粽子、吃粽子、选粽叶比赛，举办《粽叶情》《粽叶秀》等节目，集中展现了桑植粽叶民俗文化精髓，为打造桑植粽叶产业文化品牌奠定了坚实基础。

桑植县现有野生粽叶资源27万亩，人工栽培2万多亩。冷冻粽叶和干粽叶的销售量分别占全国同品类市场的70%和20%，产品出口16个国家和地区。2019~2022年，桑植粽叶产值从1.8亿元上升到3亿元。粽叶产业已辐射带动全县2.3万农户4万农民采摘粽叶，帮助1.2万脱贫人口持续稳定增收，年人均增收5000元以上，全县23个乡镇中，粽叶乡镇达到18个，近50%的村为粽叶专业村。

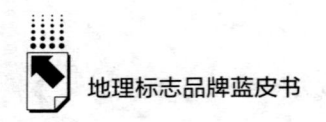

（三）桑植蜂蜜地理标志品牌培育及产业发展实践

桑植县是我国蜂蜜主产区之一，蜜蜂养殖由来已久。境内森林覆盖率高，有8500多种植物，蜜源植物种类丰富，包括油菜、五倍子、刺槐、黄檗、乌桕、木瓜、黄连、荆条、铃木、野山花等，分别为春、夏、秋、冬四季的主要蜜源，有1700余种药用蜜源植物可供开发利用，养蜂产业发展空间广阔。但不足之处是多数蜂农以传统养殖为主，自然放养、粗放经营，养蜂产业规模有限。

为了把桑植蜂蜜产业做大做强，桑植县2016年11月成立了蜜蜂产业协会，通过多项举措引领养蜂产业走上标准化、集约化的发展道路。一是坚持运用地理标志的管理规则和生产标准提升养蜂产业，加大培训力度，培养专业养蜂技术人才，实现了乡乡有养蜂专干、村村有养蜂技术指导员，并先后培训2.1万人次养蜂户，培训贫困户1.8万人次，发放养蜂培训技术资料5万余份；二是积极联系湖南省食品质量检验检测研究院，并与该院签订《桑植蜂蜜委托检验协议书》，定期对桑植蜂蜜产品进行检测；三是组织编写《桑植县"桑植蜂蜜"地理标志证明商标管理办法》《桑植县蜜蜂生产管理办法》，规范蜂蜜生产工艺，桑植县蜜蜂产业协会以文件形式上报主管部门县农业农村局，同时下发到协会养蜂群，要求广大蜂农遵照执行。

2018年8月，经过2年多的努力，"桑植蜂蜜"地理标志证明商标通过核准注册，"桑植蜂蜜"正式成为地理标志产品，桑植蜜蜂产业获得了新的发展机遇。截至2020年，桑植县23个乡镇拥有蜜蜂养殖户9000多户，参与的合作社、农业企业及大户有280多家，全年蜜蜂保有量从2015年不到5万箱发展到9万箱，蜂蜜产量达1000多吨，产值1.5亿元左右。①

2022年4月，桑植县蜜蜂产业协会起草的团体标准T/CAI 166—2022《地理标志产品 桑植蜂蜜》正式发布，该标准对桑植蜂蜜的保护范围、自然环境、生产技术要求、质量要求、试验方法、检验规则、地理标志专用标志

---

① 尹明：《致富"蜜方"》，《张家界日报》2021年6月2日，第3版。

使用等做出了规范性规定。标准的出台将进一步推动桑植蜂蜜地理标志品牌保护和建设，促进蜂蜜产业发展标准化、规模化。

三 桑植县地理标志品牌发展的经验及启示

从地理标志分布来看，脱贫地区地理标志的资源优势更加明显，在目前832个脱贫县中，超过六成的地区都拥有地理标志。桑植县地理标志助力产业扶贫的实践充分证明，地理标志能够有效发挥贫困地区的特色资源优势，实现地理标志与特色产业发展、生态文明建设、历史文化传承和乡村振兴有机融合，通过地理标志壮大产业发展，促进农业高质高效，增强脱贫地区造血功能和可持续发展能力。

（一）因地制宜、突出特色

桑植县充分挖掘地域自然资源优势，突出茶叶、粽叶、蜂蜜、大鲵、中药材等特色产业，坚持以市场为导向，围绕"龙头企业+品牌+农户"的模式，发展优势农业、打造农业基地、培育龙头企业、创建农业品牌。推进生态农业和特色农业示范区建设，支持龙头企业扩大生产经营规模，增强辐射带动能力。桑植县坚持"旅游融合、产业振兴、绿色发展"发展路径，加快"生态文明建设示范区、红色旅游引领样板区、革命老区振兴快进区"三大建设目标，发挥"国家生态保护与建设示范区""全国绿化模范县""全国林下经济示范区"三大平台带动效应，积极培育生态农业和林业经济，实现了生态效益与经济效益可持续发展，把"绿水青山"变成"金山银山"。

（二）标准引领、提升质量

地理标志品牌价值需要基于产品质量标准的控制，只有建立地理标志的质量特色，才能实现通过"培育一个品牌、做强一个产业、造福一方百姓"，实现产业的可持续发展和群众的稳定增收。桑植县在培育地理标志品牌的同时，注重标准建设，与当地技术专家合作，先后发布了《桑植白茶栽培技术规程》《桑植白茶加工技术规程》《地理标志产品 桑植蜂蜜》等生产标准，加快推进地理标志产品种植养殖、生产加工、经营管理等领域的标准制定，以保障地理标志产品的质量和品质。

（三）融合发展、多路带贫

桑植县推动地理标志产业实现跨界融合发展，促进地理标志与旅游、文创等关联产业相融互促，与互联网、电子商务等领域跨界融合，积极开发高附加值产品和周边产品。桑植县组织70多家农业产业化龙头企业、县级特色企业及422家各类经营主体与124个贫困村7.3万贫困人口建立了稳定的利益联结机制。通过土地流转、资金入股、收益分红、参与劳务等多种形式，建立龙头企业、专业合作社、家庭农场、能人大户等与贫困群众的利益联结机制，形成"地理标志品牌+公司+基地+农户"深度融合的新的发展模式。品牌知名度带动了产业的规模化发展，进而带动农户的稳定增收。

（四）品牌集聚、产业强链

桑植县注重打造农业特色集群品牌，在不断加强地理标志品牌和企业品牌的培育和建设的同时，2020年由桑植县电子商务协会申请注册区域公共品牌"源来桑植"。区域公共品牌建设是将桑植特色产品品牌资源进行有效整合，使特色产品从多而散、小而弱向简而精、大而强转变，依托电子商务销售，带动特色产品系列化、标准化和规范化，实现农业纵深发展的重要举措。区域公共品牌建设为当地经济发展和特色产业发展注入了新的动力，也切切实实为革命老区的百姓带来了实惠。未来，桑植县将以"源来桑植"区域公共品牌为契机，推进桑植县现代农业发展及农业电商纵深发展，坚持运营好一个平台、整合好一个中心、打造好一个品牌，着力把桑植县生态资源优势转变为产业优势，共同开拓致富之路。

专题篇

B.8 地理标志商标价值与质押融资创新

潘丽如 徐婧[*]

摘　要： 地理标志商标作为知识产权客体之一，满足权利的设质资格。利用地理标志商标进行农村信贷质押融资，能够有效缓解农业经营主体缺乏不动产担保的融资难题，对农业提质增效和乡村振兴有重要的现实意义。本报告首先分析地理标志质押融资的可行性与必要性，其次梳理全国已实施的28个地理标志商标质押融资项目并对其融资模式进行总结，最后对如何借鉴推广地理标志质押融资的经验提出对策建议。分析发现，我国地理标志质押融资创新初见成效，但也存在法律法规待完善、评估体系待健全等制度问题，及商标价值易受损、不良贷款风险大、区域分布不均匀等实践难点。据此，本报告提出加强融资试点推广、完善价值评估体系、优化法律管理体系、建立风险补偿机制、增强金融赋能力度等政策建议。

---

[*] 潘丽如，西北师范大学经济学院硕士研究生，主要研究领域为农村金融；徐婧，西北师范大学经济学院教授、西北师范大学中华地标产业研究中心专家库成员，主要研究领域为国际贸易、区域经济与产业发展。

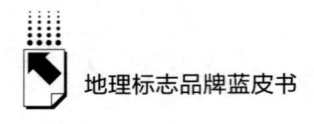

关键词： 地理标志商标　质押融资　价值评估

党的二十大报告提出，健全农村金融服务体系。目前，我国农户和农业经营主体面临的融资难问题的主要原因之一是缺乏抵质押物。地理标志是农业领域重要的知识产权，承载着特定区域的公共利益，是农村地区实现特色产业和区域经济可持续发展的重要资源。地理标志商标质押融资自 2020 年起在一些地区创新实践以来，至今有所成效但进展较缓慢，我们有必要进一步探索地理标志质押融资模式的可行性和必要性，充分发挥其经济价值，促进银行、企业、农户三方共赢，为农业经营主体和农户融资难问题提供新的解决方案。

一　地理标志质押融资概述

（一）理论基础

1. 地理标志质押融资的概念界定

根据《中华人民共和国民法典》，地理标志是知识产权的客体之一。知识产权质押融资是知识产权权利人将其合法拥有的且目前仍有效的专利权、注册商标权、著作权等知识产权出质，从银行等金融机构取得资金，并按期偿还资金本息的一种融资方式。现有的地理标志质押融资大都是以地理标志商标权为标的物的知识产权质押贷款。

2. 地理标志商标质押融资的可行性

权利质权，是指将可以转让的、具有经济价值的非人身权利作为标的物的质权。[①] 从目前的法律规定和司法实践来看，一项权利的设质资格主要从以下三个要素判断：一是权利具备合法性；二是权利具备财产性；三是权利

---

① 王利明：《物权法论》，中国政法大学出版社，1998，第 759 页。

具有可让与性。

地理标志商标权质押融资具有合法性。全国人大常务委员会在2001年修订《中华人民共和国商标法》时首次将地理标志正式纳入我国商标法保护体系。2002年8月,国务院发布《中华人民共和国商标法实施条例》,其中第六条规定地理标志可以作为证明商标或者集体商标申请注册。《中华人民共和国民法典》第四百四十条规定了债务人可以以可转让的注册商标专用权中的财产权向债权人出质。故地理标志注册组织可依法将该商标作为标的,为债务人或第三人提供担保,以确保债权人的权利能够实现。因此,地理标志商标质押符合《中华人民共和国民法典》关于动产质押的合法性规定。

地理标志商标权具有财产属性。首先,获准使用的地理标志商标本身就具有潜在的法律担保价值属性,加上地理标志产品自身的质量、特征、知名度等,可以让商标使用者获得品牌溢价带来的长期超额利润。其次,地理标志商标是一项集体共有的无形资产,受商标法的保护,其所有者可以按照一定的程序,将其资本化、价值化,并将这些地理标志商标资产作为融资工具进行贷款融资。[①] 最后,地理标志商标的自身价值有助于促进地理标志产业与其他行业结合,形成规模产业链,进而更大程度地发挥经济效益。因此,地理标志商标权的财产性显而易见。

地理标志商标权具有可转让性。地理标志注册成为集体商标、证明商标后,根据《集体商标、证明商标注册和管理办法》第十六条第二款规定:"集体商标、证明商标发生转移的,权利继受人应当具备相应的主体资格,并符合商标法、实施条例和本办法的规定。"因此,地理标志可以向具备资格的权利受让人依法进行转让。

综上所述,地理标志商标权满足权利的设质资格,故地理标志商标可以作为标的物进行质押融资。

3. 地理标志质押融资的必要性

在知识产权强国战略的指引下,中国银保监会联合多部门积极探索,将

---

① 赵尔良:《地理标志商标的商业价值及其侵权认定标准研究》,《中国商论》2023年第7期,第124页。

地理标志证明商标权质押融资作为知识产权创新工作的重要内容。金融支持地理标志产业发展能够促进银行、企业、农户三方共赢，为农业企业和农户融资难问题提供新的解决方式。但我国知识产权融资尚处起步阶段，加上还没有系统的立法规定，导致市场对这一新型质押方式仍持谨慎态度，地理标志商标质押融资在2020年才起步推广，至今虽有一定成效但进展缓慢。因此，积极推进地理标志质押融资制度，挖掘和释放地理标志证明商标经济价值具有重要的现实意义。

探索地理标志质押融资有助于推动金融机构产品创新。近两年，地理标志商标质押贷款业务逐渐进入实践阶段，但大多数使用地理标志的个体或团体因固定资产不足加上信用等级偏低等，缺乏足够的质押担保凭证，无法通过银行贷款获得所需的资金支持。金融机构作为促进全社会经济运行的连接件，有义务积极搭建有效平台客观评估地理标志，并根据其特点提供有利于产业发展的融资产品，以解决农业经营主体担保凭证不足的难题。金融机构有必要创新因"地"制宜的融资模式，并探索出"地理标志+其他"的新型地理标志金融产品。

探索地理标志质押融资有助于解决农业企业融资难题。与一般知识产权不同，地理标志的权属基本为研究所、农业协会等特殊法人，这些法人多不具有营利性质，也往往没有贷款需求，而拥有地理标志使用权的乡村中小微合作社或养殖户仍面临"融资难"问题。[1] 地理标志商标质押贷款的出现，能够为农业经营主体"融资难"问题提供新的解决路径。例如，2022年福建省知识产权局与中国银行福建省分行携手开展商标权质押融资助力重点行业纾困"知惠行"专项活动。活动中，泉州农村信用联社、闽清县农村信用联社、云霄县农村信用合作联社开展地理标志商标质押贷款，共实现综合授信15.004亿元[2]，有效缓解了地理标志产业发展的资金需求压力。因此，

---

[1] 唐兆涵：《探索创新抵质押融资业务赋能乡村特色产业发展》，《中国银行业》2023年第6期，第88页。

[2] 《〈福建省商标与地理标志发展报告（2022年度）〉发布》，国家知识产权局网站，https://www.cnipa.gov.cn/art/2023/4/24/art_57_184574.html，2023年4月24日。

地理标志质押融资将通过拓展质押物形式，激发农业企业的内生动力，推动地区特色产业发展。

（二）政策体系

在强化知识产权运用的新形势下，知识产权质押融资成为越来越多企业的重要融资方式。我国丰富的地理标志产品资源提供了地理标志等非传统知识产权基础，地理标志商标逐渐进入知识产权质押融资的客体范围。

1.知识产权质押融资政策

我国知识产权质押制度起步较晚，知识产权质押融资作为一种新兴融资方式，能有效解决中小企业融资难题。近年来，国务院及有关部委相继出台多项政策文件，通过建设顶层设计、强化政策措施、统筹推进知识产权质押融资配套服务体系（见表1）。

表1　知识产权质押融资相关政策文件

发布单位	文件名称	发布年份
国务院	《国家知识产权战略纲要》	2008
	《关于进一步促进中小企业发展的若干意见》	2009
	《关于加快发展高技术服务业的指导意见》	2011
	《关于加强战略性新兴产业知识产权工作的若干意见》	2012
	《关于新形势下加快知识产权强国建设的若干意见》	2015
	《关于印发"十三五"国家知识产权保护和运用规划的通知》	2016
	《关于印发"十四五"国家知识产权保护和运用规划的通知》	2021
	《关于印发〈专利转化运用专项行动方案（2023—2025年）〉的通知》	2023
国家知识产权局	《关于专利权质押合同登记工作的公告》	2006
	《全国专利事业发展战略（2011—2020年）》	2010
	《关于进一步推动知识产权金融服务工作的意见》	2015
	《关于报送知识产权质押融资及专利保险试点、示范的通知》	2016
	《关于修订印发〈国家知识产权试点、示范城市管理办法〉的通知》	2016
	《关于抓紧落实专利质押融资有关工作的通知》	2017
	《关于做好专利质押融资及专利保险试点示范工作总结的通知》	2019
	《关于大力促进知识产权运用支持打赢疫情防控阻击战的通知》	2020
	《关于促进和规范知识产权运营工作的通知》	2021

续表

发布单位	文件名称	发布年份
科学技术部	《关于发挥国家高新技术产业开发区作用促进经济平稳较快发展的若干意见》	2009
中国银保监会、中国人民银行	《关于推动动产和权利融资业务健康发展的指导意见》	2022
多部门联合发布	《建立和完善知识产权交易市场的指导意见》	2007
	《关于进一步加大对科技型中小企业信贷支持的指导意见》	2009
	《关于加强知识产权质押融资与评估管理支持中小企业发展的通知》	2010
	《关于加快培育和发展知识产权服务业的指导意见》	2012
	《关于商业银行知识产权质押贷款业务的指导意见》	2013
	《关于大力推进体制机制创新扎实做好科技金融服务的意见》	2014
	《关于进一步加强知识产权质押融资工作的通知》	2019
	《关于印发〈知识产权质押融资入园惠企行动方案（2021—2023年）〉的通知》	2021

资料来源：作者根据历年政策文件整理。

2. 地理标志质押融资政策

2019年，中国银保监会、国家知识产权局、国家版权局联合发布的《关于进一步加强知识产权质押融资工作的通知》为促进银行保险机构加大对知识产权运用的支持力度，扩大知识产权质押融资发挥了重要的作用，并正式将地理标志纳入知识产权质押融资的工作当中。该通知从知识产权质押融资服务体系、质押融资服务创新、质押融资风险管理、质押融资保障工作四个方面进行了部署。具体措施包括：鼓励商业银行在风险可控的前提下，通过单列信贷计划、专项考核激励等方式支持知识产权质押融资业务发展；鼓励商业银行在知识产权打包融资以及地理标志、集成电路布图设计作为知识产权质押物的可行性等方面进行探索；规定商业银行知识产权质押融资不良率高出自身各项贷款不良率3个百分点（含）以内的，可不作为监管部门监管评级和银行内部考核评价的扣分因素等。

2021年3月，《国民经济和社会发展第十四个五年规划和2035年远景目标纲要》中提出，扩大农村资产抵押担保融资范围，鼓励金融机构发展知识产权质押融资。2021年7月，国家知识产权局组织开展地理标志助力乡村振兴行动，强调将地理标志助力乡村振兴作为地方相关立法和规划重要内容，鼓励金融机构研发适合地理标志产业发展特点的金融产品和融资模式。

二 地理标志商标质押融资创新实践

2022年，全国专利商标质押融资额达4868.8亿元，其中6家国有大型商业银行专利商标质押融资项目数占全国总数的近三成，质押融资登记金额突破2000亿元。[①] 为进一步推动知识产权服务发展，开发地理标志商标的经济价值，各省市积极推进，出台一系列地理标志质押融资的保障措施，并探索实践将质押融资的业务落于实地。

（一）地理标志质押融资实践概述

以2019年中国银保监会等部门联合发布的《关于进一步加强知识产权质押融资工作的通知》为里程碑，各地相继开启地理标志质押融资业务探索。地方政府部门积极出台相关发展规划和指导意见，以加快推进"地标贷"实践，鼓励金融机构和地理标志使用企业参与其中。

2020年7月，南通市市场监督管理局通过颁布《关于支持知识产权质押融资的若干政策意见》，明确了地理标志证明商标权作为质押标的的合法性。同时为推动地理标志质押融资业务的开展，在制度层面上确立了专项补贴、减税降费等政策，降低了企业融资成本，调动了金融机构参与质押融资的积极性。[②]

2021年以来，上海农商银行作为"上海市知识产权金融服务联盟"成员单位，在上海市知识产权局的指导下，根据地理标志商标两权分离的特

---

① 王宇：《知识产权质押融资概况、问题及对策》，《金融博览》2023年第10期，第14页。
② 马磊：《地理标志证明商标权质押融资问题研究》，内蒙古财经大学硕士学位论文，2022，第21页。

点，探索地理标志质押融资业务。该银行后来采用"地理标志"赋能合作社自有商标价值的方式，帮助中小合作社获得了信贷支持。

2022年，广东省肇庆市怀集县金融部门创新推出"地理标志贷+新型农业经营主体+农户+中征应收账款平台"地理标志农产品供应链融资模式，为怀集农业产业发展注入金融活水。2022年4月15日，怀集县举办绿色金融助力农业产业振兴活动，怀集农商银行发布"西瓜贷"产品，现场向"谭脉西瓜"协会企业授信2000万元，向5名"谭脉西瓜"种植户授信合计80万元。

为加强地理标志促进区域发展，国家金融监督管理总局广西监管局先后印发《推动广西地理标志产业高质量发展助力乡村振兴若干措施》《2023年广西知识产权质押融资工作方案》等政策文件，联合知识产权局等五部门研究制定创新特色农业专属信贷产品实施方案，大力支持金融机构充分挖掘地理标志市场价值，推动广西"土特产"行业高质量发展。

据已收集的地理标志商标质押情况登记资料统计显示，截至2023年11月，我国落实以商标权为质押标的物的地理标志质押贷款已有28例（见表2）。

（二）地理标志质押融资模式

地理标志商标权质押融资模式主要有以下三种。

一是个体授信模式。金融机构将整体地理标志价值分解授信于用该标志申请融资的商标使用个体，既发挥了"地理标志"的品牌价值，也有效解决了商标权权属人与使用人"两权分离"的问题。如上海农商银行在2021年采用以"地理标志"赋能商标使用个体合作社自有商标价值的方式，通过评估"南汇水蜜桃"品牌价值及自有商标有权使用人资金需求情况，以个体合作社自有注册商标完成质押登记后，为企业发放贷款，额度最高可达500万元。上海新凤蜜露果蔬专业合作社和上海桃咏桃业专业合作社已分别获得来自上海农商银行100万元和200万元的商标质押融资贷款。

二是集体授信模式。金融机构以地理标志证明商标使用权为质押物，通过评估商标使用方集体情况进行总体授信，再在限额内向获得地理标志商标使用权个体进行授信贷款。如2020年9月，浙江泰隆商业银行通过对"大

地理标志商标价值与质押融资创新

表 2 2020～2023 年全国地理标志商标权质押融资案例

省份	地理标志	授信额度（万元）	地理标志商标申请方	商标注册年份	授信主体	授信客体	授信年份
浙江	大陈黄鱼	3000	台州市椒江区水产技术推广站	2010	泰隆银行台州分行	台州市椒江区水产技术推广站	2020
	三门青蟹	5000	三门县青蟹产业发展服务中心	2006	浙江三门银座村镇银行	商标授权使用方集体	2021
	洞头羊栖菜	10000	温州市洞头区农产品经纪人协会	2012	中国人民银行洞头支行	温州市洞头区农产品经济人协会	2022
	黄岩蜜橘	30000	台州市黄岩果品产销协会	2008	黄都农村商业银行	台州市黄岩果品产销协会	2022
	处州白莲	60	丽水市莲都区农业技术推广中心	2009	莲都农商银行	—	2022
	云和雪梨	10000	云和县经济作物站	2022	中国人民银行云和县支行	商标授权使用方集体	2023
	金华两头乌猪	200000	金华市畜牧农机发展中心	2016	泰隆银行金华分行	商标授权使用方集体	2023
	杜泽菱白	4000	衢州市衢江区标准化与品牌研究院	2021	衢江农商银行	杜泽菱白种植协会	2023
	登步黄金瓜	20000	舟山市普陀区登步黄金瓜种植协会	2009	普陀农商银行	舟山市普陀区登步黄金瓜种植协会	2023
	洪合蜜梨	3000	嘉兴市秀洲区洪合镇农民合作经济组织联合会	2020	浙江农商银行禾城分行	商标授权使用方集体	2023
广东	新会陈皮	60000	江门市新会区农学会	2008	中国农业银行江门分行、江门农商银行	—	2021
	梅县金柚	50000	梅州市梅县区金柚协会	2016	梅州农商银行	梅州市梅县区金柚协会	2022
	封开杏花鸡	812	封开县杏花鸡繁育中心	2009	封开农商银行	封开县广远家禽育有限公司	2023
	谭脉西瓜	2000	（该地理标志为地理标志产品，未注册地理商标）	2016	怀集农商银行	谭脉西瓜行业协会	2023
	高明三洲黑鹅	1000	佛山市高明区农业技术服务推广中心	2022	佛山农商银行	高明海达高新科技孵化养殖基地有限公司	2023

173

续表

省份	地理标志	授信额度（万元）	地理标志商标申请方	商标注册年份	授信主体	授信客体	授信年份
福建	永春闽南水仙	10000	永春县茶叶同业公会	2009	永春县农村信用合作联社	永春县茶叶同业公会	2021
	古浮紫菜	3000	石狮市古浮紫菜协会	2011	石狮农商银行	石狮市古浮紫菜协会	2021
	惠安余甘	30	惠安县粮果蔬产业协会	2019	惠安县农村信用联社	—	2022
上海	南汇水蜜桃	100	上海市浦东新区农业技术推广中心	2010	上海农商银行	上海新凤蜜露果蔬专业合作社	2021
	奉贤黄桃	5000	上海市奉贤黄桃业协会	2011	中国银行上海市分行	上海市奉贤黄桃业协会	2022
江苏	横溪西瓜	2000	南京市江宁区横溪街道办事处农业服务中心	2015	江苏银行南京分行	南京横溪农业发展有限公司、南京横溪文化旅游发展有限公司	2021
安徽	歙县山核桃	5000	歙县山核桃产业协会	2018	安徽歙县嘉银村镇银行股份有限公司	歙县山核桃产业协会	2022
重庆	彭水苗丝苕粉	500	彭水苗族土家族自治县红薯产业技术协会	2014	中国光大银行重庆分行	重庆市彭水县龙须晶丝苕粉有限公司	2022
江西	广昌白莲	300	广昌县白莲协会	2005	九江银行广昌支行	抚州嘉新正食品有限公司	2022
内蒙古	丰镇月饼	500	丰镇市月饼行业协会	2015	中国银行内蒙古分行	丰镇市海鹏食品股份有限公司	2022
河北	崇礼蚕豆	40	张家口市崇礼区特色产业协会	2020	中国银行崇礼分行	张家口崇蓁农业发展有限公司	2023
辽宁	旅顺海带	30000	大连市旅顺口区藻类协会	2009	大连银行旅顺口支行	大连市旅顺口区藻类协会	2023
宁夏	固原胡麻油	100	固原市农业技术推广服务中心	2020	石嘴山银行	宁夏六盘珍坊生态农业科技有限公司	2023

资料来源：各地政务网及国家知识产权局商标网。

陈黄鱼"的产品本身和品牌建设整体情况进行全面评估，授予"大陈黄鱼"地理标志商标使用单位3000万元的集体授信额度，拥有该商标使用权的养殖户办理贷款不需要其他抵押和担保，仅需签借款合同就可解决资金难题。台州市椒江汇鑫元现代渔业有限公司已顺利拿到泰隆银行台州分行授信的500万元贷款。

三是多方参与模式。这一模式下，参与主体扩展为政府部门、金融机构、专业服务机构和融资企业四方。与前两种模式不同的是，这一模式下政府积极介入并增设质押准入制度，同时引入担保公司等多元风险分担机制，以降低金融机构面临的风险。2023年，国家知识产权局帮扶的河北省张家口市崇礼区依托"崇礼蚕豆"地理标志进行知识产权质押融资，并在融资过程中引进融资担保公司和评估机构，机构在结合产品关键指标全面评估商标价值后集体授信，被授权使用该地理标志商标的市场主体均可向银行申请质押贷款。张家口市崇藜农业发展有限公司已用"崇礼蚕豆"地理标志商标成功获得中国银行崇礼分行的40万元授信。

（三）浙江省地理标志质押融资案例分析

1. 浙江省地理标志概况

浙江共有地理标志571件，其中地理标志产品116件、地理标志商标301件、农产品地理标志154件，有18件地理标志产品被列入中欧地理标志互认互保产品清单。① 2019年中国银保监会《关于进一步加强知识产权质押融资工作的通知》发布后，浙江省作为首个落实地理标志质押融资的省份，现已完成11例质押授信，遥遥领先于其他省份。

2. 浙江省地理标志相关政策

为夯实地理标志保护制度，浙江省市场监督管理局多次发布相关文件。2020年，出台《浙江省地理标志运用促进和保护工程三年行动计划

---

① 张文霞、蒋迅、韩尚杰：《用活地理标志 助力地方特色产业发展——以浙江地方实践为例》，《浙江经济》2023年第10期，第65页。

（2021—2023年）》，构建具有浙江特色、全国领先的地理标志发掘、培育、保护工作框架。2021年3月，发布《关于落实〈中欧地理标志协定〉做好地理标志保护工作的通知》，加强对欧盟相关地理标志产品的保护，加快浙江优质地理标志产品"走出去"；5月，省市场监督管理局联合省发展改革委印发《浙江省知识产权发展"十四五"规划》，确定了"十四五"时期地理标志保护有关内容；5月又发布《关于进一步加强地理标志保护的指导意见》，推动全省建立地理标志资源培育梯队计划，强化地理标志品牌运作，开展地理标志质量标准化建设。2022年以来，浙江积极开展地理标志专用标志使用核准改革，专门出台《浙江省地理标志专用标志管理指南（试行）》，明确规范浙江省地理标志专用标志申请、变更、停止使用等程序，以提高核准效率，探索地理标志富农新路径。

3. 浙江省地理标志质押融资典型案例

（1）地理标志商标质押融资——黄岩蜜橘

黄岩是闻名遐迩的"中国蜜橘之乡"。台州市黄岩区属中亚热带季风潮湿气候类型，土壤富含柑橘生长发育所必需的有机质和矿物质微量元素，已有1700多年的种植历史。黄岩蜜橘的始祖地和主产区位于永宁江两岸，黄岩祖先创造发明的"筑墩栽培系统"[①] 在解决河滩地含盐量高、易遭潮水侵害等问题的同时利用低洼盐碱滩涂土地生态系统提升了蜜橘品质。2020年1月，黄岩蜜橘"筑墩栽培系统"正式入选中国重要农业文化遗产。

黄岩地区独特的自然条件，悠久的柑橘种植历史和成熟的种植技术使黄岩蜜橘闻名全国。为了传承保护这一特色农产品，黄岩蜜橘于2003年获得国家原产地域产品保护，2005年通过中国绿色食品认证，并在2008年获得国家工商行政管理总局商标局核准并成功注册"黄岩蜜橘"地理标志证明商标。然而，随着黄岩地区城市化、工业化迅速发展以及其他地区柑橘品牌的崛起，20世纪八九十年代黄岩蜜橘一度面临产业规模萎缩、品牌竞争力

[①] "筑墩淋卤，卤流大海，海潮涌河，营养肥泥，河泥雍橘，咸淡交替，优果延年"，即冬季用河泥筑成土墩，春季把橘苗定植上去，以缸瓦片阻根、蓄淡排咸，在降低橘树地下水位的同时通过咸水淡水交替灌溉提高果实糖度和品质。

减弱、市场占有率下降等严峻挑战。

为重振黄岩蜜橘品牌优势，黄岩区委、区政府启动实施蜜橘产业振兴计划，先后制定发布了《黄岩蜜橘十年发展规划（2017—2026年）》《黄岩区永宁江两岸蜜橘产业保护和开发利用规划》《黄岩蜜橘筑墩栽培系统保护规划》等文件。黄岩区计划借助黄岩蜜橘原产地域产品保护和国家地理标志证明商标双认证的优势，建立以黄岩蜜橘证明商标为母品牌、园区自有商标为子品牌的双品牌体系，让黄岩蜜橘这一老品牌焕发新光彩。黄岩区农业农村局还以惠农富民为出发点，携手相关部门制定黄岩蜜橘地理标志产品标准，以保证黄岩蜜橘果品品质，建设精品蜜橘产业基地。

为助力打造黄岩蜜橘"金名片"，黄岩区市场监督管理局联合中国人民银行黄岩支行、黄岩农商银行，根据黄岩蜜橘的知名度、影响力以及市场发展前景，探索开展黄岩蜜橘地理标志证明商标质押融资工作。经过黄岩农商银行内部严格审核评估，最终认定"黄岩蜜橘"地理标志证明商标的品牌价值高达10亿元。2022年4月22日，"黄岩蜜橘"地理标志证明商标质押融资签约仪式顺利举行。黄岩区果品产销协会作为"黄岩蜜橘"地理标志证明商标被许可使用人，获得农商银行3亿元的综合授信，协会内38家果农会员可凭借"黄岩蜜橘"地理标志证明商标专用权及自身信用等级等在集体授信限额内申请个体授信。黄岩蜜橘地理标志质押融资为黄岩蜜橘产业的进一步发展注入了强大动力，真正实现了"资源"变"资产"，"地标"创"效益"。

（2）地理标志产品及企业商标双质押融资——慈城年糕

年糕，古称"米糕"，属于农历新年的应时食品。慈城镇位于浙江省宁波市江北区西北部，为中国历史文化名镇。慈城年糕为浙江宁波慈城特产，以选料讲究、精工制作著称，距今已有数百年生产历史，其水磨年糕手工制作技艺是浙江省非物质文化遗产之一。2003年，慈城年糕获得国家原产地域产品保护。

为推动年糕产业规范化，2018年江北区组织年糕产业上中下游多家企业成立慈城年糕协会，建设"慈城年糕"产业园，制定地方标准、行业标准和团体标准，严格规定年糕的原料、生产工艺及检验标准，以形成慈城年糕产业联动发展格局。近年来，原料、人工等价格日渐上涨，年糕产业的发展受到了资金制约，缺乏可抵押的固定资产，小微年糕企业普遍面临融资难题。

为帮助企业走出融资困境，宁波市先后出台了《宁波市地理标志运用促进工程实施方案（2020—2022）》《宁波市地理标志运用促进工程项目实施指引》等文件，并将地理标志相关工作列为"十四五"知识产权发展规划重点内容，以深入推进地理标志强企富农工作。在国家政策支持下，江北区市场监督管理局开始探索开展"慈城年糕"地理标志质押融资工作。

2022年4月，江北区市场监督管理局成功对接泰隆商业银行江北支行，面向辖区内"慈城年糕"地理标志产品生产企业及慈城镇年糕协会，推出知识产权质押融资。与一般的地理标志质押融资不同，此次质押授信分别授予"慈城年糕"地理标志专用标志使用企业和慈城年糕产业协会整体。江北支行通过评估企业的实际产出情况及"慈城年糕"地理标志的品牌价值，授予塔牌、冯恒大、如意、义茂四家地理标志专用标志使用企业100万元授信额度。经过综合考量，银行以集体授信的方式给予了慈城年糕产业协会3000万元的总授信额度，协会内的会员企业可凭借自有商标在银行登记，通过评估审核后便可"无担保、零费用"获得融资额度，随用随取。经过市场监管部门、银行、产业协会三方合作，目前慈城年糕产业上下游30余家企业均被注入资金活水。

慈城年糕质押融资的成功授信助推了年糕产业的高质量发展，并为未注册成地理标志商标但在地理标志产品保护体系下的地理标志提供了新的融资思路。浙江省市场监督管理局将这一案例公布为2022年度知识产权金融创新优秀案例，号召各地学习借鉴，以促进资本要素与知识产权有效融合，进一步探索知识产权助力乡村振兴新路径。

三 我国地理标志质押融资发展存在的问题

以上实践证明，地理标志商标质押融资能够有效盘活农村知识产权资源，在解决农业经营主体"融资难"问题的同时推动了特色产业和区域经济发展。但我国地理标志质押融资业务仍处于起步阶段，体制机制仍不健全，在业务开展中也存在着诸多难点。

（一）地理标志质押融资现存的制度难点

1. 地理标志质押融资法律制度有待完善

我国已出台了各种地理标志管理保护办法，明确规定了地理标志的管理、使用及登记等相关问题，但对于质押融资方面却没有国家层面的明确法律依据。根据《中华人民共和国民法典》第四百四十条第（五）款，债务人或者第三人有权处分的权利可以出质的范围包括，可以转让的注册商标专用权、专利权、著作权等知识产权中的财产权，但未明确指出地理标志可以作为质权标的物，也没有明确地理标志质押的范围。我国目前所实践的地理标志贷款案例主要依据《中华人民共和国民法典》及《中华人民共和国商标法》等有关集体商标和证明商标的规定，地理标志质押融资实践的法律制度有待进一步完善。

2. 地理标志评估体系有待健全

地理标志商标作为知识产权属于集体持有，价值会受时间、市场需求、商家、使用者行为等多方面因素的影响而产生波动，估值比传统知识产权更具难度。我国虽发布过《资产评估准则》《知识产权资产评估指南》等规范性文件，但尚未设立专门评估地理标志质押价值的方法，实践中的地理标志价值评估沿用有形资产价值的评估方法，即现行市价法、收益现值法和重置成本法。这些评估方法并不能完全契合地理标志价值的波动性。而且我国在商标权价值认定方面尚处于起步状态，有资质评估知识产权资产的机构数量有限，不同的评估机构及评估人进行价值评估时使用不同的评估方法，最终

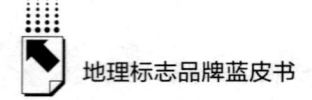

的结果往往存在较大差异。因此，现有的评估体系尚无法科学准确地评估地理标志权的价值。

（二）地理标志质押融资的实践难点

1. 地理标志质押融资的潜在风险

与普通商标相比，地理标志商标持有权的集体特性会增加更多隐形风险。地理标志商标的注册组织多为集体性的地方团体和协会，保护能力和手段有限，在风险出现时往往应对乏力。可能的风险包括以下几点。一是地理标志证明商标价值受损风险大。随着市场逐步开发地理标志的商业价值，假冒仿冒地理标志商标的侵权行为也随之而来。2012~2022年，仅北京市西城区人民法院就受理地理标志商标侵权纠纷案件283件，且由于地理标志商标注册人和实际使用人相分离，有些地理标志的使用人多达上百家主体，注册组织如果不能及时跟踪监测商标使用情况，则可能出现使用人不当使用、无权使用人擅自使用等问题。这都将损害地理标志商标的品牌形象，给商标的价值造成难以估量的损失。二是银行不良贷款风险大。在贷款出现风险后，银行难以处置地理标志商标，且不易落实注册组织追偿责任。虽然地理标志商标可以依法进行转让，但地理标志地域性较强，对申请主体及受让主体都有严格的资质要求，导致地理标志商标实际流通性差，最终导致银行无法清收所有不良贷款。

2. 地理标志质押融资受制于地方金融发展水平

地理标志金融创新实践，离不开必要的资金支持。地理标志在定义上本就有很强的区域性，落实的商标权质押融资案例的资金提供方也多是区域性中小型银行，因此地理标志质押融资项目能否顺利推进通常取决于地方政府的支持力度及当地的经济发展水平。

随着部分地区地理标志贷款的经济效益逐渐显现，各地区地理标志质押融资的实践也在陆续探索进行，但从目前已完成的案例反映了地区分布极为不均匀的特性。长三角地区由于前期政策倾向，加上丰厚的经济基础，其地理标志质押融资数量在全国处于领先地位。反观其他地区整体进展非常缓慢，整个西部地区仅有重庆市"彭水晶丝苕粉"和宁夏回族自治区"固原胡麻油"两例，东北三省也以2023年6月"旅顺海带"授信成功开启地理标志质押融资进程。我国大部分地区由于财政资金短缺、信息体系不完善等至今未实施过地理标志质押贷款。而且与我国现存的7000多个地理标志商标注册总量相比，已实施的地理标志融资数量只是凤毛麟角，距地理标志质押融资推广到全国各行业，地理标志价值全面惠农、利农还有很长的路要走。

四 地理标志赋能农村金融发展的对策建议及展望

（一）地理标志商标质押融资的发展路径

为实现知识产权质押融资全域覆盖，推动金融服务体系的不断完善，银行、地方政府和地理标志商标注册组织应加强合作，积极探索地理标志质押融资，为地理标志产品生产主体创造更好的融资环境。

1. 发挥政府部门的服务职能

地理标志代表商品与产地密切相关的特定质量和信誉，对促进特色产业发展、激发乡村发展活力具有重要的推动作用。但现阶段支持乡村特色产业的创新型抵质押融资项目总体数量较少、金额不高，一些瓶颈性问题仍未解决，市场规模还有很大发展空间。各省（市）政府应积极响应中央关于金融赋能实体经济高质量发展的要求，加强地理标志质押融资试点推广，发挥政策性担保公司增信支持的作用，组织政策宣讲、银企对接等活动，推动地理标志服务深入到基层网点，为实体经济高质量发展提供有力支撑。

2. 建立完善的地理标志价值评估体系

地理标志价值评估是进行质押融资的关键环节，可以充分借助现有的商标资产评估和品牌评价体系，逐步完善地理标志价值评估体系。首先，商标资产评估体系方面，我国2016年颁布的《中华人民共和国资产评估法》、中国资产评估协会2017年发布的《资产评估价值类型指导意见》《商标资产评估指导意见》为商标价值评估构建了较为完善的政策体系。根据《商标资产评估指导意见》，以质押为目的的商标资产评估可以选择市场价值或者市场价值以外的价值类型；商标资产价值评估方法包括市场法、收益法和成本法三种基本方法及其衍生方法；商标资产评估时，应当分析商标商品或者服务的市场需求、市场竞争力，以及商标的美誉度、认知度等因素对商标价值的影响，这些规定对地理标志价值评估均具有较强的参考价值。其次，我国已就品牌评价发布了多项标准，其中《区域品牌价值评价 地理标志产品》（GB/T 36678—2018）和《品牌价值评价：多周期超额收益法》（GB/T 29188—2022）均基于收益法，但具体计算方法有所差异，后者更为全面。下一步需要基于对以上方法和国际资产评估方法的吸纳融合，建立规范的地理标志价值评估标准，降低地理标志价值评估误差，为地理标志质押融资奠定可靠的基础。

3. 完善地理标志管理和保护机制

法律部门应优化整合地理标志保护法律规范，有效防止因界定模糊产生的侵权行为，并建立与地理标志商标保护体系相协调的质量监控管理制度，引导地理标志产品质量及相关主体产业向好发展。政府部门应完善地理标志侵权的认定范围，尽快统一相关部门地理标志管理口径，避免因制度重叠造成的权利冲突。再者要加强地理标志规范使用的检查，并对仿冒、不当使用、无权使用等侵权行为严厉打击，以保护地理标志注册组织的合法权益。地理标志持有部门应统一地理标志产品质量规范，详细规定生产流程及产出标准，为经营者提供明确的参照物，以维护地理标志商标价值。

4. 建立风险补偿机制

地理标志贷款债务履行期限届满但债务人无法清偿债务，地理标志商标面临变卖风险时可能会严重影响市场秩序与公共利益，而地理标志证明商标质押融资风险补偿机制的建立能够有效预防此类现象的发生。① 目前，我国在专利权质押融资领域的配套制度已趋于完善，部分地区通过建立专利权质押风险补偿机制，在专利质押风险规避领域进行了有益的探索。② 2020年3月28日，在国家知识产权局的指导和中国人保财险公司的推动下，由中国人保财险盐城市分公司承保，为江苏省盐城市地理标志集体商标"东台西瓜"提供了累计160万元的风险保障，此举为全国首单地理标志被侵权损失保险业务。因此，可借鉴相关经验，在地理标志商标质押中尝试引入风险补偿机制，以解决质押融资所带来的不确定性。

（二）地理标志赋能农村金融创新的展望

2021年国务院发布的《"十四五"国家知识产权保护和运用规划》提出，鼓励知识产权保险、信用担保等金融产品创新，为地理标志与金融产品创新提供了政策依据。对比传统抵质押融资业务，现阶段金融赋能乡村特色产业发展的创新探索在市场主体和市场规模方面仍有潜力可挖。地方性金融机构对于产品和服务创新的积极性更强，大型金融机构在部分领域进行了尝试，但试点范围相对较小。③ 因此，政府部门应强化对地理标志的开发意识，积极开展融资模式创新。

例如，苏州市在探索知识产权金融创新方面，先后推出知识产权质押融资产品，贯穿企业发展全生命周期的"科技小贷+银行知识贷+企业债+证券化"的知识产权金融服务链条，但在地理标志金融服务方面尚属空白。因此，以银行为代表的金融机构可参照知识产权金融创新，尝试将地理标志商标与其他金融产品相结合，并选择质优地理标志商标开展业务探索。此外，基于地理标志自身的金融属性及现有的法律依据，地理标志证券化亦具有可

---

① 宋河发、廖奕驰：《专利质押贷款保险模式与政策研究》，《中国科学院院刊》2018年第3期，第247页。
② 陈会英、潘雪、周衍平：《基于多元化风险分担的知识产权质押融资方式与案例浅析》，《金融发展研究》2021年第10期，第75页。
③ 唐兆涵：《探索创新抵质押融资业务赋能乡村特色产业发展》，《中国银行业》2023年第6期，第90页。

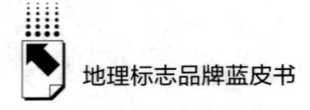

行性，其面临的难点均可通过模式创新予以破解①，未来地理标志证券化有望为乡村特色产业发展提供长期的资金支持。

我国各试点地区首例地理标志质押融资业务的顺利开展，政府部门从政策引导、财政支持、管控实施到风险分担尽心参与，实现了知识产权与金融资本的有效结合，为当前我国使用地理标志的企业及农户提供了融资新途径。但政府的参与度过高也会削弱市场在质押融资中的决定性作用，导致无法充分释放地理标志的经济活力。政府部门有必要在市场经济中发挥政策引导与服务的作用、为金融赋能创造良好的营商环境，并逐步退出质押融资的实践过程，让市场充分发挥其自主性。

参考文献

[1] 赵尔良：《地理标志商标的商业价值及其侵权认定标准研究》，《中国商论》2023年第7期，第124页。

[2] 王宇：《知识产权质押融资概况、问题及对策》，《金融博览》2023年第10期，第14页。

[3] 马磊：《地理标志证明商标权质押融资问题研究》，内蒙古财经大学硕士学位论文，2022，第21页。

[4] 张文霞、蒋迅、韩尚杰：《用活地理标志 助力地方特色产业发展——以浙江地方实践为例》，《浙江经济》2023年第10期，第65页。

[5] 吴亚男、徐世英：《探索地理标志质押融资 护航乡村振兴》，《中国农村金融》2021年第23期，第75页。

[6]《牢记使命勇担当 深入基层办实事》，《旗帜》2022年第4期，第56页。

[7] 贺寿天、张传博、曹静：《基于战略视角的商标价值评估方法研究》，《知识产权》2014年第9期，第70页。

[8] 宋河发、廖奕驰：《专利质押贷款保险模式与政策研究》，《中国科学院院刊》2018年第3期，第247页。

[9] 陈会英、潘雪、周衍平：《基于多元化风险分担的知识产权质押融资方式与案

---

① 陈诣辉：《地理标志证券化的创新探索——以北京大兴西瓜为例》，《多层次资本市场研究》2022年第4期，第180页。

例浅析》,《金融发展研究》2021 年第 10 期,第 75 页。
[10] 陈诣辉:《地理标志证券化的创新探索——以北京大兴西瓜为例》,《多层次资本市场研究》2022 年第 4 期,第 180 页。
[11] 唐兆涵:《探索创新抵质押融资业务赋能乡村特色产业发展》,《中国银行业》2023 年第 6 期。
[12] 谭玲:《知识产权质押融资风险控制法律制度研究》,西南政法大学博士学位论文,2019。

B.9
脱贫地区地理标志品牌发展报告

乔富伟 杨钦哲 欧阳冠文 赵璐璐*

摘　要： 我国60%以上的地理标志位于脱贫地区，地理标志是促进脱贫地区特色产业和区域经济发展的重要抓手。本报告首先系统分析脱贫地区地理标志品牌发展概况，然后选取苦水玫瑰、赣南茶油和建水紫陶作为典型案例进行分析，其分别代表脱贫地区初级农产品、加工食品和传统工艺品三类不同的地理标志品牌。分析结果表明，2010年起，我国脱贫地区地理标志注册数量总体呈现快速增长的趋势，且主要以初级农产品为主，地理标志为脱贫地区的脱贫攻坚和乡村振兴起到了重要的推动作用。但在品牌建设中也存在地理标志品牌保护意识不强、产品宣传销售渠道单一、品质管控体系仍需完善、政策支撑与产权保护体系仍需加强、产业链水平有待提升等问题。对此，本报告提出了优化政策引领、强化品牌意识，创新建设路径、提升品牌影响，拓展发展脉络、增强产业韧性，优化政策服务、推动品牌发展，构建联盟机制、实现互利共赢的发展路径。

关键词： 地理标志品牌　地理标志产品　脱贫地区

发展乡村特色产业是巩固拓展脱贫攻坚成果与乡村振兴有效衔接的重要途径，而具有地域特色的地理标志产品更是脱贫地区的瑰宝，发展潜力巨

---

* 乔富伟，西北师范大学经济学院副教授，主要研究领域为农业经济发展与管理、资源环境经济学；杨钦哲，西北师范大学经济学院硕士研究生，主要研究领域为农村经济发展；欧阳冠文，西北师范大学经济学院硕士研究生，主要研究领域为农村经济发展；赵璐璐，西北师范大学经济学院硕士研究生，主要研究领域为农村经济发展。

大。近年来，国家知识产权局充分发挥知识产权制度优势，大力发展区域品牌建设，助力贫困地区打赢脱贫攻坚战，并深入实施地理标志运用促进工程，积极开展地理标志助力乡村振兴行动，为全面推进乡村振兴提供坚实保障。2020年，全国832个国家级贫困县全部脱贫摘帽，标志着全国脱贫攻坚目标任务已经圆满完成，有效巩固拓展脱贫攻坚成果，全面推进乡村振兴将是新的奋斗目标。地理标志在助力脱贫攻坚和乡村振兴有效衔接方面的作用将更加重要。

一 脱贫地区地理标志发展概况

（一）脱贫地区基本概况

国家级贫困县是国家扶贫工作重点区域。2020年，全国832个贫困县全部脱贫，脱贫攻坚目标任务圆满完成。我国脱贫地区在空间分布上呈现西多东少、多数集中连片、集中分布于第一阶梯和第二阶梯的特点，国家级贫困县具体分布如表1所示。

表1 2014年我国东、中、西部地区及各省份国家级贫困县数量

地区	合计（个）	省份	国家级贫困县数量（个）
东部	83	河北	45
		广西	33
		海南	5
中部	245	安徽	20
		河南	38
		黑龙江	20
		湖北	28
		湖南	40
		吉林	8
		江西	24
		内蒙古	31
		山西	36

续表

地区	合计(个)	省份	国家级贫困县数量(个)
西部	504	甘肃	58
		贵州	66
		宁夏	8
		青海	42
		陕西	56
		四川	66
		西藏	74
		新疆	32
		云南	88
		重庆	14

资料来源：国家乡村振兴局，https：//nrra. gov. cn/art/2014/12/23/art_343_981. html。

2014年，全国832个贫困县涉及22个省份。2016年，贫困县开始逐年脱贫，当年28个贫困县摘帽；2017年、2018年分别脱贫摘帽125个和283个，此时剩余的396个贫困县主要分布于中西部地区；2019年，脱贫数量达到峰值，贫困县摘帽344个，剩余52个贫困县主要位于我国西部地区，中部省份的脱贫工作取得显著进展；2020年11月23日，贵州省宣布9个县退出贫困县序列，至此全国832个贫困县全部脱贫。[1]

自脱贫攻坚工作开展以来，发展乡村特色产业是做优做强县域经济、拓宽农民增收致富渠道的重要举措。为助力脱贫地区发展优势产业、打造区域品牌，2021年，国家知识产权局发布《国家知识产权局关于组织开展地理标志助力乡村振兴行动的通知》，2022年，农业农村部办公厅印发《关于做好2022年地理标志农产品保护工程实施工作的通知》，通过落实政策文件要求，挖掘地方特色优势产业，加速地理标志品牌建设，建立相关行业协会，加强基层服务培训，形成政策合力，助力乡村振兴。

各级政府也出台相应措施，鼓励当地地理标志产业发展。由山东省威海

---

[1] 《全国832个贫困县全部脱贫摘帽》，国家乡村振兴局网站，https：//nrra. gov. cn/art/2020/11/24/art_624_185455. html，2020年11月24日。

市农业局等联合9个部门共同发布的《关于印发〈威海市农产品认证（认定）奖励办法〉的通知》明确提出，凡按照国家质量监督检验检疫总局《地理标志产品保护规定》认定的地理标志产品，对每个产品奖励10万元。安徽省将地理标志工作纳入《安徽省知识产权强省建设纲要（2021—2035年）》《安徽省"十四五"知识产权发展规划》等省委、省政府有关政策、规划和重点项目，大力推进地理标志工作的有序开展；印发了《安徽省"十四五"地理标志保护工程实施方案的通知》等文件，并开展地理标志助力乡村振兴的多项专题宣讲活动。① 总之，从国家到地方各级政府都高度重视地理标志品牌建设，不断加大政策的扶持力度，积极推动地理标志保护，为地理标志助力乡村振兴提供了更大的发展空间和动力。

（二）脱贫地区地理标志发展概况

1. 脱贫地区地理标志注册数量及发展趋势

国家知识产权局公布的数据显示，截至2022年末，我国地理标志产品累计批准量达2495个，地理标志作为集体商标、证明商标累计注册量达7076个，其中脱贫地区认定的地理标志产品数量为1652个，占总数量的66.21%。通过全国地理标志农产品查询系统②、国家知识产权局商标局的查询系统③对脱贫地区地理标志产品进行统计，结果显示脱贫地区农产品地理标志有893个，贵州省（112个）与吉林省（7个）分别为数量最多与最少的省份；脱贫地区地理标志商标注册了918个，其中湖北省（114个）与海南省（8个）为数量最多与最少的省份；既是农产品地理标志，又注册为地理标志商标的地理标志产品共有411个。自2010年起，我国贫困地区地理标志产品认定数量显著增加并逐年上涨，到2020年，贫困地区地理标志产品认定数量已达1560个，脱贫地区地理标志商标注册数量总体呈现快速增长的趋势（见图1）。

---

① 程胤：《加强地理标志保护 助力乡村振兴发展》，中国市场监管新闻网，http://www.cmrnn.com.cn/content/2023-08/09/content_236960.html，2023年8月9日。
② 全国地理标志农产品查询系统，http://www.anluyun.com/。
③ 国家知识产权局商标局中国商标网，https://wcjs.sbj.cnipa.gov.cn。

地理标志品牌蓝皮书

图1　脱贫地区地理标志产品累计注册量

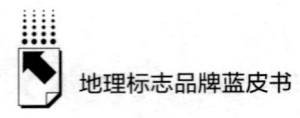

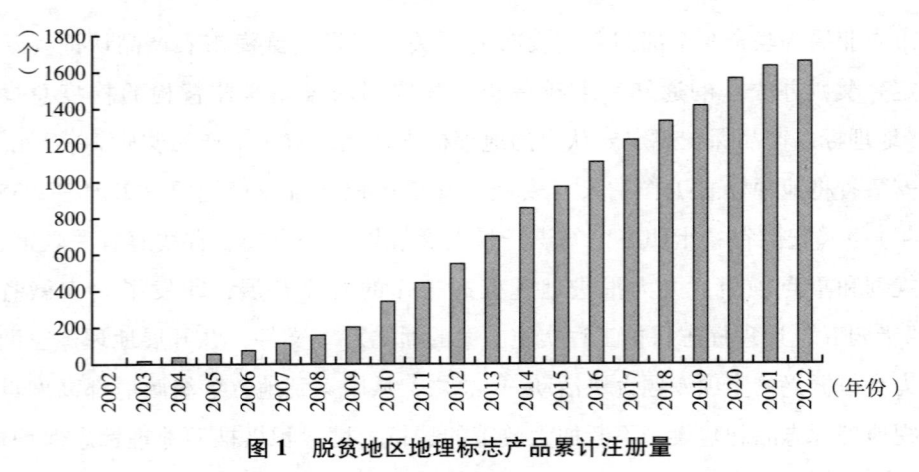

资料来源：全国地理标志农产品查询系统、博雅特产网。

2020年全部脱贫摘帽的832个贫困县中，拥有地理标志的贫困县数量占六成以上，相关产值超过1万亿元。① 至2022年，有596个贫困县被地理标志产品覆盖，占比增长至71.6%。地理标志的快速发展推动地方形成了独具特色的产业链，有效推进了脱贫地区产业发展，创造了就业岗位，提升了公共利益，尤其是为脱贫地区经济增长和农民增收致富做出了巨大贡献。例如，陕西省紫阳县依靠天然富硒区的独特地理优势以及悠久的茶叶产销史，将当地的紫阳富硒茶作为脱贫富民的特色产业并注册为地理标志，使用地理标志商标前，紫阳富硒茶的价格为120~600元/公斤，使用后达200~3600元/公斤，茶园从12万亩增加到21万亩，茶叶年产量从1688吨增加到7318吨，茶叶综合收入从1.2亿元增加到38.56亿元，全县12万人从事茶叶生产经营，农民年人均茶叶收入2700元，累计带动2.2万贫困人口脱贫。②

---

① 《国家知识产权局：脱贫摘帽的832个贫困县中超6成拥有地理标志》，人民网，http://ip.people.com.cn/n1/2020/1126/c136655-31946070.html，2020年11月26日。
② 《"紫阳富硒茶"商标品牌成为脱贫攻坚"助推器"》，安康新闻网，http://www.akxw.cn/news/xianqu/ziyang/2017-11-27/323111.html，2017年11月27日。

2.脱贫地区地理标志分布

截至2022年底,脱贫地区共有地理标志产品1652个,其中东部地区的83个脱贫县有地理标志194个,占比为12%;中部地区245个脱贫县有地理标志631个,占比为38%;西部地区504个脱贫县有地理标志827个,占比为50%。截至2022年底,脱贫地区的1652个地理标志中,22个省份拥有地理标志,其中贵州省有220个地理标志,高居榜首,湖北省(185个)仅次于贵州省,吉林省和海南省的脱贫县地理标志最少,分别为16个和15个(见图2)。

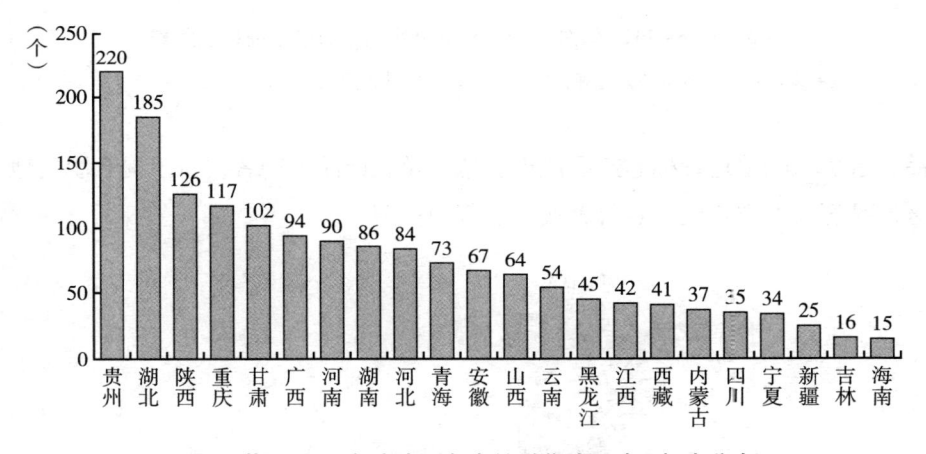

图2 截至2022年底我国各省份脱贫地区地理标志分布

资料来源:根据脱贫地区三类地理标志汇总整理。

2018~2022年,脱贫地区新增地理标志427个。西部地区已摘帽贫困县新增地理标志192个;其次是中部地区,已摘帽的贫困县新增地理标志158个。地理标志已成为助力中西部脱贫地区的重要动力(见图3)。

3.脱贫地区地理标志产业分布

脱贫地区地理标志产品共有1652个,其中初级农产品主要包含种植业、畜牧业、渔业未经过加工的产品,共1450个,占比约为87.77%,其次是加工食品有148个,占比约为8.96%;传统工艺品数量最少为54个,占比约为3.27%(见图4)。不难看出,初级农产品是脱贫地区主要的地理标志产

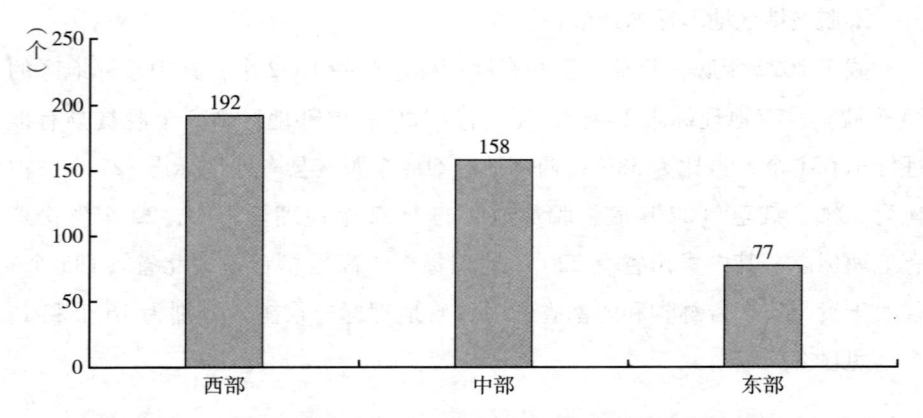

图3 2018~2022年东、中、西部脱贫地区新增地理标志数量

资料来源：根据脱贫地区地理标志产品累计注册量数据整理所得。

品，这也意味着地理标志产品能更多地惠及农产品生产者，对于提升脱贫地区产品源头的农户收入具有直接、显著的作用。

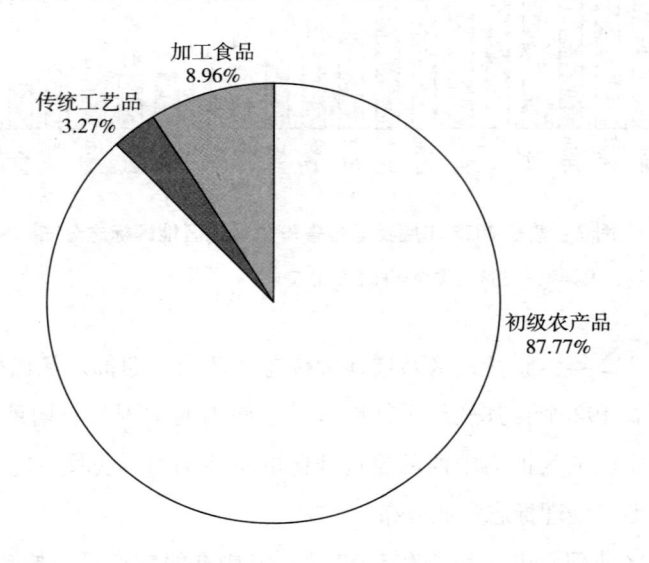

图4 脱贫地区地理标志产品按大类划分数量占比

资料来源：根据脱贫地区地理标志产品累计注册量数据整理所得。

地理标志产品可以进一步细分为种植类、养殖类产品及初加工产品、加工食品、酒类、茶叶、中药材、工艺品及传统产品等,这些产品占比情况如图5所示,其中种植类地理标志产品最多,共有846件,占比约为51.21%;养殖类产品及初加工产品次之,共有404件,占比约为24.46%;加工食品、茶叶、中药材、工艺品及传统产品占比均在10%以下,酒类数量最少,为24件,占比约为1.45%。综上,目前脱贫地区地理标志产品依然以初级种植养殖产品为主,加工食品与工艺品及传统产品等较少。

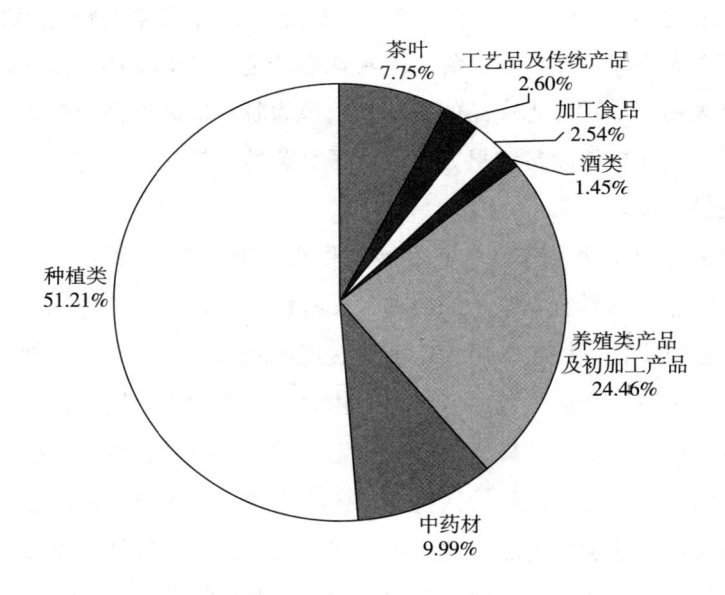

图5 脱贫地区地理标志产品按亚类划分数量占比

资料来源:根据脱贫地区地理标志产品累计注册量数据整理所得。

(三)脱贫地区地理标志对地区经济发展的贡献

地理标志产品在提升产品市场竞争力、推进特色产业发展、振兴乡村发展等方面发挥重要作用,这些作用在脱贫地区则体现得更为显著。

地理标志品牌蓝皮书

以甘肃省为例，截至2022年，甘肃全省共获批地理标志保护产品67个，专用标志使用经营主体达607家，2022年全年地理标志产品总产值更是超过了80亿元①；其中陇南市获批地理标志保护产品数量位列甘肃省第一，陇南市充分发挥地理标志的积极作用，对生产、加工等一系列流水线严格把关，扩大经营范围并形成产业化与规模化，作为陇南市地理标志代表的武都油橄榄，种植面积已达51.6万亩，为4.5万农户21万余人造福，适生区的油橄榄人均收入2200元，综合产值达18.6亿元，油橄榄已经成为当地居民当之无愧的"聚宝盆"。以宁夏为例，宁夏枸杞种植保有面积达38万亩，鲜果年产量达30万吨，鲜果加工转化率为30%，精深加工产品达10大类100余种，实现全产业链产值270亿元②。大量的实践案例表明，地理标志产品的发展与销售为脱贫地区人民脱贫致富贡献了重要力量，也在巩固脱贫成果方面取得了显著的成效，今后将继续为乡村产业振兴提供支撑。

地理标志产品助力特色产业发展的作用主要体现在以下几个方面。第一，地理标志产品具有丰富的地域和人文特色，通过注册地理标志，为产品赋予地域性或文化性标签，更大程度地展现产品特色，提高产品知名度和文化附加值，为特色产业增色添彩，提升相关从业者收入。第二，地理标志产业的发展往往伴随着生产模式的进化与生产效率的提升，在规模提升的同时创造可观的就业岗位，提高地区整体居民收入水平。第三，地理标志产品的发展与当地自然环境与生态条件联系紧密，特色产品的种植、生长或生产过程可建立相关旅游产业链，形成参观—学习—购物旅游链条，推动当地旅游业发展的同时，也增加了当地产业类型的多样性，能够有效提升本地经济增长与经济稳定性。

---

① 蔡文正：《让甘肃地理标志产品走出去走得好》，《甘肃日报》2023年10月11日，第7版。
② 佚名：《宁夏枸杞：质量安全护航 擦亮"金字招牌"》，《宁夏日报》2023年10月9日，第6版。

二 脱贫地区地理标志品牌发展典型案例

（一）典型案例

1. 苦水玫瑰

（1）苦水玫瑰概况

农产品地理标志"苦水玫瑰"的地域保护范围包括甘肃省永登县苦水、中川、红城、龙泉寺、大同、柳树、上川、树屏、东山、秦川、河桥、城关12个乡镇96个行政村。地理坐标范围为东经102°36′至103°45′，北纬36°12′至37°07′。

苦水镇位于甘肃省兰州市永登县，素有"中国玫瑰之乡"的美誉，在这里有世界罕见的高原富硒玫瑰品种——苦水玫瑰。苦水玫瑰适宜生长在海拔1500~2100米的中性或微碱性土壤中，喜干燥凉爽环境。而苦水镇平均海拔约为1793米，属温带大陆性气候，地域内分布着富含铁质及硒等矿物质的红黏性土壤，呈中性或微碱性，年日照时间为2585小时，昼夜温差大，有利于玫瑰有机物的积累。独特的自然条件和规范的栽培管理培育出了集药用、食用、观赏等多种用途于一身的"苦水玫瑰"。

苦水玫瑰是钝齿蔷薇和中国传统玫瑰的自然杂交品种，属于蔷薇科，是我国四大玫瑰品系之一，具备色泽殷红、香气浓郁、营养丰富的特点。苦水玫瑰花瓣肉质鲜嫩、花蕾较紧实，色泽为深粉红色，具有独特浓郁的香味，有丝绸状质感，口感甘甜微涩，干花蕾饱满且呈紫红色。苦水玫瑰的挥发油含量在0.02ml/g~0.05ml/g，总黄酮（以芦丁计）0.33g/100g~0.58g/100g，均高于其他品种。[①]

苦水玫瑰作为我国药用、食用的同源植物，具有抗氧化、抗衰老、抗肿

---

① 全国地理标志农产品查询系统，苦水玫瑰，http://www.0755axecom.com.cn/Home/Product/27587。

瘤等功效，有助于提高人体心脑血管、消化系统、新陈代谢以及免疫系统的功能；同时苦水玫瑰精油含量较高，又是良好的化妆品和食品加工原料。此外，苦水玫瑰被用来制作糕点、酿酒，而且其经过化学工艺萃取后的浓香型精油，可以作为烟草、肥皂、淡香水和高级化妆品的关键原材料，在其他行业也有着广泛应用，如化工、食品添加剂、医药等。

（2）苦水玫瑰产业发展历程

苦水玫瑰种植面积占全国玫瑰种植总面积的比例达42%，其产量占全国50%以上。2022年，永登县苦水玫瑰种植面积达7000多公顷（约10.5万亩），年产量约为50250吨。全县拥有玫瑰产业龙头企业12家，其中进行玫瑰深加工的有6家、玫瑰专业合作机构16个、玫瑰销售机构20个、玫瑰产品专卖店15家、玫瑰经纪人120多人、玫瑰加工厂（点）65家，年加工能力达2000多万公斤。[1] 在龙头企业领衔下，玫瑰产品研发快速发展，研发出以玫瑰为主要原料，涵盖化工、香料、医药、酿造、饮料等领域的100多种产品，以适应市场需求。此外，甘肃省相关政府单位和企业共同聚焦新推出的玫瑰玉露系列产品，深挖当地玫瑰产业链，向新领域进军，同时满足不同消费者的需求，已开发研制出的玫瑰精油、玫瑰花茶、玫瑰香水、玫瑰酒、玫瑰养生、玫瑰膏等180多种产品，深受消费者青睐。[2]

（3）苦水玫瑰地理标志品牌建设成效及经验

苦水玫瑰种植历史悠久，20世纪30年代，天津酒厂采用苦水玫瑰制作的玫瑰酒，就在巴拿马展览会上荣获银质奖章。1984年玫瑰被命名为兰州市花；2003年国家质检总局批准对"苦水玫瑰"实施原产地地域产品保护；2015年8月被登记为农产品地理标志；同年10月《甘肃永登苦水玫瑰农作系统》列入中国重要农业文化遗产名录，永登也被誉为"中国玫瑰之乡"。2017年苦水"玫乡情缘"玫瑰花茶荣获第十五届中国国际农产品交易会参展农产品金奖。苦水玫瑰地理标志品牌建设特色做法如下。

---

[1] 李杨芳：《朵朵玫瑰香满山》，《中国知识产权报》2022年3月30日，第4版。
[2] 《甘肃兰州永登玫瑰产业链再延伸》，县域经济网，https：//www.xyshjj.cn/newspaper-2018-1-15-4-3045747.html，2018年1月15日。

第一，区域文化与地理标志有机融合。在推进苦水玫瑰品牌建设过程中，需依靠地区优势，以地理标志产品推广为契机，打造地理标志品牌，强调地理标志与品牌的有机融合。苦水玫瑰通过与省内高校和科研机构合作，挖掘永登县的地方文化元素，进而将挖掘到的文化元素与地理标志巧妙结合，设计品牌标识。标识突出地理标志的独特性，还要表达苦水玫瑰背后的文化内涵，使消费者看到品牌标识时能够联想到品牌的文化底蕴。

第二，构筑品牌声誉的质量保障体系。为加快建设永登玫瑰产业并助力国家精准扶贫和乡村振兴战略，制定出台了苦水玫瑰相关国家、地方标准，包括《出口中国苦水玫瑰油检验规程》《中国苦水玫瑰无公害栽培技术规程》《中国苦水玫瑰食用标准》《中国苦水玫瑰（精）油》等，地方标准涵盖苦水玫瑰栽培、苦水玫瑰干花蕾等方面，并遵守《甘肃省食品安全地方标准》等一系列国家及地方食品相关标准和行业标准，为苦水玫瑰标准化种植以及品牌推广奠定了良好基础。

第三，品牌建设融合历史人文特色。据《永登县志》记载：清道光年间，永登县苦水镇李窑沟有个叫王乃宪的秀才，从西安带来几株玫瑰苗。由于玫瑰适应当地的气候，生长茂盛，深得人们喜爱。由于该品种是在苦水最早引进并长期栽培，最终形成的地方品种，故名"苦水玫瑰"。[①] 苦水玫瑰有效地将地理标志产品故事与品牌推广融合，提升了产品辨识度。

第四，以玫瑰为媒，引领地区发展的魅力之旅。文旅结合，举办与苦水玫瑰相关的文化活动，以玫瑰促进地区发展，苦水镇被农业农村部评为全国"一村一品"示范村镇。在发展"乡村旅游"，推进农旅深度融合的背景之下，将苦水镇打造成生态文化旅游特色小镇，永登县将转型成为国际知名的"浪漫玫瑰之都"，涵盖玫瑰风情农家乐等项目，用以实现玫瑰产业转型和快速跨越式发展，并带动丹霞地貌、太平鼓等民间文化和名胜古迹出圈，将

---

① 《永登苦水玫瑰，"丑"玫瑰也有春天》，中国国家地理，http://www.dili360.com/cng/article/p56ce656853ef198.htm，2016年第2期。

旅游产业、丝绸之路经济带和国家玫瑰产业示范基地相结合，带动周围乡镇协同发展。

2.赣南茶油

（1）赣南茶油简况

赣南茶油产地范围为江西省赣州市行政管辖区域内的赣县、兴国县、瑞金市、于都县、宁都县、会昌县、石城县、崇义县、上犹县、信丰县、大余县、龙南市、安远县、定南县、全南县、寻乌县、南康区、章贡区以及赣州经济技术开发区。赣州市位于江西省中南部，东部、西部和南部分别被武夷山、罗霄山脉、南岭九连山脉所环绕，是赣江、北江、东江的发源地。产地范围内海拔小于500米，土壤类型为红壤和黄壤，土壤偏酸性，土层厚度在50厘米以上，土壤有机质含量≥3%。赣南地区四季分明、光照充足、雨量充沛，气候宜人、土壤富硒，具有油茶树生长的优越条件。

赣南茶油油色亮黄，清亮透明，香味浓郁，气味纯正，具有茶油特有的清香，口感爽滑，其食疗双重功能更胜于橄榄油，原因是两种油脂的脂肪酸组成及油脂特性、营养成分十分相似，但茶油还含有橄榄油所没有的特定生理活性物质茶多酚和山茶甙。目前，赣南茶油产业产品涵盖精炼压榨油、浸出油、毛油等食用油，茶皂素、茶粕、香皂等加工副产品，茶油消毒产品、化妆品、保健食品等精深加工产品研发也正在开展。[1]

（2）赣南茶油地理标志品牌建设成效

赣州市高度重视赣南茶油品牌建设，2011年开始申请注册"赣南茶油"区域公用品牌，2016年2月，申请获得"赣南茶油"地理标志产品保护。2020年5月，经第四个中国品牌日"2020中国品牌价值评价信息发布"线上评选，入选区域品牌100强榜单。2020年7月，赣南茶油入选中欧地理标志第二批保护名单，2022年获批建设赣南茶油国家地理标志产品保护示范区，2023年10月入选《第二批地理标志运用促进重点联系指导名录》。

2021年，赣州市全市产茶油4.8万吨，油茶产业综合产值达120亿元。

---

[1] 钟南清、郭美勤：《油茶产业看赣州》，《国土绿化》2023年第2期，第40~43页。

赣州市油茶林总面积达306万亩,其中新造高产油茶林141万亩,老油茶林165万亩。油茶种植加工注册企业52家,其中茶油精深加工企业12家(取得食品生产许可证)。

(3)赣南茶油品牌建设举措

近年来,赣州市牢固树立"绿水青山就是金山银山"的绿色发展理念,充分挖掘赣南油茶的传统产业优势,把油茶作为兴林富民的主导产业、民生产业,做强"赣南茶油"品牌,推动油茶产业实现高质量发展。

第一,政策保障、标准引领。为促进赣州茶油地理标志相关产业高质量发展,赣州市制订了详细的规划方案,出台了《赣州市低产油茶林改造提升三年行动方案》,科学地指出了低产油茶林改造提升的目标任务与实现路径。探索建立低产油茶林改造提升"一扶三年"的政策扶持机制,市、县两级拿出1.5亿元支持低产油茶林改造提升工作。2022年以来,赣州市政府共组织油茶产业升级相关培训、示范基地科学指导等活动共300余次,培训市、县相关技术人员、管理干部、生产农户等18000余人次。同时,组织企业、农户、科研院所等48家单位组成赣南茶油高品质联盟,制定赣南茶油生产标准、发布相关推广手册以及加工处理技术指导规范,设计独特的包装与标识,相继出台《赣南茶油地理标志产品保护管理办法》《赣南茶油地理标志证明商标使用管理办法》,确保茶油特色质量。

第二,全方面多元化打造品牌形象。赣州政府为打造赣南茶油的品牌形象,制作《赣南油食记》《红土地上油茶香》等油茶专题宣传片,组织企业参加油茶产品展示展销会、森林食品交易博览会等展会活动;对接广东、浙江、上海、江西(赣州)商会开展赣南茶油品牌宣传和营销推介活动;在赣州黄金机场登机牌刊登赣南茶油品牌宣传广告和产品营销链接,共印制并投入使用赣南茶油宣传广告登机牌17万张,不断提升品牌知名度和市场竞争力。

第三,强化利益联结机制,实现品牌带贫。赣南茶油取得卓有成效的发展成果的同时,也带动当地的农户的生活质量发生了日新月异的变化。农户在种植基地种植油茶,一方面获得了大量的就业岗位,在自己家门口就足以实现可观的收入；另一方面农户之间相互交流种植经验，不断提升种植管理技术，实现赣南茶油产业的良性循环发展。目前，赣南茶油品牌已初步形成规模化生产体系，不仅带领产品走出去，也帮助当地人民富起来，带动贫困户实现脱贫并持续巩固脱贫成果，赣南茶油也实现了品牌发展的现实意义。

3. 建水紫陶

（1）建水紫陶概况

建水紫陶地域保护范围包括云南省建水县临安镇、曲江镇、南庄镇、西庄镇、官厅镇、面甸镇、青龙镇、岔科镇、普雄乡、坡头乡、李浩寨乡、盘江乡、利民乡、甸尾乡共14个乡、镇现辖行政区域。建水县是云南省红河哈尼族彝族自治州下辖县之一，位于云南省南部红河北岸，地质结构复杂，土地矿藏资源丰富，属南亚热带季风气候，呈现夏季炎热多雨，冬季温和少雨的气候特征。建水县境内的碗窑村以西的五彩山，含有多种土壤，由于每种土的矿物质含量各有不同，色彩也有深有浅，各种颜色的陶土在一座山上相互共生，颜色纯正自然，土质细腻，纯净无杂质，彩泥纯正，呈现天然胶质。建水独特的地理位置、气候条件和丰富矿藏资源孕育了建水紫陶的原料——五色陶土。[①] 建水自古以来就是边境重镇，历代政府在这里修建了各种交通设施，便利的交通条件使多种文化在这里相互交流，形成了包容性极强的建水文化，这种文化背景为建水紫陶的创作提供了丰富的题材。

建水的制陶工艺历史悠久，据考古发现，建水县在4500年前的新石器时代已经出现了最初的制陶工艺，几千年来建水的制陶工艺一路传承，有"宋有青瓷，元有青花，明有粗陶，清有紫陶"的说法，建水紫陶正是在这种历史悠久的制陶工艺基础上发展起来的。[②] 建水紫陶是建水民间传统工艺品，成品具有含铁量高，硬度高，强度大，表面富有金属质感，叩击有金石之声，质地细腻，光亮如镜的特点，同时集书画艺术与紫陶加工工艺于一

---

① 聂磊明：《云南建水紫陶的形成原因探寻》，《红河学院学报》2017年第1期，第25~27页。
② 孔明：《论云南建水紫陶的历史、成因与发展》，《美术大观》2013年第8期，第68~69页。

身，其阴刻阳填，断简残贴，无釉磨光的工艺独步天下。产品丰富多样，包含艺术陶和日用陶两个大类八个小类的近三百种产品，将实用性与观赏性完美结合起来。

（2）建水紫陶发展历程

建水紫陶历经汉唐宋，成长于元明清时期，元朝时期，建水地区以生产青花瓷为主，明朝时期云南与中原地区的经济文化往来加强，建水陶艺通过吸收中原文化和先进技术获得了进一步发展。近代工匠们不断对建水紫陶工艺进行发展创新，在陶面装饰技术和制作工艺方面不断取得突破，其中建水紫陶大师向逢春更是将建水紫陶推向世界，早在1921年，向逢春制作的陶器就获得了巴拿马国际博览会艺术金奖。建水紫陶在民国时期享有盛誉，远销省内外和东南亚、日本及欧美等国家和地区。但当时的中国社会动荡，战乱不断，建水紫陶产业也受到影响，逐渐走向衰落。

新中国成立后，国家对工艺美术领域十分重视，提出了"保护、发展、提高"的方针，为建水紫陶产业的复苏和发展提供了客观条件。1953年，建水紫陶被文化部列为中国"四大名陶"之一。此后，建水紫陶产业经历了陶瓷生产合作社、建水县美术陶合作工厂、建水县工艺美术陶厂的变化，由新中国成立前的个体、私营小作坊生产方式转变为地方国营和集体所有、规模化生产，产品种类不断丰富，制陶工艺得到了进一步发展。

20世纪90年代，紫陶产品因其优良的品质、精美的外形、丰富多样的种类以及特有的书画装饰艺术而备受消费者青睐，紫陶产业开始走向繁荣。2004年10月，由建水县委宣传部、建水县文产办等部门共同发起组建的建水紫陶研究会成立，制定了紫陶相关生产标准，规范紫陶行业，有力地促进了紫陶业健康发展。2008年，建水紫陶烧制技艺被国务院批准列为第二批国家级非物质文化遗产，建水紫陶知名度大幅提升，市场对紫陶产品的需求量进一步增加。2016年7月，国家质检总局批准对"建水紫陶"实施地理标志产品保护。2017年9月，"建水紫陶"获批中国驰名商标，建水紫陶文化产业园区获得首批10个国家级文化产业示范园区创建资格；2019年建水县被轻工业联合会、中国工艺美术协会和中国陶瓷工业协会授予"中国紫陶之都"称号；2020年，建水紫陶文化产业园区获批国家级文化产业示范园区，2021年，获国家级版权示范园区称号。

截至2022年末，建水县紫陶生产销售企业和个体户达2536家，较上年末增长12.91%，包括企业415家和个体户2121家，紫陶产业总产值突破50亿元，较2021年末的40.3亿元增长24.7%，辐射带动相关从业人员5万余人，占建水县总人口的10%，紫陶产业成了建水县带动群众增收致富的支柱产业，为红河州乃至云南省的经济发展做出巨大贡献。

（3）建水紫陶品牌建设举措

第一，优化营商环境，保障行业发展。红河州政府对于紫陶发展十分重视，先后出台了涉及多方面的各种政策和措施来优化紫陶行业营商环境。一是通过制定《建水县"稳增长、促发展"实施方案》《建水县特色产业金融服务实施办法（试行）》《建水县中小企业扶持贷款实施办法（试行）》等一系列政策措施，拓宽紫陶产业融资渠道，增加紫陶企业融资多样性，提供准入门槛低、不收取保证金、贷款费率低、手续简单的融资服务，对全县紫陶生产、经营商户进行支持，截至2022年末，中国邮政储蓄银行已累计发放"紫陶贷"1.48亿元，极大解决了紫陶小微企业和个体工商户融资难、融资慢的问题，促进了紫陶产业的发展。二是通过制定《建水紫陶文化产业发展奖励办法（试行）》等政策构建政府激励引导产业发展的长效机制，对在社会效益、创新能力、人才培养、宣传推介、经济效益等方面有突出贡献的紫陶业户进行奖励。三是通过推动制定《紫陶行业自律公约》，发布"紫陶产业诚信发展倡议书"等手段规范紫陶行业管理，完善信用体系建设。相关部门定期对开展"紫陶专项检查"，规范相关企业生产流程；发布"紫陶产业诚信发展倡议书"，建立紫陶产业诚信企业信息交流共享平台，推进紫陶行业诚信建设，保障紫陶产品质量；指导党建工作开展，配合、指导紫陶企业申报知识产权，提升紫陶企业知名度，截至2022年末，全县紫陶行业获得专利授权379件，其中授权发明专利69件、实用新型专利220件，外观设计专利90件，万人发明专利拥有量20.18件，紫陶企业注册商标62个。

第二，加强产学研合作，建延产业链条。建水县委、县政府与国内多所高校展开科研合作，包括与上海交通大学、中国美术学院等院校合作设立4个县级专家工作站，成立"上海交通大学—建水紫陶联合研究中心"，推动紫陶制作技艺不断创新，并将技术成果分阶段落实到企业生产中，推动建水紫陶从工艺陶向特种陶拓展；同时出台多项政策引进1000余名工匠创客为紫陶产业发展出谋划策，目前，已建成省级众创空间2个，州级众创空间3个，州级孵化园3个。在传统陶艺的基础上积极探索"艺术陶+生活陶"，拓宽陶茶融合、陶电融合、陶咖融合等应用领域，形成"紫陶+"跨界联动效应，与合肥荣电集团联合研发实施"紫陶+小家电"战略，开展紫陶慢炖锅、紫陶养生壶、紫陶恒温杯等产品的研发设计，申报建水紫陶外观专利、发明专利、新型材料专利等，推动紫陶元素伴手礼、医养产品开发，有效促进紫陶产业延链、补链、强链，实现从"一片陶"到一条产业链的转型。

第三，创新发展新模式，推动陶旅融合。坚持把紫陶作为最大的文化旅游产品，实施陶城一体融合建设，围绕"一核三区"融合发展思路，培育"紫陶+旅游"新模式，打造出西庄紫陶小镇，紫陶文化创意园、紫陶博物馆、碗窑古村保护项目等业态不断为城市注入文化内涵，建成紫陶文化创意园、紫陶文化广场、紫陶博物馆、蚁工坊艺术空间等一系列紫陶与文化旅游、城市建设相互融合的重点项目，放大紫陶文化带动作用，延长消费时段，将紫陶展示销售、手工体验等业态融入景区，打造"白+黑"旅游模式，形成"陶在城中、城中有陶"的发展格局，有效促进了紫陶艺术创作、生产加工、文化体验、文博服务、城市观光等产业链条延伸，形成"紫陶生产—加工—营销—文旅"模式。

第四，借力数字经济，赋能紫陶升级。建水县积极促进数字技术与建水紫陶深度融合，用数字化赋能传统产业转型升级。在生产制作方面，积极助推紫陶产业与中国移动、云链未来等公司合作，发挥5G、区块链、大数据、人工智能、物联网等信息通信技术引领作用，开展"一中心、一平台、三张网、N应用"（建水紫陶园区可视化大数据中心，政府紫陶区块链大数据

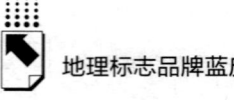

平台，千兆网、物联网、视频网、陶土监测、数据统计、区块链溯源等若干业务应用）数字紫陶管理服务平台体系建设，推广扫码溯源打造紫陶"身份证"，构建紫陶产业从原料生产源头到消费者的全流程追溯体系，有效解决传统文化商品确权、溯源等归属难题，切实提升紫陶产业数字化发展水平；积极探索VR数字店铺、AR互动等多元化数字营销手段，实现市场精准营销，丰富消费者体验。在网络营销方面，大力推进"紫陶+电商"发展，建成电商孵化基地、抖音直播基地，定期组织紫陶企业和个体工商户开展电商和直播技能培训，开展抖音、快手等直播培训1500余人次，累计培育紫陶电商300余户，覆盖淘宝、抖音、拼多多等多个平台。线上累计销售额达5亿元，单个账号月销售额突破70万元。

第五，培养高质量人才，建立"传帮带"培养机制。坚持把紫陶人才培养作为推动紫陶产业发展的重要抓手。具体做法包括以下几点。一是建立"传帮带"培养规划。单独成立了红河州非物质文化遗产保护中心，积极做好非遗技艺师承体系等保护工作，树立"建水紫陶旗帜"。截至2022年末，共培育"中国陶瓷艺术大师""大国工匠"等国家级大师3名，省级艺术类专业技能大师43名，拥有副高级以上职称的工艺美术师55名、建水紫陶烧制技艺传承人68名，工艺美术专业职称973名，获得人社部门技能认定2721名。二是探索"紫陶下乡"发展模式，充分发挥紫陶制作工艺覆盖面广、兼顾农工、适合家庭生产的优势，把"紫陶工厂"建在乡村，积极招收农村群众进入紫陶行业，不断扩大群众就业面。三是构建"政校企"合作模式。建水县成立了首家"建水紫陶产业学院"，依托紫陶学院、红河州民族师范学校陶习苑等4个实训基地，与中国美术学院、西安美术学院等院校建立人才培养合作关系，探索建立校企联合招生、联合培养、一体化育人的长效机制，探索建立"政校企"联合招生、联合培养的长效机制，实施免学费、教材费等优惠政策，有针对性地对行业所需应用型技术人才进行定向培养，年均培训紫陶专业技术人才近千人。四是实施"走出去、请进来"战略。通过紫陶协会邀请、企业聘请等方式引进1000余名国内外书画艺术、现代雕塑大师，并给予政策支持，同时，组织紫陶从业人员参加各地举办的文化产业培训班，通过人才双向流动的方式，让紫陶从业人员在提升自身技艺水平、文化知识的同时找出与发达地区、与优秀大师之间的差距，查缺补漏，提升建水紫陶行业从业人员的总体素质。

（二）典型案例经验及启示

1. 标准化规模化筑牢品牌基础

我国很多的脱贫地区拥有品质优良的农产品、历史悠久的传统手工艺品等大量独具特色的地理标志产品，但因缺乏标准化、规模化的生产能力和技术，又或缺乏完整的产业链以及产品差异化程度较低，使产品认可度、知名度和市场化水平都相对较低。在永登"苦水玫瑰"、云南"建水紫陶"、江西"赣南茶油"等较为成功的典型案例中，可以发现标准化是规模化的基础，而规模化有助于降低生产成本，增加利润，故三地均出台了一系列涉及地理标志产品标准化生产的相关文件及标准，联合高校和科研院所进行技术指导，推进产品标准化生产、种植、养殖，扩大产业规模。同时完善上下游产业链，逐步使地理标志产业成为具有当地特色的支柱产业。地理标志产品品质得以保证，是该地区地理标志品牌发展的基础。

2. 多元化宣传打造地理标志品牌名片

品牌宣传的方式和渠道多种多样，但是如何讲好品牌故事，使地理标志产品区别于其他产品，在消费者心中留下深刻的印象，从而影响消费者的消费行为，这需要脱贫地区企业政府在制定宣传策略时因地制宜，充分研究产品特性，了解当地历史人文特征，在此基础上设计创作，使品牌形象鲜活灵动。利用网络社交平台等方式传播，进入年轻人的视野。通过网络渠道宣传品牌，创建和维护好相关服务平台体系，充分发挥数字经济的优势；建立生产基地参观示范区，采用"产业+旅游"的推广模式；积极参加产品博览会、展销会等活动，将品牌推出国门，形成地区独有的品牌名片。正如提到甘肃永登，就会想到"苦水玫瑰"；提到江西赣州，就会想到"赣南油茶"；提到云南建水，就会想到"建水紫陶"等。让地理标志品牌真正发挥它应有的价值，而不再是仅仅依靠低廉的价格在激烈的竞争中占据优势。

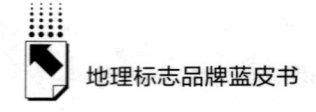

3. 人才科技保障品牌发展

地理标志产业链建设需要专业人才和技术支撑。不论是在"苦水玫瑰""建水紫陶""赣南茶油"等地理标志品牌的发展过程中，还是依据过往发展经验，都不难看出，人才和科技对于地理标志高质量发展的重要作用。各地采取校企合作、联合培养、定向人才培训、行业技术交流、人才引进等方式，同时在当地政府的大力支持下，引进先进技术、资金，以此提高企业的创新能力，完善产品产业链和扩大深加工产业规模，在增加就业岗位的同时提升产能，丰富产品种类，助力经济发展。归根结底，发展脱贫地区地理标志品牌就是盘活地方经济，使优质产品走出去，为农民增收致富。

三 脱贫地区地理标志品牌发展路径

地理标志不仅是产品的认证标识，更是一个综合性的推动因素，为脱贫地区的特定产品赋予独特的地域标识，提高了产品的市场竞争力，凸显了脱贫地区产品的传统和特色，增加了农民收入，改善了农村经济状况，为乡村振兴提供了坚实的基础。目前，脱贫地区在地理标志认定和运用方面仍存在着一些问题，如地理标志品牌的政策宣传力度欠佳，生产者品牌保护意识薄弱，消费者对地理标志产品认识不足，产品的市场价值低等问题。为推动脱贫地区地理标志品牌的发展，提出如下发展对策。

（一）优化政策引领，强化品牌意识

消费者、农户和企业以及政府相关人员的地理标志品牌意识和业务能力在一定程度上限制了地理标志对乡村振兴的促进作用。因此，需要不断优化推广政策，保障并强化品牌意识。

一是提高消费者对于地理标志产品的认可度。消费者购买是地理标志产品的直接经济来源，提高消费者对产品的信任度将直接促进相关产业的发展。当地政府应充分利用各种活动平台和各种宣传渠道，普及地理标志基础知识及相关规定，增强社会认知，提高社会意识，同时加大产品推广宣传力

度，扩大产品影响力进而提升消费者购买意愿，使地理标志能够产生溢价效应。二是要加强农户和企业的地理标志意识。作为产品供应者的农户，对产品形象的建设有立根固本的重要作用，企业充当着产品生产销售全过程中承上启下的关键角色，当地政府、相关产品企业可通过开展主题活动、组织培训等使相关企业和农户学习了解地理标志知识以及地理标志品牌所能产生的社会、经济和生态外部性效益，进而提高市场主体申请地理标志和运用地理标志参与市场竞争的积极性和主动性，自觉在产品生产过程中，对产品质量进行严格把关，加强消费者对产品品牌的信任感与复购意愿，形成良性循环。三是加强地理标志业务指导培训。政府部门要加强针对相关管理人员的地理标志业务指导培训，同时要搭建供需对接和服务共享平台，及时更新对地理标志政策规定的解读和地理标志优质信息服务资源。定期组织专家深入基层，通过举行现场观摩、咨询培训等活动，向农户和企业传授地理标志专业知识，并进行经验交流。推动地方建立政府主导、校企联合、产业带动的地理标志人才培养机制，培训新型职业农民，提升从业人员技能，推动新技术、新人才、新理念等向农业农村流动。

（二）创新建设路径，提升品牌形象

脱贫地区受限于交通不便的地理位置和欠发达的经济水平，在地理标志品牌建设和产品推广方面受到阻碍，正如贵州"香禾糯"等地理标志产品面临着"酒香也怕巷子深"的尴尬局面。与此同时，部分商家未经授权擅自使用地理标志商标，生产者品牌保护意识弱，可能滥用地理标志导致品牌信任危机，使地理标志产地和相关企业利益受损，安溪铁观音等地理标志产品曾陷入侵权风波。多维度创新品牌建设路径，提升品牌形象至关重要。

一是拓展地理标志产品营销渠道。地理标志产品营销需顺应当今数字化的时代浪潮，利用网络媒体传播速度快、范围广、时效性强的优势，依托现有的互联网新媒体平台，运营品牌专有账号，公布地理标志产品生产加工过程，彰显地理标志产品优势，扩大地理标志产品受众，从而开创地理标志品

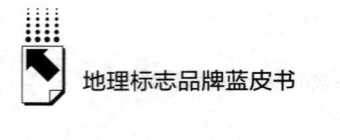

牌营销新局面。二是增加地理标志品牌客户黏性。地理标志产品相关企业需用心跟踪各个平台消费者的建议与反馈，结合产地与企业经营情况进行提升改进，在聆听消费者心声的基础上建立良好的消费循环机制。三是构建地理标志产品体系化运营。建立健全脱贫地区的物流枢纽系统，使脱贫地区的物流服务便捷性和时效性大幅增加，实现地理标志产品生产、销售、运输全链条系统化发展。四是塑造地理标志品牌良好形象。在地理标志品牌建设过程中，保障产品品质，结合历史人文故事设计品牌形象。地方政府围绕地方产业，结合区域地理标志产品，举办产品推介会，建立地理标志产品博物馆等，通过众多线上线下的活动，与企业联手打造地理标志品牌新名片。五是提升地理标志商标保护。地理标志注册认证部门定期开展地理标志品牌维护指导，增强企业产权意识，提升商标运用能力，同时完善产权相关的法律法规，使制度更好地服务企业，强化商标维权保护，真正保护脱贫地区的经济利益。

（三）拓展发展脉络，增强产业韧性

脱贫地区的地理标志产品多数是初级农产品，呈现受自然气候因素影响较大，生产技术相对落后，生产分散化，产品上下游链条较短等特点，不利于地理标志发挥作用。拓展地理标志发展脉络，延长产品产业链，增强产业韧性是地理标志产品可持续发展的重要途径。

一是加大科技投入，促进精深加工。在地理标志发展过程中，加大科技投入力度，不断丰富地理标志农产品的类别，增加地理标志产品的科技含量，逐步围绕地理标志产品形成具有较大产品深度和关联度的产品体系，夯实品牌竞争基础。二是加强产业链上下游的协同合作。脱贫地区的地理标志产品通常受到生产环节的制约，为了增加附加值和提高竞争力，需要加强产业链上下游协同合作。建立起生产、加工、销售等环节的合作机制，形成完整的产业链条，实现资源的有效整合和优势互补，从而提高产品质量和降低生产成本，还能促进地理标志产品的品牌化和市场化。三是着力推进融合发展。企业要推进"地理标志+"发展模式，着力于农产品链条的纵深发展，

以及价值链的深化、上下游企业联动发展，形成网格化状态的企业集群，助力地理标志产业发展。

（四）优化政策服务，推动品牌发展

脱贫地区地理标志产品较多，但产业发展较为薄弱、规模化集约化程度较低。加强地理标志法律制度建设和地方立法指导、地理标志品牌培育指导，建立健全地理标志基层工作体系等都将对脱贫地区地理标志发展起到关键作用。

一是要对地理标志生产企业给予财政支持。一方面，政府可以设立针对中小企业的专项资金，并鼓励银行、保险等金融机构研发适合地理标志产业发展特点的金融产品和融资模式，为地理标志产品的研发、生产和推广提供资金支持；另一方面，政府可以出台地方优惠措施，如税收补贴，税收优惠等，减轻企业负担，做到让利于企业，鼓励企业进行技术创新与品牌建设。建设产业孵化园区，支持企业技术产业升级，鼓励供应链相关企业抱团发展，形成企业集群，使企业获得配套合作等方面的更多便利。二是要加强地理标志产品知识产权保护，保障利益各方的合法权益。政府应当出台强有力的措施，探索针对地理标志维权的路径，处理落实知识产权保护工作。明晰产权和地理标志相关管理部门的职责范围，减少各部门之间的交叉重叠和监管盲区，从而严厉打击侵权易、监管难的问题。在维权过程中采取"行政保护+司法保护+行业保护"的立体保护模式和"从线索挖掘到专业取证，从专家研判到灵活采取维权方式"的保护模式，确保地理标志的合法权益。三是要为相关市场主体提供全面的政务服务。地理标志产业的核心是地理标志产品的注册认证。政府可以在符合相关法规和保证审查标准完善的基础上，简化申请手续，优化规范流程，对确有需要的，经批准可开启"绿色通道"加快审查，提高审查效率。设立一批地理标志指导服务中心，对市场主体地理标志商标品牌注册、运用、管理、保护与推广过程中的疑问进行解答，对地理标志市场主体提供全过程的指导和服务。

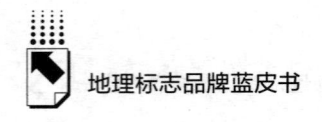

（五）构建联盟机制，实现互利共赢

脱贫地区经济发展水平相对较低，在地理标志产品支持力度相对偏弱，很容易出现市场竞争力下降、生产效率低下、产品质量不稳定等问题，因此需要集结多方力量，共同推动地理标志产业的发展和提升技术水平。

一是要加强企业和产业间合作，实现信息互通、技术和资源共享、品牌共建，共同研发新产品或新技术，提高产品质量和技术水平，减少成本，提高效率，实现优势互补，互利共赢，建立长期稳定的利益共同体。培育形成以地理标志龙头企业为主的新型联合经营主体，支持发展符合乡情村情的"企业+地理标志+农户"等多种形式利益联结。二是要加强产学研合作，推动科技创新与成果转化。产学研合作是将学术界的研究成果与产业界的技术和资金相结合的一种合作方式。这种合作可以加速科技创新和成果的转化，提高企业和产业的技术水平和竞争力，推动科技创新和产业升级。产学研合作要以地理标志产业链的延长和升级为方向，着力于解决农产品种源、种植及加工过程中的关键核心技术问题，培育高价值专利。相关部门要积极推进专利转化专项计划，让产学研合作的成果在产品研发、生产、包装、销售等各环节充分发挥作用，更多地惠及脱贫地区相关产业、企业及农户。

参考文献

［1］邓雪霏、卢博宇、徐子荐：《地理标志农产品品牌化、标志特征、内在机理及实现路径研究》，《农业经济》2022年第6期，第123~126页。

［2］李杨芳：《朵朵玫瑰香满山》，《中国知识产权报》2022年3月30日，第4版。

［3］孔明：《论云南建水紫陶的历史、成因与发展》，《美术大观》2013年第8期，第68~69页。

［4］聂磊明：《云南建水紫陶的形成原因探寻》，《红河学院学报》2017年第1期，第25~27页。

［5］蔡文正：《让甘肃地理标志产品走出去走得好》，《甘肃日报》2023年10月11日，第7版。
［6］徐文祥、陈志宏：《农产品地理标志保护产品——古浪香瓜》，《长江蔬菜》2023年第20期，第17~18页。
［7］钟南清、郭美勤：《油茶产业看赣州》，《国土绿化》2023年第2期，第40~43页。

B.10 农产品地理标志与传统文化的传承和发扬

——以甘肃省为例

僧海霞 袁曹泽浚 唐茜*

摘　要： 地理标志是传承和发扬传统文化的重要载体。甘肃省地貌丰富、历史悠久、地理标志产品众多。截至2022年，甘肃省拥有地理标志产品67个，地理标志商标169个，农产品地理标志137个。甘肃省农产品地理标志的发展取得了瞩目的成就，典型地呈现了地域文化的特色，但也存在同类型品牌缺乏融通、部分品牌知名度低的问题。本报告通过分析甘肃的方志物产，认为传统文化中对地域属性的认知在农产品地理标志发展中有奠基性作用。基于此，当前甘肃农产品地理标志的发展，首先要重视发掘同类品牌的共同资源属性，强化其核心竞争力，加强同类品牌的凝聚力，目前的"甘味"即是有益的尝试；其次要打破县域地理概念的限制，强化凉州、陇右、秦州、河西等具有跨县域属性的传统地理概念的影响力，扩大传统地域文化的生命力；最后要讲好品牌故事，发掘农产品地理标志品牌的历史，依赖品牌故事和媒介手段，扩大品牌影响力，在发展中传承和发扬传统文化。

关键词： 地理标志品牌　农产品地理标志　方志物产　传统文化　甘肃

---

* 僧海霞，西北大学历史学院教授，主要研究领域为历史地理学；袁曹泽浚，西北大学历史学院硕士研究生，主要研究领域为历史地理学；唐茜，西北师范大学历史文化学院本科生，主要研究领域为历史地理学。

农产品地理标志与传统文化的传承和发扬

甘肃在古时为雍、梁二州之地，其境内受典型的高原地貌、风寒干燥的气候条件和短缺的地表径流等因素影响，形成了特殊的生态环境。地貌的多元性和气候的复杂性，使处于农牧交错地带的甘肃地区，在历史时期既被视为"畜牧为天下饶"之地，又是"桑麻翳野"的"天下称富庶者"之区。甘肃农牧兼宜的自然环境属性，为其发展农产品地理标志奠定了重要的基础。经过数十年的努力，甘肃农产品地理标志发展取得了突出的成就，为地方经济贡献良多。在农产品地理标志发展中，地方政府已关注到传统文化对提升品牌形象的影响，但仍有丰硕的文化资源亟待发掘。本报告通过梳理甘肃农产品地理标志发展现状和特征，阐释其与甘肃方志物产的关系，解析其对传统文化的传承方式，探讨甘肃农产品地理标志传承与发扬传统文化的可行性路径。

一 甘肃农产品地理标志的发展

2009年，我国启动了农产品地理标志登记工作，甘肃省也于同年开启了农产品地理标志的申请工作。农产品地理标志是指标示农产品来源于特定地域，产品品质特征主要取决于该特定地域的自然生态环境、历史人文因素及特定生产方式，并以地域名称冠名的特有农产品标志。经过数十年的发展，甘肃农产品地理标志工作取得了耀眼的成就。

（一）甘肃农产品地理标志的现状

截至2022年底，甘肃拥有地理标志保护产品67个，地理标志商标169件，农产品地理标志137个，地理标志用标企业674家。全省拥有国家地理标志产品保护示范区4个，省级地理标志产品保护示范区6个。"靖远枸杞""武都花椒"等6个地理标志产品入选国家地理标志助力乡村振兴典型案例。"兰州百合""天祝白牦牛"等9个地理标志纳入中欧地理标志互认互保清单，"静宁苹果"等地理标志品牌连续多年入围中国区域品牌价值评价100强，单个品牌价值超过130亿元。甘肃省地理标志产品取得的成就引人瞩目，为甘肃省农产品地理标志的发展提供了重要的保障和经验。

就农产品地理标志来看，甘肃省农产品地理标志登记数量居全国第十位，产品涵盖了"牛、羊、优质林果、蔬菜、中药材和马铃薯"六大产业和"六加一"特色产业，地理标志农产品年总产量已超过1100万吨。[①] 从统计看，甘肃农产品地理标志数量在西北5省份中位居前列（见表1）。

表1 截至2022年西北地区各省份农产品地理标志数量

省份	种植业类（个）	畜牧业类（个）	水产业类（个）	总量（个）
甘肃	100	37	0	137
陕西	107	8	2	124
宁夏	44	14	2	60
青海	41	36	0	80
新疆	104	23	2	132
合计	396	118	6	533
占全国比重（%）	14.62	22.39	2.1	14.38

资料来源：全国农产品地理标志查询系统。

在甘肃，农产品地理标志的发展主要有两方面特点。一是申报的连续性。2009~2022年，甘肃省农产品地理标志持续申报，未曾间断，目前共有品牌137个。2015~2020年6年间，是其迅速发展的阶段，共申报成功82个产品，约占总数的3/5（见表2）。甘肃省地理环境具有多样性的特点，农牧渔业资源丰富，为农产品地理标志的发展奠定了良好基础，同时相关部门关注省内特色农牧产品，积极申报农产品地理标志，发掘地域资源特色，助推地方经济发展。

---

① 罗浩亮、罗维：《甘肃省地理标志农产品发展现状及潜力分析》，《甘肃农业》2018年第23期，第24~28页。

表2 2009~2022年甘肃农产品地理标志认定数量

年份	数量(个)	年份	数量(个)	年份	数量(个)
2009	3	2014	5	2019	17
2010	9	2015	15	2020	17
2011	7	2016	14	2021	6
2012	9	2017	4	2022	5
2013	11	2018	15		

资料来源：全国地理标志农产品查询系统。

二是品类众多。甘肃农产品地理标志以种植类为主，蔬果是重点，共有蔬菜农产品地理标志品牌23个，果类农产品地理标志品牌35个。蔬菜以民众日常食用菜品为主，如大蒜、大葱、黄瓜、辣椒、芹菜、萝卜、马铃薯、洋葱等，具有地域特色的如百合、乌龙头、黑番茄。蔬菜类以高原夏菜为主，甘肃的旱砂地为优质蔬菜的生产提供了环境条件。果类以苹果、梨和瓜类为主，苹果品牌有8个，加上国家质检总局2006年批准的静宁苹果，共有9个；梨类品牌有5个；瓜类品牌12个，包括西瓜品牌5个、甜瓜品牌3个、香瓜品牌2个、蜜瓜品牌2个，产地以河西走廊为主；葡萄品牌3个，产地包括敦煌、张掖和武威；有典型地域特色的小众品牌，如安宁白凤桃、敦煌李广杏等，它们都有继续推广和发展的空间。此外，还有粮食类品牌7个，包括皋兰禾尚头小麦、永昌啤酒大麦、古浪红光头小麦、庆阳荞麦、庆阳小米和定西马铃薯、临洮马铃薯；2个油料作物品牌（崆峒胡麻、武都油橄榄）。茶叶类品牌2个，即陇南绿茶和苦荞茶，这两种茶在陇南市各县多有分布，尤其是苦荞茶，在陇南市所辖的9县121个乡、镇都有分布。而对于香料类品牌，甘肃共有6个，其中4种产品是花椒，产地分别为麦积、清水、武都和舟曲，此外，还有民勤茴香和玉门孜然。甘肃蔬果、粮食、茶叶、香料均有地理标志品牌，门类基本齐备。

在种植业中，中药材品牌数量众多。截至2022年，甘肃省共有地理标志中药材类品牌23个，党参、当归、黄芪、枸杞、大黄等都是驰名品牌，产地环境长期稳定，药品质量上乘。而甘肃中药材资源历来就十分丰富，是我国中药材主产区，也是黄芪、当归、党参等道地中药材主产地，素有"千年药乡""天然药库"之美誉。

甘肃畜牧业地理标志品牌共3类37个，在西北地区居首位，其中肉类品牌30个，蛋类品牌1个，蜂类品牌6个。肉类品牌产品中羊和羊肉品牌有14个，约占总量的1/2；牛类品牌5个，猪类品牌3个，鸡类品牌4个，驴类品牌2个，肃南马鹿鹿茸品牌1个，阿克塞哈萨克马品牌1个。从类型看，牛羊是大类。羊的产地以河西地区为主，从黄河西岸的景泰、永登开始，凉州、永昌、肃南、肃北、哈尔腾（阿克塞）、祁连清泉（玉门）、金塔九个区、县均有出产，尤其是沿祁连山分布的各县都有。而蜂类产品6个，包括了麦积山、邦山、岷县、武都、宕昌、舟曲等地，蜂类产品典型依赖西秦岭的山地环境。畜产品的品名则部分地反映产品的特点，比如，舟曲棒棒槽蜂蜜，棒棒槽是一种原始的养蜂工具。

目前，甘肃地理标志产品中缺乏水产品。这种缺乏，不完全是受资源条件限制，还与当地人的养殖习惯有关。历史时期，甘肃的方志物产中部分地区有水产，但长期缺乏产业化发展的推动力量，产量相对有限，发展成地理标志产品的推动力量不够强劲。

总体上看，甘肃农产品地理标志在果蔬、中药材和畜产品方面有明显的产业优势，且具有地域特色。而从区域产业构成来看，目前对河西走廊已有的形成一定规模的制种产业还没有给予关注，这可能是后续发展的切入点。

（二）农产品地理标志的不均衡性

目前甘肃已经获证的137个农产品地理标志，分布于全省的大多数地区，但存在着不均衡性（见表3）。

表3　甘肃农产品地理标志的空间分布

地区	数量(个)	地区	数量(个)	地区	数量(个)
酒泉	18	定西	12	武威	7
陇南	16	甘南	11	金昌	7
天水	13	白银	10	嘉峪关	3
庆阳	12	张掖	8	临夏	0
兰州	12	平凉	8		

注：数据截至2022年底（不包含原国家质检总局批准产品）。
资料来源：全国农产品地理标志查询系统。

一是空间分布不均衡。从甘肃省地理标志品牌地级市空间分布看，临夏回族自治州没有农产品地理标志，但2012年12月，国家质检总局批准对临夏"大河家鸡蛋皮核桃"实施农产品地理标志保护，这意味着甘肃全部地级市都有名优产品，但数量差异明显。在各地级市中，酒泉和陇南农产品地理标志品牌数超过15个，天水、兰州、庆阳、定西、甘南和白银超过10个，嘉峪关和临夏则很少。具体到产品类型，如蜂类产品主要分布于天水2个、武都3个和甘南1个，品牌的属性与地域环境呈现直接相关关系。这意味着甘肃各地级市地理标志产品的分布基于环境，但同时与各地产业构成相关，在嘉峪关、金昌这类以工业为核心产业的地级市，农村和农业占比较小，农业种植面积小，产品发展受到局限。

二是产品类型不均衡。总体看类型相对单一。甘肃的地理标志产品以食用农林产品为主，其中果品类35种，瓜类12种，包括西瓜类5种、甜瓜类3种、香瓜类2种、蜜瓜类2种；苹果9种，产地包括龙湾、平川、通渭、秦安、静宁、庄浪、灵台、崇信、庆阳；梨5种，即皋兰软儿梨、兰州冬果梨、大庙香水梨、条山梨、西河八盘梨；香料类6种，花椒有4种，产地分别为舟曲、武都、麦积、清水地理标志。中药材类23种，其中当归有4种（临潭、卓尼、哈达铺、岷县），党参有4种（渭源党参、陇西白条党参、武都纹党参、宕昌党参），枸杞产地有3个（景泰、瓜州、玉门），黄芪、大黄、半夏产地各有2个，单一产地的中药材较少。在畜牧类产品中，羊及羊肉品牌共有14种，占50%；牛类品牌有6种，其中牦牛有3种；猪类有3种，其中蕨麻猪两种。此外，还有鸡、驴、马等，最独特的是肃南马鹿鹿茸。从类型看，不论是果蔬产品还是畜产品，几个大类品种脱颖而出，形成了一定的产业规模，而更多的品种则有待推广。

二 甘肃农产品地理标志中的方志物产

地理标志是基于各地的自然环境而形成，对地域社会原有产业方式有典型的依赖性。方志物产是古代方志类著作中记载的物产信息，由植物、动物、矿物三类构成。物产成为方志著录的内容由来已久，早在方志的雏形《尚书·禹贡》与《山海经》中就有关于各地物产的描述，两宋时期各地特色物产逐渐成为方志的基本内容，明清以来方志中涉及的物产信息更是蔚为大观。包平等梳理了方志物产资料，认为方志物产资料中蕴含着丰富的地方传统种质资源信息，是追溯传统种质资源演变脉络的知识宝库，为厘清我国传统种质资源的数量、种类、传承谱系及生物多样性创造了条件。① 农产品地理标志是基于地理环境而形成的产品类型，与方志物产有着不可分割的关系。

（一）甘肃方志物产的地理基础

各地方志物产中的农产品是当地先民结合本地特有环境有意识种植的结果，与区域生态环境关系密切。从秦汉时期起，陇山以西地区的风土和物产就受到了关注。"天水、陇西、北地、上郡与关中同俗，然西有羌中之利，北有戎翟之畜，畜牧为天下饶。然地亦穷险，唯京师要其道。"② 而汉志更是记载了地方的出产和风俗，"敦煌……杜林以为古瓜州地，生美瓜"；"天水、陇西，山多林木，民以板为室屋。及安定、北地、上郡、西河，皆迫近戎狄，修习战备，高上气力，以射猎为先"；"自武威以西……地广人稀，水草宜畜牧，故凉州之畜为天下饶。"③ 这种因地理环境形成的产业结构和风土民情，在传统社会中一直沿袭，甘肃各地"勤于稼穑，多畜牧"④"土本膏腴，民事耕植"⑤"采猎为生，以织毛毡为业"⑥ 的记载不绝于书。从《元和郡县志》看，武州贡"椒"，甘州贡"白柰、枸杞"，肃州贡"肉苁蓉、柏脉根"，瓜州贡"草豉子、吉莫皮"，岷州贡"龙须

---

① 包平、卢勇：《梳理方志物产资料 挖掘传统种质资源》，《农民日报》评论部官方微信公众号，https://mp.weixin.qq.com/s/uTlPZ4JBKism_ypPasLaEg，2021年8月18日。
② 《史记》卷129《货殖列传》，中华书局，1959，第3262页。
③ 《汉书》卷28《地理志》，中华书局，1962，第1644~1645页。
④ 《隋书·地理志》卷29《地理上》，中华书局，1973，第816页。
⑤ 吴生贵、王世雄：《肃州新志校注》，中华书局，2006，第155页。
⑥ 天顺《大明一统志》卷37，巴蜀书社，2017，第1813页。

席",叠州贡"甘松香"等。明万历《阶州志》记载,"贡:椒、雄黄……"[1]。明嘉靖年间,西和、成县、阶州、徽州等贡"药物秦椒一百斤"[2],两当县贡"药物秦椒五十五斤"[3]。这些物产都依赖自然环境种植并世代延续。

方志物产依赖特定的环境种植和存续。中药材中的当归,对陇山以西的山区环境有明显的依赖。陶弘景《名医别录》记载,"当归生陇西川谷,今陇西四阳黑水当归,多肉、枝少、气香,名马尾当归"。陇西在秦汉时期就是一个宽泛的地域概念,下辖多县,如岷山就在其范围内。岷山山区盛产当归的地方包括岷县、漳县、渭源等,其中以"岷归"最为有名。[4] 至今,当归仍是重要的地理标志产品。

1400多年前的《齐民要术》记载,"蜀椒出武都,秦椒出天水"。经过千年发展,无论"蜀椒"还是"秦椒",都成为具有地方特色的产业。明清时期花椒树普遍分布在六盘山、陇山、崆峒山及东黄土高原地区,清代北秦岭及其以北的山区也普遍栽种花椒树。目前,武都花椒、清水花椒、麦积花椒都是甘肃地理标志名品,种植规模和经济收益良好(见表4)。

表4 陇南地区明清以来花椒种植分布

地名	朝代	史料记载	资料出处
武都区	明代	贡:椒、雄黄,共折银一十七两二钱五厘	万历《阶州志》
	清代	蜀椒,出武都山谷。蜀椒久服之,头不白,令寒者热,热者轻,轻者重。出武都色赤者善	嘉庆《武阶备志》第55页
		椒花,开元阶州贡。蜀椒,出武都山谷	光绪《阶州直隶州续志》第310页

---

[1] 万历《阶州志》卷3《贡赋》,胶卷复制明万历四十四年(1616)刻本,甘肃省图书馆藏。
[2] 民国《甘肃通志稿》卷36《财赋一·贡赋》,收入《中国西北文献丛刊·西北稀见方志文献》(第28册),兰州古籍书店,1990年影印本,第104页。
[3] 民国《甘肃通志稿》卷36《财赋一·贡赋》,收入《中国西北文献丛刊·西北稀见方志文献》(第28册),兰州古籍书店,1990年影印本,第106页。
[4] 吴月等:《甘肃风物志》,甘肃人民出版社,1985,第208页。

续表

地名	朝代	史料记载	资料出处
徽县	明代	货类:椒、铁、青靛、麻、皮、毡、纸 交纳的赋税:秦椒,银十两。雄黄,银五两	嘉靖《徽郡志》第57、46~47页
	清代	椒山,北四十里,其南有小椒山相连 货类:……椒、丝、枸杞、鸦铁、铅	嘉庆《徽县志》第280、384页
	民国	杂物:……蜡、蜜、椒	民国《徽县新志》
礼县	清代	方物土产:花椒、当归、苍术	康熙《礼县新志》
		土产:……花椒、当归、苍术、羊肚	雍正《礼县志》
		物产一门,旧志仅载花椒、当归一二种	乾隆《礼县志》第4页
		食货(附):花椒、红花、菜油……	光绪《重纂礼县新志》第109页
成县	清代	药属:白芷、秦椒、管仲 木属:椒、椿、栗竹	乾隆《成县新志》第309~310页
	民国	药材类:白芷、秦椒、管仲、荆芥	民国《成县要览》
西和	清代	药类:甘草、百合……何首乌、花椒	乾隆《西和县新志》第191~192页
两当	清代	药之属:有红花、白芨……秦椒、川芎 木之属……与椒,皆其多者也 《香泉寺记》……北连椒园之水	道光《两当县志》第408~409、410、521~522页
	民国	药材除当参外,尚有丰产额者为……枣仁、花椒、石斛、杜仲、管仲等类	民国《两当乡土讲义》
康县	民国	椒,总称花椒,亦分数种,赤色者为佳,俗称六月椒	民国《新纂康县县志》第188页
		菜蔬瓜果:核桃、花椒、银杏 树木:五角树、花椒、椿树	民国《康县要览》
文县	清代	食货:如椒、矾、漆、蜜、蜡亦均可用	光绪《文县志》第102页
	民国	蔬菜果品类:花椒、软枣、苹果	《文县要览》

资料来源:蒋岚:《甘肃地区明清以来花椒的种植及使用研究》,西北师范大学硕士学位论文,2019,第21页。

由表4可知,明清至民国时期武都等区、县都有花椒种植,其既可用作蔬菜类调味品,也可药用,如光绪《阶州直隶州续志》记载,"蜀椒久服之，头不白，令寒者热，热者轻，轻者重。"[①] 民国时，"花椒，本省南部以武都、礼县、西和、成县、康县、天水为主要产区。可供销至青、宁、新三省"。[②] 20世纪80年代后，多集中连片栽植于田间、地埂及低浅山坡。武都各县所在的南秦岭山地属南北气候过渡带，南北树种兼有，花椒是其主要树种。在这一地区花椒适宜生长的地理环境，也使其种植范围长期稳定，促进了种植技术的发展。

甘肃省具有地貌多元的属性，不同区域有不同特产。盛产瓜果和牛羊的河西走廊，盛产药材和香料的武都地区，盛产苹果的陇中东地区，以及盛产畜牧产品的甘南地区，都发挥了各地的地理环境优势，促进甘肃农产品地理标志向更好的方向发展。

（二）农产品地理标志对方志物产的继承

对甘肃方志物产的系统记载，可追溯到《元和郡县志》等唐代典籍。李艳军对唐代陇右道土贡进行了分类，具体如表5所示。

表5　唐代典籍记载的甘肃地区进贡物产

品类	《元和郡县志》	《新唐书·地理志》	《唐六典》
丝麻织品	褐		
药材	秦艽、麝香、甘松香、白茶、枸杞、砺石、肉苁蓉、柏脉根、石膏、吉莫皮	川芎、麝香、秦艽、山鸡尾、羚羊角、甘草、石膏、黄矾、绛矾、苏蓉、柏脉根、枸杞实、胡桐律	麝香、砺石、吉莫皮、川芎、肉苁蓉、柏脉根
畜产品	牦牛酥、酥	蜜	
果蔬	椒		

[①] 光绪《阶州直隶州续志》卷14《物产》，收入《中国地方志集成·甘肃府县志辑》（第10册），凤凰出版社，2008年影印本，第310页。

[②] 民国《甘肃省乡土志稿》，收入《中国西北文献丛书·西北稀见方志文献》（第30册），兰州古籍书店，1990年，第472/513/584~589页。

221

续表

品类	《元和郡县志》	《新唐书·地理志》	《唐六典》
加工品	蜡烛、龙须席、柔毛毡、棋子石	龙须席、蜡烛、毯、棋子、紧鞾	棋子、蜡烛、毛毹、毹布、龙须席
动植物及其产品	鹦鹉鸟、野马皮、雕翎、白麦、牸羊角、草豉子	鼣鼠、野马革、草豉、白麦、冬柰、叶	野马皮、牦牛尾、雕翎、草豉子
矿产	麸金	麸金、散金	麸金、散金

资料来源：李艳军：《唐宋土贡对区域经济作物带形成的影响》，河北师范大学硕士学位论文，2019。

　　唐代陇右道进贡的物品主要是药材，丝麻织品和果蔬较为罕见。当时甘肃一带的果蔬类物品尚未形成地域特色，也许是保鲜和运输能力的局限。唐代贡品见于当前地理标志名录的仅有枸杞、椒、蜜，而当时大量的手工制品如蜡烛、龙须席、棋子石以及各种毛毹，当前已很难见到。

　　明清时期，人们对地方物产的认识更全面，"职方辨国，畜宜牛马，谷宜黍稷。……山林川泽，因乎土宜，各产方物"①。清代甘肃方志记载甘肃的物产极为丰富，一府所产数十种至几十种不等，此举《甘肃通志》临洮府所产以窥斑知豹（见表6）。

表6　清乾隆《甘肃通志》所载临洮府物产

矿产	织品	瓷器	蔬菜类	水果类	中药类	鲜花类	牲畜类	鱼类	染料
麸金	褐	黑瓷器	白菜、蒲笋、龙须菜、蕨菜	梨、苹果、柿、石榴、葡萄	甘草、知母、甘松、庵闾子、大黄、贯众、桦皮、硇砂、硼砂、麝香	玫瑰花、瑞鹤仙、水金莲	牦牛、黄羊、土豹皮、貒	鲦、鲫、鲂	靛

资料来源：（清）许容监修，李迪等撰《甘肃通志》上册卷二十《物产》，兰州大学出版社，2018，第694~695页。

---

① 《甘肃通志》卷20《物产》，兰州大学出版社，2018，第694~701页。

清代前期临洮府是甘肃的政治中心，其所辖大体包括现在的兰州、白银、定西三市。其时该地产品类型丰富，如水果中的石榴、柿子，目前尚未成为地理标志品牌，中草药中的甘草、知母、贯众等也未见提及，花类中瑞鹤仙、水金莲等也同样缺乏规模种植。总体来看，除了白菜、大黄为今天地理标志产品外，其他众多产品都没有成为名优特产。同时，方志物产中牲畜类和鱼类都广泛存在，现今地理标志农产品中仅有永登七山羊、平川山羊肉等，没有鱼类。

目前，在甘肃的地理标志农产品中，没有水产类产品。而清代甘肃方志物产中，仅临洮府一地就有"鲦、鲫、鲂"三种鱼类，产自于洮水；而岷州的"鲫鱼、鲂鱼、齿鱼"，平凉府的"桃花鱼"，凉州府镇番县（今民勤县）的"无鳞鱼"，肃州镇夷县（今高台县）的"白条鱼"，都是当地河流出产的鱼类，而且平凉府还出产"鳖、蟹"等。可以考察当地目前是否仍然具备养殖环境，为地理标志资源做储备。

从发展过程看，甘肃的地理标志农产品与方志物产有明显的继承关系，这奠基于地理环境的稳定性和生产习俗的传承，但同时也应看到甘肃在传统时代物产较为齐全，能满足民众生活的基本需求。在目前的地理标志农产品申报中，方志物产中大量的具有地方特色的农产品并未被申报，这意味着方志资源信息有待进一步发掘，甘肃地理标志农产品仍有广阔的发展空间。

三 甘肃农产品地理标志对地方文化的影响

在当前甘肃农产品地理标志申报中，可以发现众多历史悠久的产品，其产品的种植或养殖历史已被关注，成为农产品地理标志发展的重要支撑。

（一）甘肃农产品地理标志对地理环境的依托

甘肃农产品地理标志对地域环境有极强的依赖性，如花椒，就是与自然环境有明确关联的产品。花椒在全省大范围种植，尤其是陇南的气候温暖湿润，花椒产量也最大。甘肃花椒种植历史悠久，在民国时期进行了大量的培育种植，近年来政府也多次进行扩大种植。目前，陇南市因地制宜地大力发展花椒产业，花椒已成为陇南市的特色产业。出产优质蜜瓜的民勤县，处于两大沙漠交汇处，昼夜温差大。这里的瓜农始终遵循着原始自然的种植方式，种出来的"沙漠蜜瓜"肉质鲜美，果味浓郁，甘甜多汁，使来自沙漠中的"金色奇迹"在水果界备受推崇。

而甘肃出产的中药材，更是对生长环境有典型的依托性。在全国乃至世界范围内享有盛誉的"西潞党"——文县纹党参，在全国各地所产党参中居于上乘，与山西的"潞党"齐名。文县种植党参已有千年以上的历史，世代相传积累了丰富的经验，加上气温、雨量、土壤等自然条件适宜，该地种植出来的党参质量特佳。另外，甘肃的大黄、黄芪等也是特色鲜明的道地中药材。黄芪是多年生草本豆科植物，以根入药，主要产在宕昌、岷县、武都、渭源、康乐等县的高寒阴湿山区。甘肃过去出产的黄芪绝大部分是野生，对土壤、气候条件有明确需求，故历经千年仍以西秦岭一带为主产区。①

知名花卉"苦水玫瑰"，其产地限定在兰州市永登县的苦水乡及周边地区。苦水乡栽种玫瑰已有170多年的历史。苦水一带的弱碱性土壤，昼夜温差较大的气候和引水灌溉的耕作条件，使栽下的玫瑰不但易于成活，而且长得枝叶茂盛，花朵繁多，香气浓郁，含油量高，适宜制作糕点、酿酒和提取玫瑰油，经济价值极高。近年来，在政府支持下，苦水玫瑰种植数量不断增加，产量也甚为可观。每年收获的玫瑰花，销往兰州、天津、北京、广州等城市，经济收益良好。

甘肃农产品地理标志，无论是果蔬、中药材，还是花卉，对自然环境都有明显的依赖性。环境的典型性，保障了产品的地域属性明晰，有助于形成典型品牌，促进品牌价值更好地发挥。

（二）甘肃地理标志对传统技术的继承

在历史条件下，受制于生产力的发展，甘肃各地方志物产的销售范围较

---

① 吴月等：《甘肃风物志》，甘肃人民出版社，1985，第210页。

为有限，大多缺乏深加工。但在当前产业高度发展的经济氛围下，对地理标志农产品进行深加工成为地理标志品牌拓展的重要方式。地理标志农产品的加工，有多种方式，如通过晾晒制成的葡萄干、瓜干、杏干、百合干等果脯，通过泡或煮而制成的苹果醋、柿子醋、杏皮水等，此外也有通过加工矿石而制成的手工艺品等。在甘肃地理标志农产品深加工过程中，对传统技术的利用和改进，是文化传承的重要方式。以河西走廊的葡萄酒和酒泉的夜光杯为例，它们都是甘肃地理标志农产品加工的典型品牌，利用传统技术扩大了农产品的发展。敦煌葡萄、武威酿酒葡萄、张掖葡萄分别于2010年、2014年、2015年获批农产品地理标志。2012年，河西走廊葡萄酒获得了地理标志保护，范围涉及武威、金昌、张掖、酒泉、嘉峪关。而与葡萄酒共享技艺之美的酒泉夜光杯，也于2016年获批地理标志产品。

葡萄，也称草龙珠、蒲桃等，是由西汉张骞从中亚带回中原，"（大）宛左右以蒲陶为酒，富人藏酒至万余石，久者数十岁不败。俗嗜酒，马嗜苜蓿。汉使取其实来，于是天子始种苜蓿、蒲陶肥饶地"。[①] 约在此后葡萄酒酿造技术也引入中国。河西走廊地处北纬36°~40°，昼夜温差大，其光、热、水、土资源条件，有利于葡萄糖分的结晶和积累，使其糖酸比处于最佳状态，是优质酿酒葡萄的产地。20世纪80年代开始，甘肃逐渐形成了武威、张掖、嘉峪关三大主要葡萄酒产地。2009年，紫轩酒业成为中国第一家通过国际有机产品认证的葡萄酒企业，填补了我国有机葡萄酒国际认证的空白。经过30多年的发展，河西走廊已有具备葡萄酒生产酿造条件的企业19家，形成了莫高、紫轩、国风等一批国际知名的葡萄酒品牌。各酿酒企业在发酵、存储、陈酿、控制氧化等技术层面不断研发和突破，实现多项技术创新，获取了诸多荣誉。在产品方面，河西走廊产区发展了自己的特色，莫高的黑比诺获得了市场认可；威龙在行业内开辟出有机葡萄酒的新天地；祁连酒业"蛇龙珠新鲜干红"工艺技术达到国内领先水平；"赛美蓉冰白"及"美乐冰红"填补了国内空白，工艺技术达到国际领先水平。到2017

---

① 《史记》卷123《大宛列传》，中华书局，1982，第3173页。

年，甘肃地区建成酿酒葡萄种植基地30.75万亩，葡萄酒产能达到2.96万吨，销售额近10.11亿元，成为甘肃重要产业之一。2019年，河西走廊产区获"世界美酒特色产区"的殊荣。同时，甘肃从2011年起每年举办一次"中国·河西走廊有机葡萄美酒节"，成为葡萄酒走向世界的窗口，为农产品地理标志走向世界创造了机遇。

酒泉夜光杯是第一批国家级非物质文化遗产，其制作工艺传承千余年。据文献记载，西周时期西域曾向朝廷进献"夜光常满杯"。到了唐代，因王翰的"葡萄美酒夜光杯"的传唱，酒泉夜光杯更是驰名天下。酒泉夜光杯采用祁连山的老山玉、新山玉、河流玉等雕琢而成，玉石中含有的稀有元素能够吸收光能，因而能在黑暗中发出独特的荧光，深受世人喜爱。明末清初是夜光杯生产的兴盛时期，酒泉有十多家玉石作坊制作夜光杯。夜光杯制作工艺复杂精细，要经过选料、验料等28道工序。首先，要选上乘的料，根据酒杯的尺寸，切成不同规格的形状，再按一定尺寸切下做毛坯，制作毛坯需5道工序，初型的制作需要4道工序，掏膛需5道工序，夜光杯基本成型。之后进行细磨、冲、碾、拓、抛光、烫蜡等14道工序，晶莹剔透的夜光杯制作完成。夜光杯制作全靠手工精雕细琢，成品酒杯壁薄如纸，光滑细腻，色彩斑斓。酒泉夜光杯所传承的手工技艺，推动着酒泉文旅产业的发展，意义重大。

甘肃农产品地理标志的再加工工艺，是对传统文化的有效传承，不仅拓展了产品的使用形式，延长了产品保质期，更是在发展中传承着传统文化，提升产品的文化价值。

（三）农产品地理标志对民间文化的传播

在甘肃，众多的农产品地理标志都有着悠久的种植历史。产于瓜州县的锁阳，于2015年获准成为农产品地理标志。锁阳具有极高的药用价值，"大补阴气，益精血，利大便，润燥养筋，治痿弱"。[①] 其产地肃州"肉苁蓉、

---

① 《本草纲目》，人民卫生出版社，2004，第729页。

锁阳、甘草、雌黄、硫磺,俱肃州出"①。锁阳生长在零下20℃的沙漠地带,冬生夏枯,对生长环境要求苛刻,故而稀少,是历史上进贡朝廷的名贵中药。元代医家朱丹溪配制的虎潜丸和清朝乾隆皇帝服用的龟龄集都有锁阳入药。锁阳不仅是一味中药,还是举世瞩目的世界文化遗产"锁阳城"名字的来源。相传唐朝时薛仁贵带兵出征西域,被围困在苦峪城,弹尽粮绝时在城内发现了一种长得像萝卜的植物,用其代替粮食,救下了被围困的将士。为纪念锁阳的救命之恩,薛仁贵将苦峪城改名为锁阳城。无独有偶,民间也流传着锁阳救治成吉思汗的故事。相传,成吉思汗征战河西时突发恶疾,梦中,白发老者告诉他九头锁阳能治他的病。随营将士采得九头锁阳,治好了他的病。从此,民间就有了锁阳能治百病的传说。目前,锁阳不仅是药食两用的补阳佳品,还是世界级文化遗产,薛仁贵征西等故事得以随着锁阳成为地理标志名品而广泛传播,为民间文化传承提供了契机。

兰州百合是甘肃特色农产品的佼佼者,它不仅备受当地人的喜爱,还享誉全国,更是有着"兰州百合甲天下"的美誉。兰州百合亦具有独特而丰富的文化内涵。西方把百合当作爱情与美好的象征,与东方百合文化遥相呼应,无论朝野之人还是坊间百姓,都以"百年好合"之意将百合作为馈赠亲友的礼品,使兰州百合成为中华文明的有效载体,具有了丰富的文化内涵和极高的人文价值。从2012年起,兰州市七里河区开始举办百合旅游文化节,以兰州百合"百年好合、百事合意"的美好寓意,挖掘百合产业的旅游休闲、欢乐体验、养生度假等功能。兰州百合系引种而来,其能够在新的环境中培育成独特的品性,亦是民间文化传播交流的极佳见证。

四 甘肃农产品地理标志的再发展路径

甘肃省农耕文化资源丰富,从周秦故地的庆阳、平凉至西汉大规模屯垦的河西走廊,遗址、壁画处处彰显这里的农耕底蕴,既有的甘肃农产品地理

---

① 天顺《大明一统志》卷37,巴蜀书社,2017,第1816页。

标志弘扬了这片热土上的传统文化。在后续发展中，仍需以弘扬传统农耕文化为宗旨，挖掘方志物产蕴含的文化信息，为甘肃农产品地理标志探索再发展的路径。

（一）历史方志物产地理属性的发掘

历代方志书中记载了丰富的农牧产品。20世纪20年代，万国鼎先生带领相关人员辑录、整理国内8000余种方志中记载的物产资料，并于20世纪60年代初期编成《方志物产》，共449册，形成了独具特色的中华物产专题资料。[①] 学者们整理和调查的方志物产，成了农产品地理标志申报的重要基础。甘肃的方志物产中，有待进一步挖掘的地理标志资源包括甘草等。

甘肃方志物产中，甘草随处可见。甘肃的甘草产区广阔，产量也大。如河西走廊的武威、民勤、张掖、景泰、古浪等县，都是甘草的产地。这里靠近沙漠，适宜甘草生长，品质也极佳，不但畅销国内，而且出口到欧洲等地。同时，在兰州郊区及定西等地的干燥荒野，也出产甘草，如离兰州不远的甘草店，即因盛产甘草而得名。在典籍和现实中广泛存在的甘草，尚未成为甘肃的地理标志农产品。目前，甘草的药用价值依然典型，入药频率也高，但缺乏有效开发和利用。在后续的发展中，通过对方志物产的系统梳理，解析甘肃甘草的文化属性，提升其文化价值，为其申报地理标志产品提供基础条件。

在甘肃，尚有大量的方志所载物产地理属性明晰，对环境的依赖度高，这类产品理应成为新的地理标志产品。今后，应积极推动对甘肃方志所载物产的整理研究，使数量庞大的方志物产成为地理标志农产品的可靠资料来源。

（二）省域同类地理标志名品的整合

甘肃省目前拥有西北地区数量最多的地理标志农产品，在果蔬和中药材

---

① 包平、卢勇：《梳理方志物产资料 挖掘传统种质资源》，《农民日报》2021年8月21日。

方面有明显的地域优势。这些品牌多属同一地理单元，因产地地理环境相近或相似，其品质相差无几。它们在历史时期多属同一辖县政区或高层政区，如秦州、陇西等，其下辖包含今天的多个县级行政区。当前农产品申报多以县级政区为单位，诸多品名相同、产地相邻的品牌区别度不高。这些农产品的发展历史一致，地域属性相同，众多县域同类产品涌向市场后，消费者的关注度被分散，农产品的优势被弱化。

甘肃是北方重要的苹果产地，目前有9个苹果地理标志品牌，即龙湾、平川、通渭、秦安、静宁、庄浪、灵台、崇信、庆阳等，除景泰县龙湾村位于黄河岸边外，其他8个县市均位于黄土高原区，地貌多属高原沟壑区或丘陵沟壑区，土层深厚，维度和海拔高度相差不大；这些地区光照充足，热量丰富，昼夜温差大，农作物生长期长，特别有利于苹果的生长，是苹果最适栽培的黄金地域之一。各县的苹果主要品种均为红富士，品质相差无几。当前的发展模式，是各县域品牌都力图推广自己的苹果特色，但因产区邻近、生产环境类似、品种相同，使其识别度很难提高。从这种意义看，相同品牌跨县域合作可成为一种趋势。

基于农产品地理标志多以县为单位申报带来的局限性，目前甘肃省农业农村厅打造了"甘味"农产品，这有效地解决了一批农产品的产销问题。"甘味"农产品品牌，旨在深度挖掘甘肃农业传统文化和农业资源优势，系统总结甘肃农产品品质特点和生产特性，培育甘肃现代丝路寒旱农业。其概括提出的涵盖甘肃特色优势农产品的区域性公用品牌，是开放的、包容的、为省域优质农产品提供增值服务的共享平台。"甘味"品牌的共享共创、相互赋能、抱团发展的做法，集合品种优势，跨县域或跨地区合作，形成了省域合力，为甘肃农产品地理标志的发展提供了重要路径。

（三）讲好甘肃地理标志故事的多元路径

2023年7月，甘肃文旅在盛夏掀起一股热浪，"东方甄选看世界"甘肃专场直播活动拉开大幕。111家媒体和"大V"跟踪报道、8.6亿次播放量、24个抖音话题10次热搜、9个微博话题3次热搜……而为了推动农副产品网络销售，提升品牌知名度，甘肃省地理标志产业协会于2023年5月底发布了产品征集通知，为"东方甄选·甘肃行"进行选品。而这次直播活动，充分发挥了电子商务在助力城乡融合和共同富裕等方面的优势，扩大了甘肃文旅产品的影响，带火了一众甘肃地理标志名品。按照联合国《世界遗产公约》和国家《旅游资源分类、调查与评价》的标准，甘肃的历史遗产、经典文化、民族民俗文化、旅游观光文化这四类资源丰度列全国第五。[1] 依托丰厚的历史文化底蕴，甘肃地理标志品牌以农产品为媒介，讲好地理标志故事，是极佳路径。敦煌李广杏在甘肃地理标志中属于种植范围相对较小、对环境依赖度较高的产品。近年来，李广杏营销取得了令人瞩目的成绩，为探讨讲述地理标志故事的路径提供范例，推广方式有三点。

第一是拍摄过程化纪录片，系统展现品牌故事。2022年初，敦煌市融媒体中心摄制的纪录片《敦煌李广杏》，荣获"圆梦小康 乡村振兴"为主题的第十五届小康电视节目乡村振兴专题好作品。纪录片以敦煌"水果之王"李广杏为主要题材，通过挖掘李广杏的历史文化背景，将民间传奇、史料记载、学者研究、现实空间等紧密结合，记录了李广杏从开花到结果、销售的全过程，农民对杏树的辛勤培育、杏子的成长过程尽在其中，呈现出独特的"历史味道"和"敦煌味道"。该纪录片首次尝试探索敦煌农耕文化，摄制组沿着李广杏的传播轨迹，远赴四川成都、陕西富平、新疆和田、甘肃兰州等地，深入发掘敦煌农耕历史文化、中国杏产业的发展历史和古代丝绸之路沿线人文故事，凸显了文化交流和融合。[2] 纪录片作为讲述故事的路径，不仅故事内容吸引观众，视觉的形式更是让人印象深刻。

第二，知名人士讲述产品体验，增加品牌感染力。敦煌研究院名誉院长樊锦诗在敦煌生活了60余年，她在自传《我心归处是敦煌》中特意用一个章节，来介绍50多年前初来敦煌时与李广杏的"结缘"，"'李广杏'和南

---

[1] 《文化甘肃：多元文化融汇交融》，2018年3月21日，https://www.163.com/dy/article/DDDVA49G0522H66G.html。

[2] 《甘肃"敦煌李广杏"亮相荧幕 带观众品独特"历史味道"》，中国新闻网，2022年3月1日，https://www.chinanews.com.cn/cj/2022/03-01/9689014.shtml。

农产品地理标志与传统文化的传承和发扬

方的不一样，只有敦煌才有，简直是人间美味"；"即便在敦煌，每年也只有不到一个月的时间能品尝到这种杏子"。樊锦诗回忆说，每年她都赶在李广杏落市前买上一大筐，再爬上梯子，把吃不完的杏全倒在房顶上，几天就晒干了。这种杏子糖分高，晒干了也不会变硬，拿个口袋收起来，等到回上海时给家人分着吃。樊锦诗先生在世界范围具有很高的知名度，她以亲身体验告诉全世界李广杏的味道和特色，对于产品知名度的提升是一个独特的渠道。而《我心归处是敦煌》一书，更是获得了"中国出版协会2019年度30本好书""《中华读书报》2019年度十大好书""2019书业年度评选年度图书"等称号，销售量高居榜首。敦煌李广杏以这样的方式被讲述和传播，极大地助推了品牌的发展。

第三，自媒体拍摄产品生产流程，扩大品牌的知名度。近年来，自媒体平台的发展和民众对自媒体软件的使用，使产品发展渠道更多元。当前，抖音、快手、哔哩哔哩、微信直播等App，聚集着大量的消费者。自媒体博主的视频点击量和收益都相当可观。一家主打敦煌农特产外销的电商公司工作人员说，"从李广杏开花，我们就定期去杏园里拍摄一些素材，为上市销售做准备"。2023年已提前锁定了100多家客户，并有多家快递公司入园采摘和直播，待李广杏成熟便现场发货。① 这样的视频拍摄，能吸引到以直播购物为喜好的人群，同样扩大了农产品地理标志的知名度和销售量。而随着物流企业在设计包装、开通航空专线、仓储冷链等方面的技术提升，李广杏的线上销售愈发火热，各地消费者都能吃到最新鲜的敦煌李广杏。

敦煌本身具有极高的知名度，而辅之以历史名人李广的名字，使得敦煌李广杏在地理标志品牌中具有独特的属性，这为讲好品牌故事提供了借鉴。而基于此种前提，寻求多元化的讲故事路径，实现品牌知名度扩大和产销量的有机结合，为讲好甘肃地理标志故事提供了新范式。

---

① 《敦煌李广杏：念念不忘的夏至味道》，https://www.thepaper.cn/newsDetail_forward_23669154。

231

B.11
我国地理标志农产品面临的气候变化风险与应对策略

马振邦 王思鉴 罗睿思*

摘　要： 近年来，地理标志产业已成为各地发展区域特色经济、实施质量兴农战略的重要抓手，而全球气候变化给地理标志农产品发挥品牌效应、助力乡村振兴带来种种挑战。本报告尝试从品质源自特定地域自然和人文因素的综合作用这一地理标志农产品特性切入，首先，阐述了地理标志农产品面临的气候变化风险特征，并借助安吉白茶的气候变化风险进行了典型案例分析。其次，识别了温度、降水、极端天气等方面气候变化对地理标志农产品的可能影响。最后，有针对性地提出了强化农户意识、完善监测预警、优化管理制度、引入先进技术和改善生产条件等策略，来科学合理地应对未来气候变化，以实现地理标志产业的良性可持续发展。

关键词： 地理标志品牌　地理标志农产品　气候变化风险　安吉白茶

联合国政府间气候变化专门委员会（IPCC）第六次评估会议指出，气候变化对农作物生产的不利影响的证据不断增多，而全球气候变化如果继续按照当前的趋势发展，更频繁和更剧烈的极端气候将把敏感物种和生态系统推向临界点，极端的气候变化将对生态系统造成不可逆的破坏。同时，气候变化使农作物的种植界限向高纬度和高海拔地区推移，从而改变了农作物的

---

* 马振邦，兰州大学副教授，主要研究领域为地理标志发展与乡村振兴；王思鉴，兰州大学硕士研究生，主要研究领域为地理标志产品的气候脆弱性评估；罗睿思，兰州大学硕士研究生，主要研究领域为地理标志产品的经济社会效应评估。

适宜种植区。对地理标志农产品而言，因其所具有的质量、声誉或其他特性本质上取决于特定产地的自然因素和人文因素，因此与其他农作物相比，更容易受到气候变化的影响。气候变化将会通过地理标志农产品产地气候条件的改变，使其产地环境发生变化，进而引发其适宜种植区的变迁。有鉴于此，本报告将探讨气候变化背景下地理标志农产品面临的风险及应对策略，以期能为推动我国地理标志产业良性发展、助力乡村振兴战略提供有益帮助。

一 地理标志农产品面临的气候变化风险概况

（一）地域属性和品质取向使其更具敏感性和复杂性

优质的农产品需要良好的气候环境，农产品产地的气候条件是影响农产品产量和品质的重要因素之一。为适应气候变化和现代农业发展需求，2012年我国首次提出农产品气候品质评价概念。根据中国气象局制定的《农产品气候品质认证技术规范》，农产品气候品质是指由天气气候条件决定的初级农产品品质，即未经加工、由生理生化指标和外观指标等表征的农产品的优劣程度。在此意义上，甘肃"静宁苹果"、北京"平谷大桃"、浙江"安吉白茶"等地理标志农产品的气候品质的形成，既体现了产地气候条件的苛刻制约性，也意味着气候条件与产地土壤等其他环境条件关联的协同性。这就意味着，任一环境条件的缺失或变化，都将影响地理标志农产品的口感、风味和营养等特质的形成。换言之，地理标志农产品的地域属性和品质取向，使其在面临气候变化风险时与其他农产品相比，更为敏感。同时，气候条件变化牵一发而动全身，使地理标志农产品面临的气候风险更具复杂性。

（二）产量减少和品质降低使经济风险与信誉风险并存

因品质的独特性和稀缺性，以及凝结其中的历史、文化等人文因素，地理标志农产品得以声名远扬，备受消费者信任且赢得广泛持久声誉，从而建立起良好的品牌信誉。同时，有限的产区地域范围也使地理标志农产品存在产量极限，在产量约束、品质独特、品牌溢价等多种效应叠加作用下，地理标志农产品能给地方带来巨大的经济效益和社会效益。也正因如此，随着气候的改变，单产产量下降、独特品质消减、适宜区域缩小等问题的出现将会带来经济风险和信誉损失。一方面，虽然减产引起的价格上涨会不同程度上抵销一部分产量损失，但当面临的是极端气候造成的大面积减产时，有限的价格上涨必然无法弥补巨量的经济损失。另一方面，适宜区域的变化意味着，原产地部分区域的产品质量将会下降，在对地理标志有效保护不够的情况下，这些次优甚至不优产品如果流入市场，将会极大损害地理标志农产品长期形成的品牌信誉。因此，与其他农产品相比，地理标志农产品在气候变化下将会面临经济效益和品牌信誉双重损失的巨大风险。

（三）气候风险衍生的经济社会、生态环境问题更为突出

地理标志产业的"农"字号本性，加之与加工、旅游等第二、第三产业的良好叠加性，以及其对产地历史、文化的有效传承性和生态环境的天然协调性，使地理标志产业成为各地区实施乡村振兴战略的有效抓手，在农村地区的经济社会可持续发展中扮演着无可替代的角色。与此同时，中国自然条件多样，农业历史悠久，农耕文明璀璨，这些优良条件使我国成为地理标志资源大国。我国的地理标志产品不但数量众多、品类多样，而且多数分布在经济社会相对落后、生态环境相对脆弱的老少边穷地区。某种程度上，地理标志产品是大自然和先祖给予这些地区的珍贵馈赠，而气候变化意味着这些地区将面临遗失地理标志珍宝的风险。在此意义上，地理标志农产品作为人与地之间自然、经济、社会、历史、文化的重要联结，既是历史的浓缩也是未来的依托。因此，气候变化对于地理标志农产品的影响，不仅局限在经济上，还会在社会文化、生态环境方面给农村地区特别是老少边穷地区带来一系列衍生风险。

二 地理标志农产品面临气候变化风险的典型案例

安吉白茶作为浙江省湖州市安吉县名优特产，是茶中珍稀茗品，2004年被国家质检总局正式批准为原产地域保护产品（地理标志保护产品），2020年入选《中欧地理标志协定》首批保护清单，2022年被正式列入联合国教科文组织人类非物质文化遗产代表作名录。安吉白茶连续多年位列中国茶叶区域品牌价值前十强，2022年品牌价值达48.17亿元。安吉白茶产业已经成为安吉县核心农业产业，是当地乡村振兴的核心力量。然而近年来，气候灾害频发对安吉白茶的产量和品质造成不小的冲击，在不同程度上影响安吉白茶的经济效益，导致当地茶农、茶产业的收益下降，对地区经济发展和乡村振兴造成了不良影响。

春季霜冻害和夏季高温热害是对安吉白茶品质和产量影响最明显的气象灾害。2013年4月6~7日，安吉县天气出现了明显的降温，气温降幅达5~7℃，其中安吉白茶核心产区溪龙乡黄杜村最低气温仅为零下2.0℃。此时，正值安吉白茶春茶采摘期，异常的低温造成一半以上的茶园遭受严重冻害，出现了历史罕见的名优茶采摘期无茶可采的窘境，部分茶园春茶甚至绝收。据统计，此次冻害造成安吉县5330公顷的茶园受灾，占茶园总面积的50%，其中2670公顷茶园严重受灾，2013年，安吉白茶减产约400吨，直接经济损失高达3亿元。冻害一定程度上也会影响当年采收安吉白茶的外形、质量和口感。高温热害对安吉白茶的影响也很大，一般认为，当日最高气温达35℃时，新梢生长缓慢或停止；当日最高气温持续在40℃以上时，会造成枝梢枯萎，叶片脱落，幼龄茶树死亡。2022年7月，安吉县遭遇的一场历史罕见的高温干旱，整个溪龙乡白茶受旱面积达总种植面积的60%，黄杜村1.2万亩的茶园出现了30%的焦枯现象，对当年的安吉白茶产量造成严重影响。高温干旱带来的次生病害——赤叶斑病，一种在气温低于32℃时才会消失的高温高湿型病害，也使当年本就脆弱的安吉白茶被蚕食。此外，强降水等气候条件也会对安吉白茶的生产造成一定的影响。2023年7月，浙

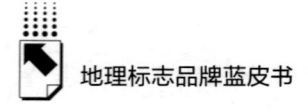

江各地突降暴雨，白茶主产区的溪龙乡近百亩的白茶受到雨水的浸泡，受损严重，原因是茶苗被浸泡后又遭遇高温，新生根极易腐烂。

为了积极应对气候变化风险，降低茶农损失，安吉县政府联合安吉县气象局引进大数据技术，打造了"安农百事通"平台。"安农百事通"是安吉县以建设"产业大脑+未来农场"为突破口打造的服务端智慧平台，包含了气象服务、线上问诊、补贴申领、物流服务等19项应用模块，为茶农茶企集成提供生产指导、市场交易、金融支持、政策兑付等全方位服务。同时，自2020年开始，安吉县积极实施引水灌溉设施建设，将苕溪水引入安吉白茶核心产区，一期工程覆盖茶园8500亩左右，惠及茶农500多户，积极改善日益频发的旱害、热害对安吉白茶造成的不利影响。

三 地理标志农产品面临的气候变化风险识别

（一）温度变化对地理标志农产品的可能影响

全球变暖是气候变化的核心标识，而气温又是农业生产的关键气候因素，因此地理标志农产品首先会受到气温变化的影响。一般来说，气温上升引起积温增加，意味着地区农业热量资源的增加，从而使地理标志农产品的生长季延长，因此部分热量资源不足地区的地理标志农产品产量会增加。研究显示，宁夏回族自治区2003年积温发生突变，自2004年以来春季气温上升提前，枸杞萌芽期平均提早8天，秋季气温下降缓慢，秋果成熟期平均推迟6天，整个生育期热量条件充足，总生育期延长，≥10℃积温每增加100℃，枸杞亩均产量增加24.5千克。

然而，对热量资源充足地区，抑或存在特定热量需求区间的部分地理标志农产品而言，积温增加不一定对地理标志农产品有利。甘肃的陇西黄芪作为国家地理标志农产品，从移栽到停止生长期间大约需要200天和温度≥10℃的积温2300~2800℃。在开花结果和根系生长期间如果气温过高，则会增加光合产物的消耗，从而减少向主根的热量输送，导致黄芪根质疏松、品质下降。因此，在气候变暖的情景下，陇西黄芪的适生区有向高纬度和高海拔地区迁移的趋势，如果新种植区土壤、水分条件不能满足要求，那么黄芪的道地性将无法得到保证。武夷山近41年来年平均气温总体呈上升趋势，平均每10年气温升高约0.4℃，伴随着气温的上升，茶叶茶多酚含量会随之提升，氨基酸含量大大减少，造成茶叶的品质大幅下降。

同时，气温上升也会伴随着夏季高温天气的增加，日灼灾害风险将会加大。2014年，陕西省经济作物气象服务台的一项关于气候变化对陕西猕猴桃的气象灾害风险的影响预估研究发现，陕西猕猴桃未来日灼灾害呈现逐渐加重的趋势，同时呈现从东北向西南逐步扩大的趋势。事实也验证了这项研究的结论，近年来，随着陕西夏季高温天气的增加，猕猴桃发生高温日灼灾害风险事件屡屡见诸报端，极大地影响了周至猕猴桃的产量和品质。除陕西猕猴桃外，赣南脐橙、宜昌蜜橘、南宁火龙果等位于夏季高温频发区域的地理标志农产品，同样面临着日灼灾害对产量和品质造成的影响。

此外，气温上升也会导致农作物物候发生改变，进而影响地理标志农产品的产量和品质。总体来看，倒春寒带来的气候风险广泛存在且呈现增加趋势。究其原因，农作物开花期和萌芽期会随着春季气温的快速上升而提前，倒春寒的影响会被放大。研究表明，在气候变暖趋势下，近30年来静宁县晚霜冻以每10年4.3天的速度呈弱提前趋势，使静宁苹果开花期提前，因此，静宁苹果遭受春季冻害的风险增大。同理，2010年以来宁夏枸杞的中度到重度霜冻风险明显增加，陕西猕猴桃的萌芽期冻害发生频率也呈现明显增加的趋势。同时，随着气候变化，在浙江宁波—绍兴—金华—衢州等名优品种分布区，水蜜桃的成熟期整体呈提前趋势，生殖生长和营养生长期缩短，导致树体和果实营养积累不足，影响产量和品质的稳定。

（二）降水变化对地理标志农产品的影响

《中国气候变化蓝皮书（2022）》显示，1961~2021年全国平均年降水量每10年增加5.5mm，2012年以来年降水量持续偏多。在气候变化影响下，降水的季节和地域差异变化同样显著。一般而言，降水增加有利于农作物的生长发育，从而提高产量。但是，地理标志农产品独特品质的形成往往与产区特定降水特征密切相关，因此降水变化对其带来的影响敏感且复杂。

产品不同，年降水量增加对地理标志农产品品质形成的影响也不同。例如，甘肃产党参中苍术内酯Ⅲ含量与年降水、年均相对湿度呈显著正相关，意味着一定程度下降水量增加有助于苍术内酯Ⅲ的形成和积累。然而，同地区兰州百合的蛋白质和总灰分含量与降水量呈现负相关关系，这就意味着降水增加一定程度上会降低兰州百合的品质。

相比之下，降水的季节性变化带来的影响更大，且地域范围更为广泛。在西北地区银川、贺兰山东麓酿酒葡萄采收前1个月（9月）降水量及降水日数表现为增加趋势，21世纪以来的降水量比20世纪90年代增加17.9mm，2015年9月降水量甚至达98.7mm，果实成熟期降水过多不仅会引起裂果和果实病害，也不利于糖分的积累，对酿酒葡萄品质形成不利影响。在华北地区北京平谷大桃产区汛期降水增加，2021年入汛后共出现降水过程62次，降水量达627.4mm，虽然平谷大桃个头变大、产量增加，但甜度和果香受到了一定程度的影响，因此大桃等水果销量下降了近1/3。在华南地区的广西武鸣，春季连续长期低温的阴雨天气导致土壤温度过低，湿度大、土壤的透气性差，影响到柑橘根系的生长和营养物质的吸收，不利于柑橘的坐果，梅汛期降水量增加会造成土壤水分含量上升，沃柑因吸水过多，对糖度会产生生理稀释作用。在东南地区的福建安溪，5月立夏节气前后的20天和10月寒露节气前后的20天是铁观音春茶和秋茶的采茶期，2015年的连续阴雨让茶农错过了春茶的采摘期，这很让茶农头疼，错过采摘期意味着品质无法保证，同时制茶期的连续阴雨天气导致茶青湿气重，制作出来的铁观音涩味也会变重。

此外，降水变化在全国呈现地域差异，并不是所有地区降水量都会增加，而降水减少的地区，地理标志农产品面临的干旱风险也在加大。受全球气候变暖和厄尔尼诺现象的影响，西南地区近60年干旱灾害范围、程度和频次均呈增加趋势。在此背景下，2020年云南普洱地区发生春旱，茶树不发新芽，使普洱茶减产严重。同期，普洱咖啡干旱受灾面积达16多万亩，造成经济损失达7000多万元。

（三）极端天气对地理标志农产品的影响

IPCC第六次评估报告显示，在未来全球变暖的情况下，全球范围内温度和强降水等极端天气的发生频率和发生强度呈现明显的增加趋势。同时，我国高温、干旱、暴雨等极端天气事件同样呈现多发重发的态势，严重影响经济社会可持续发展，极端天气事件频发与社会经济系统叠加风险加剧。2010年以来，极端气候影响地理标志农产品产量和品质的报道，几乎遍及全国茶叶、粮食、果蔬等所有品类。上述影响虽与其他农产品类似，主要体现在产量上，但对地理标志农产品产地社会经济的影响更大。

入选《中欧地理标志协定》的武夷岩茶，因为高山茶区海拔高，茶叶萌发得晚，正月左右的倒春寒对其生长影响较小，但2018年4月福建武夷山受极端强冷空气影响，致使高山地区萌发的茶芽大面积受霜冻影响，茶农损失严重。[①] 2022年7~8月，受西太平洋副高压的影响，武夷山降水显著偏少，高温天气频发，导致武夷山各茶园新移栽的茶树死株率超过30%，成年茶树在叶片、枝条以及主干等方面也受到不同程度的损伤。2023年受台风影响，"五常大米"的主产区黑龙江五常市连续多日强降雨形成洪灾，过水面积约100万亩，水稻产量不仅减少40%~50%，而且引发了空扁谷粒、黑粒、病虫害等问题进而影响稻米品质。2015年，新疆库尔勒地区多数香梨产区在春、夏两季遭遇了4次冰雹天气，让多个乡镇损失惨重，部分村甚至出现了绝收，而初秋出现的持续大风天气又是雪上加霜，当年库尔勒香梨的总产量下降30%~40%，商品率也由正常年份的85%~90%下降至70%。

---

① 福建省气象局：《2018年福建十大天气气候事件》，福建省气象局官网，http://fj.cma.gov.cn/zt/2019qxr/qhsj/20190320_183973.htm，2019年1月8日。

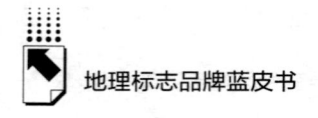

（四）气候变化对地理标志农产品的间接影响

未来的气候变化还会通过与其关联的土壤、病虫害变化，进而对地理标志农产品产量和品质产生间接影响。土壤是农业生产的基础，而洪涝、干旱等极端天气都会破坏土壤结构，加速土壤有机质的分解，降低土壤肥力并造成土壤贫瘠化，严重影响地理标志农产品的质量和产量。中国农业科学院茶叶研究所的研究表明，气候变化会导致茶园土壤有机质、有效养分含量降低，并改变茶树体内营养元素的平衡，特别是碳含量增高，而氮、钾、镁、硫、铁和锌等矿物质营养元素含量降低，从而降低了茶叶的产量和品质。研究数据表明，温度提高10℃，会加速土壤有机质的分解，进而减少土壤有机质的含量，造成茶园土壤 CO_2 排放速率提高1.86~1.98倍，从而加速气候变化形成恶性循环；大气中 CO_2 浓度升高，造成茶树体内碳含量显著提高，而包括氮、铁、锰、磷、锌、硫、铜等其他营养元素则呈明显降低状态。从品质成分和矿物质营养元素的角度来看，茶叶品质特别是绿茶品质会降低。在《中欧地理标志协定》的275个地理标志产品中，茶叶有安溪铁观音、坦洋工夫、安化黑茶等59个，占比超过了20%，因此，气候变化对我国茶叶类地理标志农产品的影响较大。

此外，农作物病虫害是我国的主要自然灾害之一，具有种类多、影响大、并时常暴发成灾的特点。在气候变化条件下，一方面植物自身的调节能力不能适应区域温度和降水条件的大幅度改变；另一方面高温、高湿环境有利于大多数病菌的繁殖和扩散，而降水增加又给病菌的传播提供了良好的条件，地理标志农产品种植区域、面积、产量和品质都将受到较大影响。同时，在生态、绿色等地理标志农产品的底线要求下，农药施用有非常严格的限制，而暖冬频现又会大幅提高害虫存活率，夏季的高温干旱也会加快植食性昆虫的发育和繁殖，这些都将对地理标志农产品产生不利影响。就安溪铁观音的主产区来说，近46年来随着降水量增多，日照时数总体呈现减少趋势，使假眼小绿叶蝉、茶叶螨类、茶尺蠖、茶炭疽病、茶园赤星病、茶饼病等茶树虫害、病害多发，严重影响安溪铁观音等茶叶的品质。

四 地理标志农产品气候变化风险的应对策略

（一）强化农户意识

农户作为地理标志农产品的生产主体之一，其生产行为影响着我国地理标志农产品产业的健康发展，其应对地理标志农产品气候变化风险的意识强弱至关重要。随着气候变化的负面影响加剧，农户更需要采取适应策略以应对气象灾害带来的农业减产、收入降低等不良影响。提高农户对气候变化的认知度和开展适应性措施的相关教育和培训是强化农户意识的两个重要途径。认知度的提高能够帮助农户正确地认识到气候变化对地理标志农产品生产的影响，使农户逐渐强化应对意识，以此来提高气候风险应对的主动性和预防性；开展适应性措施的相关教育和培训能够帮助农户采取科学合理的适应性措施，包括因地制宜推行多样化种植、调整种植结构、改进农作物熟制、采用新兴灌溉技术等。

（二）完善监测预警

加强气候风险监测预警能够大幅度降低气候变化对地理标志农产品的负面影响。从短期影响来看，对极端气候灾害的预警时效性和准确性的提高、对病虫害成灾规律研究的深入，都能有效减少突发灾难对地理标志农产品造成的损失。例如，借助广泛应用卫星遥感、雷达监测、GIS、GPS等技术手段来提升气象监测系统的准确性，同时利用大数据平台完善数据识别、集成与分析，做好台风预警、洪涝预警、虫害预警等突发气候或灾害情况的预警，将帮助生产者极大程度地有效应对风险灾害。从长期来看，进行未来长时间尺度上的气候变化风险评估研究，识别气候变化下地理标志农产品适宜区变迁等长远影响，可以合理预估未来产量和品质变化，预测未来适宜种植区域变化情况，以此来甄别不同地理标志农产品面临的气候风险大、小、强、弱，为科学合理的采取保护区划调整等应对措施提供依据。

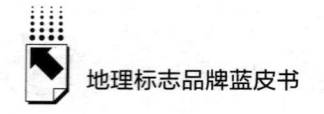

（三）优化管理制度

气候变化引起的地理标志农产品种养殖适宜区迁移，对以其产地地域范围为界的地理标志产品保护制度提出了不小挑战。例如，一方面原产区范围内部分区域出产的产品数量和品质因气候变化不可避免地下降，将会损害消费者及产区其他区域生产者的利益。另一方面，新的适宜区出产产品虽然品质上乘，但范围在原产地行政边界以外时，如受行政分割、利益纠葛等因素影响不能划入，同样会损及消费者和未划定产区生产者的利益。目前看来，地理标志产品范围获得调整的仅有少数，其中包括2006年昌黎葡萄酒和2013年茅台酒（贵州茅台酒）等地理标志产品保护地域范围的扩大。2023年国家知识产权局就《地理标志产品保护规定（征求意见稿）》征求意见，其中第二十九条提出了对地理标志产品名称、产地范围等主要内容修改的相关规定。但修改规定仅是给出了原则和程序，如何根据气候变化下产区迁移制定合理、可行的实施办法，将是优化地理标志保护制度的重要方向。

（四）引入先进技术和改善生产条件

气候智能型农业（Climate Smart Agriculture）强调运用创新性理念适应性技术优化和改造传统农业，以此来应对源自气候变化的挑战，成为引领现代化农业发展方向和趋势的先进模式，也为地理标志农产品的气候风险应对提供了指引。总体来看，从提高农作物自身应对能力，改造农作物生长环境减少不利影响，综合多种措施增强农业抗御风险能力三个方面，深度借助于信息、基因等先进技术，不断改善灌溉等生产条件，是气候智能型农业提倡采取的主要举措。就地理标志农产品而言，选育和推广抗性品种，推广低碳生产技术，改善产地生态系统环境等符合气候智能型农业理念的措施，都能有效应对气候变化风险。例如，全国农业技术推广服务中心于2020年下发《中药材生态种植技术集成与示范推广方案》，其中提出的中药材林下栽培模式，通过充分利用林荫空间、光、温度、水分及营养物质等资源，增加生态系统的物种多样性，并提高生态系统的稳定性，不但起到增肥、保湿、抗病虫等多重作用，还能减少农药、化肥的施用。这一模式就是通过改善产地生态系统环境的方式，一方面能够有效提高中药材质量，保证中药材道地性，另一方面还能积极有效地应对气候风险。

参考文献

[1] 段居琦等：《对 IPCC AR6 报告中有关农业系统结论的解读》，《气候变化研究进展》2022 年第 4 期，第 422~432 页。

[2] 郭佳等：《气候变化对中国农业气候资源及农业生产影响的研究进展》，《北方农业学报》2019 年第 1 期，第 105~113 页。

[3] 韩兰英等：《近 60 年中国西南地区干旱灾害规律与成因》，《地理学报》2014 年第 5 期，第 632~639 页。

[4] 洪越：《新疆库尔勒香梨受冰雹影响 预计减产逾三成》，央广网，http://country.cnr.cn/focus/20150909/t20150909_519822863.shtml，2015 年 9 月 9 日。

[5] 黄曼贞、唐益萍：《武鸣沃柑主要气象灾害及防御对策》，《气象研究与应用》2018 年第 2 期，第 63~67 页。

[6] 霍治国等：《国外农产品气候品质评价研究进展》，《中国农业资源与区划》，2022 年第 9 期，第 34~49 页。

[7] 金周至：《10-11 日：关中、陕南猕猴桃主产区果面温度预计在 49℃以上！》，网易新闻，https://www.163.com/dy/article/HBUOUG5Q0521CFCE.html，2022 年 7 月 10 日。

[8] 李慧等：《高温胁迫对植食性昆虫影响研究进展》，《南京林业大学学报》（自然科学版）2022 年第 6 期，第 215~224 页。

[9] 李亮等：《气候智能型农业国际经验及中国发展战略研究》，《世界农业》2020 年第 12 期，第 70~78 页。

[10] 李强等：《气候变化对茶园土壤质量和茶树营养元素含量的影响》，《中国茶叶》2020 年第 8 期，第 1~4 页。

[11] 李时睿等：《安吉白茶精细化气象灾害风险分析与区划》，《生态学杂志》2023 年 7 月网络首发，第 1~11 页。https://kns.cnki.net/KXReader/Detail?invoice = TdzqIdoA%2FrpEobx2TS4ZDz4OvVRUzXkcFEMlZzsYn8%2BreefdLZ5DXPqMyUm264GOma%2B%2BYrzW1flMGG7qrmdNbhBFATF8vfoKwcuUT31wc5w17qM5C0pxBC1%2BnWmUlqPKiCRo7qZtSqjX2nQ7RTzxsbgrCZ63pNGDizsWs%2Fyds1g%3D&DBCODE = CAPJ&FileName = STXZ2023071200H&TABLEName = capjlast

243

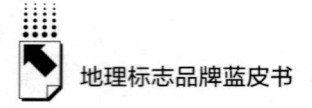

&nonce=805A13306AE94903BA2A035209B7ABCF&TIMESTAMP=1701156799875&uid=，最后访问日期：2023年11月28日。

［12］李香芳等：《宁夏枸杞生长季气候变化特征及其影响》，《中国生态农业学报（中英文）》2019年第12期，第1789~1798页。

［13］梁小娟等：《1981—2020年贺兰山东麓酿酒葡萄产区降水特征分析》，《中外葡萄与葡萄酒》2023年第4期，第6~17页。

［14］林秀芹、孙智：《我国地理标志法律保护的困境及出路》，《云南师范大学学报》（哲学社会科学版）2020年第1期，第49~61页。

［15］刘彦随等：《气候变化对中国农业生产的影响及应对策略》，《中国生态农业学报》2010年第4期，第905~910页。

［16］卢堃、林玉红：《兰州百合品质与气候环境因子的相关性分析》，《农业科技与信息》2023年第8期，第69~76页。

［17］陆月玲：《遭遇10年最严重旱情，云南普洱茶、咖啡等怎么扛过难关?》，腾讯网，https://new.qq.com/rain/a/20200420A0NTYH00，2020年4月20日。

［18］秦语晗、史兴民、陈谢扬：《地理标志农产品种植户气象灾害的适应策略研究——以陕西猕猴桃种植户为例》，《灾害学》2022年第1期，第211~219页。

［19］屈振江等：《气候变化对陕西猕猴桃主要气象灾害风险的影响预估》，《果树学报》2014年第5期，第873~878页。

［20］王航：《气候变化对农业的影响及应对措施》，《粮食科技与经济》2012年第1期，第11~12页。

［21］王静等：《贺兰山东麓银川地区酿酒葡萄农业气候资源对气候变化的响应》，《中国农业资源与区划》2017年第9期，第122~129页。

［22］张勤等：《洪水退去，五常大米怎么样了？总台记者实地探访》，央视网，https://www.jfdaily.com/news/detail?id=647513，2023年8月28日。

［23］韦英英等：《安溪县日照时数气候变化特征及对茶叶生产的影响》，《福建农业科技》2017年第1期，第1~4页。

［24］夏权：《气候生态条件对甘肃省3种特色中药材种植的影响》，《南方农业》2022年第15期，第189~191页。

［25］项飞、沈逸凡：《保卫白茶》，湖图网，https://m.thepaper.cn/baijiahao_19615088，2022年08月26日。

［26］徐蕊等：《宁夏枸杞生长季气候资源和主要气象灾害变化趋势及影响研究》，《中国生态农业学报（中英文）》2023年第10期，第1645~1656页。

［27］杨栋等：《浙江省水蜜桃物候、品质和产量对气候变化的响应》，《生态学杂志》2019年第11期，第3366~3375页。

［28］杨芙蓉等：《甘肃地产党参区域性品质差异及气候响应特征分析》，《植物科

学学报》2021年第2期，第132~141页。

[29] 杨亦静、曹晶瑞：《网友吐槽今年水果不够甜 果农：都是雨水惹的祸》，新京报，https://baijiahao.baidu.com/s?id=1711208520675034538&wfr=spider&for=pc，2021年9月18日。

[30] 杨志伟等：《气候变化对静宁县苹果的影响分析》，《现代农业科技》2023年第4期，第154~156页。

[31] 占辉斌、俞杰龙：《农户生产地理标志产品经济效益分析——基于437户农户的调研》，《农业技术经济》2015年第2期，第60~67页。

[32] 张海莺：《极端天气考验茶叶品质 茶园小气候观测探索精细服务》，中国天气网，https://baijiahao.baidu.com/s?id=1581081614760112327&wfr=spider&for=pc，2017年10月13日。

[33] 张西玲、郝苏娟、王西锐：《气候资源变化对陕西省猕猴桃生产的影响分析》，《中国果树》2019年第5期，第70~73页。

[34] 赵淼等：《近20年来我国农作物病虫害时空变化特征》，《北京大学学报》（自然科学版）2015年第5期，第965~975页。

[35] 周波涛、钱进：《IPCC AR6报告解读：极端天气气候事件变化》，《气候变化研究进展》2021年第6期，第713~718页。

[36] 祝玉如等：《气候变暖对武夷山茶叶生产的影响及应对措施》，《农业技术与装备》2023年第1期，第129~131页。

B.12 《中欧地理标志协定》与中国特色农产品出口

郭炎明 徐婧*

摘 要： 《中欧地理标志协定》作为我国地理标志国际合作的重要协定，对我国地理标志保护的发展和特色农产品出口具有极为重要的意义。首先，本报告在对《中欧地理标志协定》的背景、内容和意义进行阐述的基础上，分析我国现阶段农产品贸易现状及我国对欧盟农产品双边贸易特征，分析表明欧盟是我国重要的农产品贸易合作伙伴，是我国第二大出口目的地和第四大进口来源地，贸易商品种类覆盖广。其次，本报告针对《中欧地理标志协定》对我国特色农产品出口的影响效应进行分析发现，《中欧地理标志协定》从产品知名度、交易成本、监管保护等方面均对农产品出口具有积极作用，同时以烈酒、茶叶、蔬菜等特色农产品为代表分析发现，其出口增长率和溢价效应都有明显提升。最后，本报告从法律保护和国际贸易合作方面提出《中欧地理标志协定》对我国地理标志国际互认的借鉴意义和发展建议。

关键词： 地理标志品牌 《中欧地理标志协定》 农产品出口

《中华人民共和国政府与欧洲联盟地理标志保护与合作协定》（以下简称《中欧地理标志协定》）是中国对外签订的第一个全面的、高水平的地理标志国际保护双边协定，协定生效后中国和欧盟对各自 275 个产品进行相

---

* 郭炎明，西北师范大学经济学院硕士研究生，主要研究领域为国际贸易；徐婧，西北师范大学经济学院教授、西北师范大学中华地标产业研究中心专家库成员，主要研究领域为国际贸易、区域经济与产业发展。

互认证和保护。中国方面的认证产品以水果、蔬菜、茶叶等农产品为主,如静宁苹果、兰州百合、安吉白茶、精河枸杞等。欧盟方面的认证产品以葡萄酒、烈酒、肉类和奶酪为主,包括波尔多、香槟、帕尔玛火腿等。《中欧地理标志协定》的签署,不仅有效推动了中欧农产品贸易方面的进一步合作,为中国农产品进入欧盟市场、提升市场知名度提供了有力保障,也将有效推动中国特色农产品对欧盟的出口,同时还为我国地理标志保护和国际合作提供了范本,促进我国地理标志国际保护和运用水平。

一 《中欧地理标志协定》概况

为促进我国同欧盟的农产品贸易,加强双方在地理标志保护方面的合作,2020年,我国同欧盟签署了《中欧地理标志协定》,开启了我国地理标志保护国际合作的新阶段。

(一)签署背景

1. 中欧双方地理标志资源丰富

中国和欧盟国家历史悠久,自然资源和人文资源丰富,形成了众多特色鲜明、品质优良的农产品,利用地理标志保护优势农产品有利于本国农业的发展和农产品国际贸易。截至2022年,中国和欧盟各自报告了9571个和5176个地理标志产品,种类之多,涵盖范围之广,形成了地理标志互认国际合作的良好基础。

2. 地理标志国际保护制度的新发展

地理标志国际保护制度经过多年的发展,在基本保护制度的基础上形成利用双边或多边协议对地理标志保护的新模式。《中欧地理标志协定》正是对这一新保护模式的积极实践,为国际地理标志保护开创了新的蓝本。

3. 中欧双方经贸合作紧密

一直以来,我国与欧盟的经贸关系往来密切,截至2022年,我国是欧盟第三大农产品出口国和第五大农产品进口国,而欧盟是我国第二大农产品

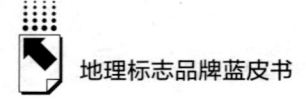

出口地区和第四大农产品进口地区。①《中欧地理标志协定》有助于双方农产品贸易展开合作，促进优质农产品的双边贸易。

（二）签署历程

《中欧地理标志协定》于2011年开始谈判，历时八年，于2019年底结束谈判。2020年7月20日，欧洲理事会授权正式签署《中欧地理标志协定》。2020年9月14日，中欧领导人宣布正式签署《中欧地理标志协定》。2021年3月1日，《中欧地理标志协定》正式生效。2022年12月20日，国家知识产权局发布茵蓝朗姆酒等欧洲联盟产品申报地理标志产品保护的公告，依法受理了茵蓝朗姆酒等175个欧洲联盟产品的地理标志产品保护申请。② 2023年1月16日，双方累计实现244个产品的互认互保，有效扩大了我国地理标志的国际影响力。③

（三）主要内容

《中欧地理标志协定》签订后，中欧双方将对各自275个产品进行互认，其中协定认证的我国地理标志产品中以茶叶地理标志数量为最多，共有59个，包括安吉白茶、安溪铁观音等著名产品，占全部认证产品的21%，其次是水果，为48个，蔬菜为42个（见表1）。

表1 《中欧地理标志协定》认定的中国地理标志产品

序号	产品类别	地理标志示例	数量（个）	占比（%）
1	茶叶	安吉白茶、安溪铁观音	59	21
2	水果	烟台苹果、库尔勒香梨	48	17

---

① 根据ITC-Trademap数据计算所得。
② 《国家知识产权局关于受理茵蓝朗姆酒等欧洲联盟产品申报地理标志产品保护的公告（第506号）》，国家知识产权局，https：//www.cnipa.gov.cn/art/2022/12/2/art_2089_180631.html，2022年12月22日。
③ 《中欧加强地理标志合作 双方累计实现244个产品互认互保》，国家知识产权局，https：//www.gov.cn/xinwen/2023-01/16/content_5737352.html，2023年1月16日。

《中欧地理标志协定》与中国特色农产品出口

续表

序号	产品类别	地理标志示例	数量(个)	占比(%)
3	蔬菜	安丘大葱、曹县芦笋	42	15
4	肉类	金华火腿、北京鸭	21	8
5	酒类	茅台酒、五粮液	19	7
6	中药材	涪城麦冬、精河枸杞	16	6
7	粮食	五常大米、隆化小米	13	5
8	手工艺品	蜀锦、蜀绣	13	5
9	水产品	东港大黄蚬、潜江龙虾	11	4
10	坚果	红崖子花生、莒南花生	8	3
11	咖啡与糕点	保山小粒咖啡、吴川月饼	8	3
12	植物	平阴玫瑰、霍城薰衣草	5	2
13	调料	山西老陈醋、江津花椒	4	1
14	油料	赣南茶油、峨眉山藤椒油	4	1
15	蜂蜜	九寨沟蜂蜜、黑水中蜂蜜	4	1
	合计		275	100

资料来源：根据《中欧地理标志协定》附录三、附录五整理所得。

我国275个地理标志产品来自全国29个省份，覆盖范围广，其中四川省地理标志产品排第1位，共有28个，以茶叶、酒类等为主，福建省排第2位，有20个地理标志产品，以茶叶为主，排在第3位的是山东省，有17个地理标志入选，以水果和蔬菜为主，其他省份具体情况（见表2）。

表2 《中欧地理标志协定》认定的中国地理标志产品省份分布

序号	省份	数量(个)	代表性地理标志产品
1	四川	28	峨眉山茶、剑南春酒
2	福建	20	安溪铁观音、福州茉莉花茶
3	山东	17	烟台苹果、安丘大葱
4	浙江	17	安吉白茶、金华火腿
5	贵州	15	六安瓜片、茅台酒
6	湖北	14	房县香菇、潜江龙虾

续表

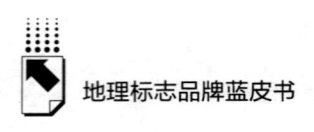

序号	省份	数量(个)	代表性地理标志产品
7	江西	13	赣南脐橙、婺源绿茶
8	广西	12	横线茉莉花茶、北海生蚝
9	辽宁	11	大连苹果、盘锦大米
10	陕西	11	汉中仙毫、富平柿饼
11	安徽	10	古井贡酒、霍山黄芽
12	云南	10	普洱茶、文山三七
13	广东	10	梅州金柚、增城荔枝
14	甘肃	9	兰州百合、静宁苹果
15	江苏	9	盱眙龙虾、阳澄湖大闸蟹
16	新疆	9	吐鲁番葡萄干、阿克苏苹果
17	重庆	9	涪陵榨菜、丰都牛肉
18	河北	8	隆化小米、张北马铃薯
19	河南	8	灵宝苹果、正阳花生
20	黑龙江	7	肇源大米、五常大米
21	海南	5	三亚芒果、五指山红茶
22	内蒙古	5	扎兰屯黑木耳、阿拉善白绒山羊
23	湖南	4	酒鬼酒、古丈毛尖
24	宁夏	4	宁夏大米、宁夏枸杞
25	吉林	3	白城绿豆、吉林长白山人参
26	山西	3	山西老陈醋、吉县苹果
27	北京	2	北京鸭、牛栏山二锅头
28	青海	1	湟中燕麦
29	天津	1	茶淀玫瑰香葡萄

资料来源：根据《中欧地理标志协定》附录三、附录五整理所得。

对于欧盟方面的地理标志产品，协定认证产品中葡萄酒的数量最多，共有115个，占全部认证产品的42%，其次是奶酪（33个）、肉类（31个），具体情况如表3所示。从协定认证的中欧双方的产品类别来看，双方产品都为各自代表性产品，品质好，知名度较高，中国方面的产品以初级农产品为主，包括茶叶、蔬菜和水果等，而欧盟方面产品主要以加工产品为主，包括葡萄酒、啤酒和肉类产品。

表3 《中欧地理标志协定》认定的欧盟地理标志产品种类

序号	产品类别	地理标志示例	数量(个)	占比(%)
1	葡萄酒	波尔多、勃艮第	115	42
2	奶酪	丹麦蓝奶酪、蒙切哥奶酪	33	12
3	肉类	帕尔玛火腿、蒂罗尔熏肉	31	11
4	烈酒	雪莉白兰地、苏格兰威士忌	29	11
5	油料	西提亚橄榄油、马吉那山脉	28	10
6	水果、蔬菜	拉蒂纳猕猴桃、南蒂罗尔苹果	14	5
7	调料	摩德纳香醋、泰特南啤酒花	8	3
8	糕点	亚琛烤饼、不来梅克拉本蛋糕	7	3
9	啤酒	慕尼黑啤酒、巴伐利亚啤酒	6	2
10	水产品	马雷讷奥莱龙牡蛎	2	1
11	其他	希俄斯乳香	2	1
	合计		275	100

资料来源：根据《中欧地理标志协定》附录四、附录六整理所得。

《中欧地理标志协定》给予双方地理标志产品极高的保护水平，该协定第四条明确规定了保护范围，对于全部或部分同名的地理标志，应对每个地理标志都给予保护，但字面上真实显示了产品原产地所在的领地、地区或位置却仍误导公众认为产品来自另一领地的标志不应受到保护。同时该协定第四条还明确了对某些违法行为的打击，打击误导公众对产品地理来源认识的行为，打击任何使用地理标志指示并非来自该地理标志所指示产地的某一相同或近似产品的行为，即便已指示了该产品的真实原产地或在使用上述地理标志时运用了意译、音译或字译，或同时使用了"种类""品种""风格""仿制"等字样。打击任何使用地理标志指示不符合受保护名称的产品规范的某一相同或相似产品的行为。该协定第五条规定了地理标志的使用权，协定项下受保护的地理标志可被用在任何符合该地理标志技术规范以及遵守附录一所列地理标志原产国相关法律要求的合法产品上，同时在遵循协定附录一所列的另一方相关法律的前提下，某一地理标志若得到协定的保护，那么这个地理标志所覆盖的产品可以在另一方领土范围内使用另一方的官方标志。协定还表明双方同意为支持本协定规定的承诺与义务的实施而开展合作。

（四）实施意义

《中欧地理标志协定》是中国对外签署的第一个全面的、高水平的地理标志双边协定，将进一步促进双边地理标志产品贸易发展，扩大中欧贸易规模，进一步巩固中欧全面战略伙伴关系的经贸基础。《中欧地理标志协定》为中国有关产品进入欧盟市场、提升市场知名度提供了有力保障，进一步推动中国相关产品对欧盟出口，同时，协定的签署彰显了中国坚持对外开放、持续深化改革和保护知识产权的坚定决心，也充分体现了中欧双方坚持开展自由和开放贸易、支持以规则为基础的多边体制的承诺。我国有丰富的优质农产品资源，但也存在着宣传力度不足、知名度低等问题，协定可以让欧洲消费者进一步了解中国产品，提高我国特色农产品的知名度，推动我国优质农产品走向世界。同时，协定为欧盟的优质特色产品在进入中国市场时提供充分保护，可以消除欧盟生产商的后顾之忧，使其放心地进入中国，使中国消费者能吃到、用上货真价实的高质量商品，提高人民生活品质，满足人民日益增长的美好生活需要。

二 我国农产品贸易发展概况

（一）我国农产品世界贸易规模与结构

1. 进出口规模

我国农业生产资源丰富，同时农产品需求量大，是世界第一大农产品进口国和世界第六大农产品出口国[①]。近10年，我国进出口贸易发展态势良好，农产品进出口贸易总额从2013年的1662亿美元上升到2022年的

---

① 数据来源：ITC Trade Map 数据库，农产品按照我国海关的分类标准，包括以下 HS 编码的产品：01-24，290543-290544，3301，3501-3505，38091，38061，4101-4103，4301，5001-5003，5101-5103，5201-5203，5301-5302。根据数据整理要求，保留01-24编码的数据。

3181亿美元，10年间增长近92%，年均增长率达到9.2%。其中进口呈现快速上涨趋势，进口总额从2013年的1008亿美元上升到2022年的2240亿美元，10年间增长122%，年均增长率为12.2%，2020~2021年增长速度最快，达到了28.7%。出口总额从654亿美元上升到957亿美元，10年增长了近47%，年均增长率为4.7%。同时，贸易逆差呈现扩大趋势，贸易逆差额从2013年的354亿美元上升到2022年的1283亿美元（见图1）。

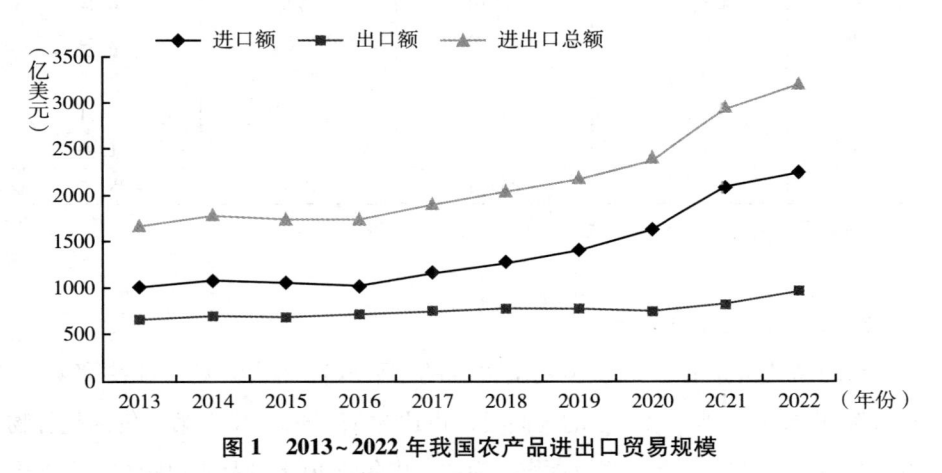

图1 2013~2022年我国农产品进出口贸易规模

资料来源：根据ITC-Trade Map数据库相关数据计算所得。

2. 进出口地区结构

2022年，我国农产品前十大进口来源地和前十大出口目的地如表4所示。从进口来看，巴西是我国最大的进口来源地，占我国总进口额的22.71%，其次是美国（17.03%）、东盟（16.31%）、欧盟（8.29%）、新西兰（5.02%），前十大进口来源国占我国进口总额的85.16%。从出口来看，东盟是我国第一大出口目的地，占比为25.62%，其次是欧盟（12.90%）、中国香港（12.67%）、日本（11.78%）、美国（8.76%），前十大出口目的地占我国总出口额的85.75%。

表 4　2022 年我国前十大进口来源地和出口目的地

序号	进口来源地 国家和地区	占比（%）	出口目的地 国家和地区	占比（%）
1	巴西	22.71	东盟	25.62
2	美国	17.03	欧盟	12.90
3	东盟	16.31	中国香港	12.67
4	欧盟	8.29	日本	11.78
5	新西兰	5.02	美国	8.76
6	澳大利亚	4.10	韩国	6.44
7	阿根廷	3.40	中国台湾	2.44
8	加拿大	3.34	俄罗斯	2.13
9	俄罗斯	2.72	加拿大	1.61
10	智利	2.24	澳大利亚	1.40
	合计	85.16	合计	85.75

资料来源：根据 ITC-Trade Map 数据库相关数据计算所得。

3. 进出口产品结构

从商品结构来看，2022 年我国进口的主要农产品为大豆，排在第 1 位，占比为 30.62%，排在第 2 位的为肉类，占比为 13.78%，排在第三位的是谷物（8%），主要以玉米和高粱等粮食作物为主，排名前 10 的商品进口额约占我国进口总额的 88.79%。2022 年我国出口农产品主要以水产品及水产品制品为主，占比 25% 左右，其次为蔬菜水果类，占比 21% 左右，烟草类 2022 年 HS 编码变动导致其出口量较高[①]。前十大出口商品占总出口额的 78.1%（见表 5）。

表 5　2022 年我国农产品进出口前十大行业及其占比

序号	进口 HS2 位编码	商品	占比（%）	出口 HS2 位编码	商品	占比（%）
1	12	大豆	30.62	03	水产品	12.74
2	02	肉类	13.78	16	水产品制品	12.31

---

① 2022 年 ITC 新增（24）种类下的细分编码。

续表

序号	进口			出口		
	HS2位编码	商品	占比(%)	HS2位编码	商品	占比(%)
3	10	谷物	8.68	07	蔬菜	10.61
4	03	水产品	8.38	20	果蔬制品	10.41
5	08	水果	7.43	24	烟草	7.87
6	15	油脂	6.85	21	杂项食品	6.61
7	04	乳品	4.26	08	水果及坚果	5.72
8	23	食品残渣	3.32	23	食品残渣	4.08
9	19	谷物制品	3.04	09	咖啡和茶	3.99
10	22	饮料、酒和醋	2.43	15	油脂	3.76
	合计		88.79	合计		78.1

资料来源：根据ITC-Trade Map数据库相关数据计算所得。

（二）我国与欧盟农产品贸易规模与结构

1. 进出口规模

2022年，欧盟是我国农产品第二大出口目的地，第四大进口来源地。10年来，我国同欧盟的农产品贸易稳步发展，进出口总额从2013年的145亿美元上升到2022年的287亿美元，增长率达到97.93%，年均增长率为9.79%。进口额从2013年的78亿美元上升到2022年的175亿美元，增长率为124.36%，年均增长率为12.44%，进口基本呈现上升趋势，但在2021~2022年进口额下降，下降了24%。出口额从2013年的67亿美元上升到2022年的112亿美元，增长率为67.16%，年均增长率为6.72%，出口总额呈现稳步上升趋势，在2022年进口额下降的同时，出口额增长30.62%，缓解了我国同欧盟进出口总额的下降程度（见图2）。

2. 进出口地区结构

就进口方面来看，法国是我国农产品最大的进口来源地，占所有欧盟国家的28.05%，其次是荷兰（21.85%）、西班牙（15.72%）、德国（9%）、丹麦（7.52%），我国从前十大进口来源地进口额占我国从欧盟进口总额的

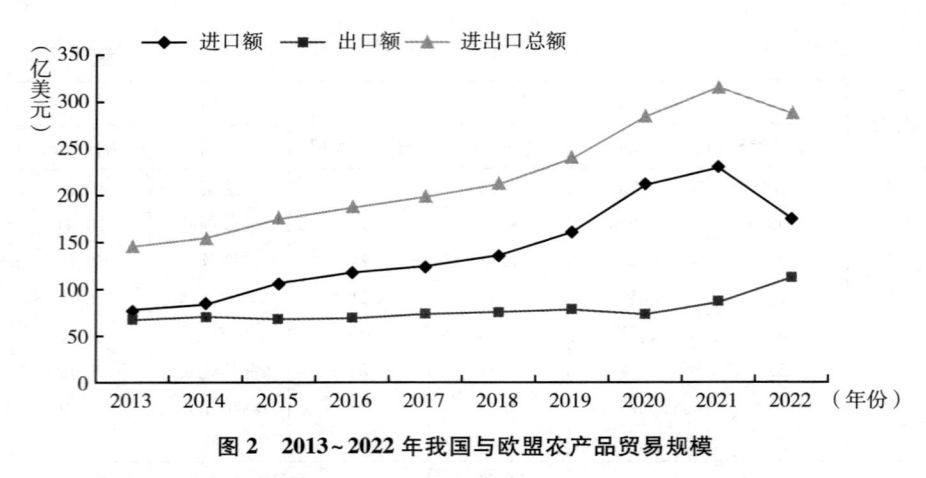

图 2 2013~2022 年我国与欧盟农产品贸易规模

资料来源：根据 ITC-Trade Map 数据库相关数据计算所得。

95.77%。其中，我国主要从法国进口的商品为葡萄酒、烈酒和谷物，占从法国进口总额的 65%。我国从荷兰进口的主要商品为乳制品和奶粉，占从荷兰进口总额的 99%。从西班牙进口的商品主要为肉类，包括猪肉、牛肉等，占从西班牙进口总额的 63% 左右。从出口方面来看，荷兰是我国第一大出口目的地，占所有欧盟国家的 26.17%，其次是德国（20.91%）、西班牙（15.03%）、意大利（7.04%）、比利时（6.59%），我国向前十大出口目的地出口额占向欧盟出口总额的 90.62%。我国向荷兰出口商品种类多，其中出口额最大的产品为油脂，占比为 32% 左右。我国向德国出口额最高的为水产品，占比 23% 左右，我国向西班牙出口额最大的商品也为油脂，占比 27% 左右（见表 6）。

表 6 2022 年我国与欧盟农产品前十大进口来源地和出口目的地

序号	进口来源地		出口目的地	
	国家	占比(%)	国家	占比(%)
1	法国	28.05	荷兰	26.17
2	荷兰	21.85	德国	20.91
3	西班牙	15.72	西班牙	15.03
4	德国	9.00	意大利	7.04

续表

序号	进口来源地		出口目的地	
	国家	占比(%)	国家	占比(%)
5	丹麦	7.52	比利时	6.59
6	意大利	4.53	法国	6.31
7	爱尔兰	4.13	波兰	3.45
8	比利时	2.11	罗马尼亚	2.06
9	保加利亚	1.67	瑞典	1.54
10	波兰	1.19	葡萄牙	1.52
	合计	95.77		90.62

资料来源：根据ITC-Trade Map数据库相关数据计算所得。

3. 进出口商品结构

从商品结构来看，2022年我国从欧盟主要进口的农产品为配方奶粉，占比为18.94%，其次为冷冻猪肉和冷冻猪内脏，占比为20.59%，然后是酒类，包括葡萄酒、烈酒和啤酒等，占比16.7%。我国向欧盟出口的商品占比最大的为油脂，占比为12.27%，其次为冷冻鱼片，占比为10.66%，然后为烟草制品，占比为8.75%[①]（见表7）。

表7 2022年我国与欧盟农产品前十大进出口商品

序号	进口			出口		
	HS编码	类别	占比(%)	HS编码	类别	占比(%)
1	1901	配方奶粉	18.94	1518	油脂	12.27
2	0203	冷冻猪肉	11.85	0304	冷冻鱼片	10.66
3	0206	冷冻猪内脏	8.74	2404	烟草制品	8.75
4	2208	烈酒	8.47	2309	狗粮与猫粮	5.91
5	2106	未分类食品	5.55	1302	蔬菜提取物	4.75
6	2204	葡萄酒	5.41	0504	动物内脏	4.33
7	0401	牛奶和奶油	3.86	1516	动植物油	4.07
8	1001	小麦	3.48	2106	未分类食品	3.07

① 因新增编码而使烟草制品出口额上升。

续表

序号	进口			出口		
	HS 编码	类别	占比(%)	HS 编码	类别	占比(%)
9	2203	麦芽啤酒	2.82	2005	非醋酸保存蔬菜	2.43
10	0404	乳清	2.81	2008	水果坚果制品	2.37
	合计		71.93			58.61

资料来源：根据 ITC-Trade Map 数据库相关数据计算所得。

三 《中欧地理标志协定》对我国农产品出口的影响分析

(一)《中欧地理标志协定》对我国农产品出口的影响机理

从理论上来说，《中欧地理标志协定》为我国地理标志农产品在欧洲的销售提供了法律保障，提高了相关产品在欧洲的知名度并降低了交易成本，促进了中国地理标志农产品生产企业对欧洲出口意愿的增强和生产能力的提升，有助于扩大我国特色农产品出口规模。具体来看，首先，《中欧地理标志协定》对中欧各自 275 个地理标志产品纳入协议进行保护，这提高了互认互保产品在中欧双方的知名度，增强了地理标志产品生产企业的出口意愿，进而增加我国特色农产品出口的数量。其次，地理标志可以赋予农产品集体声誉，提高产品知名度和产品在消费者心目中的认可度，与普通产品相比，消费者更愿意花费更高的价格去购买地理标志产品，所以地理标志会为特色农产品带来溢价效应。最后，地理标志不仅是一个标志名称，它还为不同农产品提供了生产标准、产品规格和监管制度，使农产品的质量得到更好的保障，能够更好地规避可能存在的限制性贸易壁垒，促进我国农产品的出口。现有研究使用国别数据、省级数据和企业数据，通过实证研究发现国际互认对我国农产品的出口规模具有显著的促进作用。

(二)《中欧地理标志协定》对我国代表性农产品出口规模的影响

从细分产品种类来看，自协定生效以来，大部分产品种类的出口额都有不同程度的提高（见表8）。作为我国农产品出口和协定认证的主要产品，茶叶在协定签署后对欧盟的出口实现了连续两年的正增长，其中，绿茶出口在2021年的增长率为9.82%，在2022年的增长率为9.56%，红茶的出口在2021年的增长率为6.44%，在2022年出口增长率为4.61%。蔬菜类产品中的黑木耳、芽菜、胡萝卜等也有着不同程度的提高，其在2021年的出口增长率分别达到了29.4%、11.11%和21.04%，2022年的出口增长率达到了10.41%、2.88%和5.57%。鸭肉产品出口在2021年和2022年有明显的增长，其增长率分别为24.19%和95.66%，烈酒的出口也有较大增长，2021年和2022年的出口增长率分别为57.89%和20.38%。药材类（人参）和调料类（豆瓣）等产品出口也有不同程度的提高。

表8 我国对欧盟代表性农产品2021年和2022年的出口增长率

名称	2021年出口增长率(%)	2022年出口增长率(%)
绿茶	9.82	9.56
红茶	6.44	4.61
豆瓣	10.39	7.84
黑木耳	29.40	10.41
芽菜	11.11	2.88
烈酒	57.89	20.38
鸭肉	24.19	95.66
人参	12.41	34.25
胡萝卜	21.04	5.57
粉丝	28.85	14.39

资料来源：根据ITC-Trade Map数据库相关数据计算所得。

同时，在2022年，我国获得认证的产品种类中，脐橙、香菇、坚果、松子和蜂蜜五类产品与2021年相比实现了零的突破，其中脐橙和坚果类产品出口额在2022年达到了1.8万美元和1.5万美元,而松子、香菇和蜂蜜的出口额则分别达到了59万美元、1904万美元和1098万美元。[①]

(三)《中欧地理标志协定》对我国代表性农产品出口价格的影响

《中欧地理标志协定》的签署提高了产品知名度,产品质量有了国家层面的保证,在产品价格方面也存在着一定的溢价(见表9),其中烈酒溢价能力最强,溢价水平为371.49%,蔬菜、水果等协定认证产品也有不同程度的溢价,其中大蒜的溢价水平达到了47.96%,苹果的溢价水平为6.27%,橘子的溢价水平为33.23%,而绿茶也有4.32%的溢价水平。除去运输成本、关税等因素以外,这些溢价在一定程度上也可以归因于《中欧地理标志协定》的作用。

表9　2022年我国出口欧盟和世界的代表性农产品单价

产品	出口欧盟单位价格水平(万美元/吨)	出口世界单位价格水平(万美元/吨)	溢价水平(%)
大蒜	0.13	0.09	47.96
苹果	0.13	0.12	6.27
烈酒	12.92	2.74	371.49
橘子	0.46	0.35	33.23
绿茶	0.40	0.39	4.32

资料来源:根据ITC-Trade Map数据库相关数据计算所得。

四　《中欧地理标志协定》的借鉴

《中欧地理标志协定》作为我国对外签署的第一个全面的、高水平的地理标志双边协定,开创了我国以双边地理标志协定保护地理标志产品的新模式,对我国地理标志国际保护和农产品国际贸易合作都有着极大的借鉴意义。

[①] 数据来源:根据ITC-Trade Map数据库相关数据计算所得。

（一）为我国地理标志保护国际合作提供借鉴

《中欧地理标志协定》的正式签署和实施证明了中欧双方对于地理标志保护工作的高度认同和对于双方经贸合作的高度重视，为中欧双方之后的地理标志相关项目合作奠定了坚实基础。《中欧地理标志协定》作为一部完善的双边国际协定，为今后我国与其他国家和地区的地理标志国际合作提供了参考范本，丰富了我国地理标志国际保护的经验。目前，我国已签署的《区域全面经济伙伴关系协定》《中国—澳大利亚自由贸易协定》《中国—智利自由贸易协定》等自由贸易协定均涉及了地理标志国际保护条款，但其中相关法律规定较为笼统，涵盖内容少。《中欧地理标志协定》的法律条款内容全面，覆盖范围广，从地理标志定义、保护措施到申请程序等都做了详细的规定，可为我国今后对外签署自由贸易协定时提供相关法律条款参考，提升我国在地理标志保护国际合作方面的主动性，在地理标志国际规则的制定中贡献中国力量和中国智慧。

（二）为我国地理标志相关法律的完善提供借鉴

我国目前地理标志管理体系是以《中华人民共和国商标法》和《地理标志产品保护规定》为基础的商标法和专门法共同保护的两套体系，其中《地理标志产品保护规定》自2005年颁布实施以来推动了我国地理标志保护工作的开展。但是，由于规章制定时间较早，且一直未做修改，已不能满足地理标志产品保护的现实需求[①]，国家知识产权局于2020年9月和2023年9月分别公布了《地理标志产品保护规定（征求意见稿）》，着手更新《地理标志产品保护规定》。欧洲地理标志保护历史悠久，法律法规完善，而《中欧地理标志协定》是我国和欧盟达成的第一个全面的、高水平的地理标志保护协定，条款体现了欧盟在地理标志保护上的法律思想和规定，对

---

① 《关于就〈地理标志产品保护规定（征求意见稿）〉公开征求意见的通知》，国家知识产权局，https://www.cnipa.gov.cn/art/2023/9/18/art_75_187625.html。

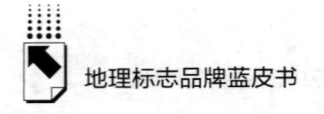

于完善我国《地理标志产品保护规定》，提高我国地理标志保护法律适用性和专业性具有良好的借鉴意义。

（三）助力我国特色农业经济发展

《中欧地理标志协定》签署的意义不仅在于推动双方的经贸合作，还在于能够提高国内对于地理标志产品的关注度和认知程度，能够让生产者和消费者双方都受益，促进优质产品的生产与销售。我国很多优秀的地理标志产品均来自经济发展相对落后的农村地区，如何利用好地理标志资源推动农业农村高质量发展，提高人民的生活水平是我国利用和保护地理标志的目的之一。地理标志对于农业农村的积极作用在欧洲国家已经被充分证实，因此汲取国外有益经验，结合我国实际，地理标志将成为推动我国农业农村发展的新动力。

参考文献

[1] 张米尔、包丽春、任腾飞：《地理标志对特色农产品出口的作用研究——基于出口市场的国别面板数据》，《中国软科学》2022年第2期，第56~64页。

[2] 冯馨：《地理标志与农产品出口贸易增长——基于省际面板数据的实证分析》，《商业经济研究》2018年第8期，第128~130页。

[3] 钱薇雯、董银果：《中欧地理标志互认促进中国农产品出口——基于"双循环"视角的机制研究》，《国际贸易问题》2023年第6期，第121~138页。

国际借鉴篇

B.13
地理标志国际保护制度的比较分析和借鉴

郭炎明[*]

摘 要： 地理标志国际保护制度是地理标志发挥作用的保障，也是我国实施地理标志保护的重要参考。本报告首先基于世界知识产权组织（WIPO）数据，梳理世界地理标志保护现状，然后着眼于地理标志国际保护制度的形成历史，总结《巴黎公约》《马德里协定》《里斯本协定》《与贸易有关的知识产权协定》《日内瓦文本》五大条约的具体内容，比较分析五大条约之间的联系和差异，并选取法国、欧盟、美国和日本四个代表性国家和地区，研究其地理标志保护制度的形成历史和现状，梳理总结以欧盟为代表的专门法保护和以美国为代表的商标法保护的地理标志保护的异同，最后对我国地理标志保护工作提出了要制定统一的地理标志保护法、协同多种保护方式和强化地理标志保护全过程管理的建议。

---

[*] 郭炎明，西北师范大学经济学院硕士研究生，主要研究领域为国际贸易与地理标志。

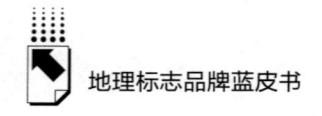

关键词： 地理标志　国际保护制度　专门保护　商标保护

地理标志作为一种重要的知识产权，对于促进区域发展，推动农产品贸易，保护生产者和消费者的权益，传承和发展优秀传统文化具有重要意义。地理标志国际保护制度经历了长时间的发展，通过五大条约而逐步建立起完整的保护体系，同时不同国家和地区也形成了专门法保护和商标法保护这两种主要的地理标志保护模式。梳理总结国际地理标志保护制度，分析不同制度的产生背景、制度内涵和意义，有助于对比分析不同保护制度和模式的特点，对借鉴国际保护经验、完善我国地理标志保护体系、提高地理标志保护水平、推动地理标志品牌建设具有重要作用。

一　世界主要国家地理标志保护发展概况

（一）世界地理标志保护规模

根据世界知识产权组织（WIPO）的数据，截至2022年底，全球约有58400个受保护的地理标志存在，其中中高收入经济体所拥有的地理标志数量占世界总数的46.3%，其次是高收入经济体（43.1%）和中低收入经济体（10.6%）。

根据 WIPO 的统计，地理标志主要分布于亚洲和欧洲。截至2022年，地理标志保护数量排名前十的国家和地区中，中国拥有9571个受保护的地理标志，是世界上地理标志数量最多的国家，其次是欧盟，有5176个受保护的地理标志（见图1）。瑞士（4728个）、摩尔多瓦（4602个）、波黑（4534个）等国家报告的受保护地理标志数量多，但是这些国家和地区并没有如此规模的地理标志，只是因为共处于里斯本体系下所得到的共同保护，存在其他国家的地理标志在该国受到保护的情况。里斯本体系是为促进原产地名称和地理标志进行国际保护而设立的一套法律体系，通过在世界知识产权组织的单一注册程序，里斯本体系根据唯一具有法律约束力的国际注册簿在多个国家对注册的原产地名称和地理标志予以保护。截至 2022 年，里斯本体系缔约方包括 72 个国家和地区，大多分布在欧洲和非洲北部。里斯本体系中包含有 1106 个原产地名称和地理标志，其中，法国拥有最多的原产地和地理标志注册数量，共有 425 个，其次是意大利（175 个）、欧盟（166 个）。①

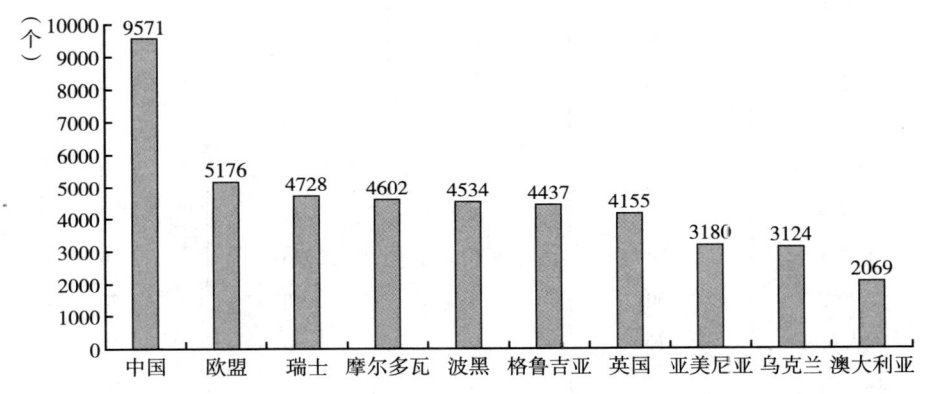

图 1　截至 2022 年全球地理标志保护数量排名前十大国家和地区

资料来源：World Intellectual Property Indicators 2023。

（二）世界地理标志保护方式

世界各国地理标志主要由四种方式进行保护，第一是国家体系（National system）进行保护，即国家制定法律法规对本国地理标志进行保护，例如，美国的地理标志全部都是依靠国家体系进行保护；第二是依靠地区体系（Regional system）进行保护，例如，欧盟实现了各成员国之间地理标志的互认互通；第三是利用国际协定（Agreements）进行保护，例如，英国的地理标志主要是依靠国际协定保护；第四是依靠里斯本体系（Lisbon system）进行保护，如哥斯达黎加、波黑、格鲁吉亚等，世界主要国家和地区地理标志保护方式（见表 1）。

---

① 数据来源于 WIPO Lisbon Express 数据库，https：//lisbon-express.wipo.int/struct-search。

表1 世界主要国家和地区地理标志保护方式

单位：%

国家和地区	国家系统占比	地区系统占比	国际协议占比	里斯本体系占比
巴西	100	0	0	0
哥伦比亚	100	0	0	0
印度	100	0	0	0
马来西亚	100	0	0	0
美国	100	0	0	0
土耳其	100	0	0	0
中国	99	0	1	0
加拿大	78	0	22	0
俄罗斯	74	0	26	0
伊朗	30	0	0	70
澳大利亚	10	0	90	0
哥斯达黎加	3	0	0	97
瑞士	2	0	88	10
墨西哥	2	0	29	69
格鲁吉亚	1	0	78	20
波黑	0	0	77	22
亚美尼亚	0	0	100	0
英国	0	0	100	0
欧盟	0	66	34	0

资料来源：World Intellectual Property Indicators 2023。

按照保护对象为本国或外国地理标志来分，各国家和地区保护总数中本地地理标志占比较高的为土耳其（99.77%）、马来西亚（94.50%）、中国（94.39%）、印度（92.77%）、巴西（91.74%）、泰国（90.77%）、挪威（89.47%）、欧盟（63.22%）和美国（61.31%），其他国家虽保护总数较高，但均以外国地理标志为主，比如瑞士、波黑、格鲁吉亚等国（见表2）。

表 2 主要国家和地区的地理标志来源

单位：%

序号	国家和地区	本国地理标志占比	外国地理标志占比
1	土耳其	99.77	0.23
2	马来西亚	94.50	5.50
3	中国	94.39	5.61
4	印度	92.77	7.23
5	巴西	91.74	8.26
6	泰国	90.77	9.23
7	挪威	89.47	10.53
8	欧盟	63.22	36.78
9	美国	61.31	38.69
10	法国	13.17	86.83
11	塞尔维亚	7.80	92.20
12	西班牙	7.07	92.93
13	澳大利亚	5.94	94.06
14	加拿大	3.29	96.71
15	德国	2.41	97.59
16	瑞士	2.37	97.63
17	英国	2.19	97.81
18	墨西哥	1.69	98.31
19	格鲁吉亚	1.44	98.56
20	哥斯达黎加	0.38	99.62
21	波黑	0.28	99.72

资料来源：World Intellectual Property Indicators 2023。

（三）世界地理标志产品分布

截至 2022 年，世界受保护的地理标志产品以葡萄酒和烈酒及农产品和食品为主，分别占总数的 50.7% 和 43.10%，手工艺品占总数的 4.2%。2018~2022 年，地理标志产品种类占比基本情况保持稳定，葡萄酒和烈酒与农产品和食品占比始终在 80% 以上，2022 年占比为 93% 左右，手工艺品与其他产品占比约为 7%（见图 2）。

图2　2018~2022年世界地理标志产品分布

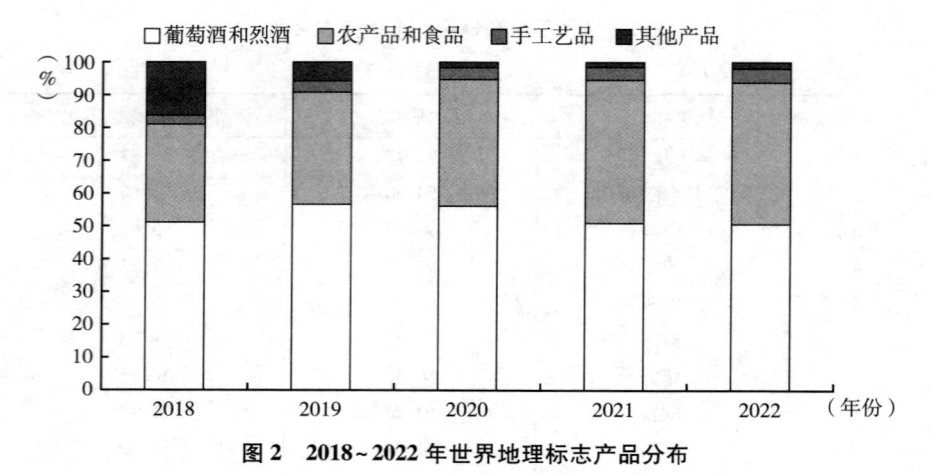

资料来源：World Intellectual Property Indicators 2023。

二　地理标志国际保护制度的发展脉络

地理标志的国际保护经历了一个漫长的过程，现有国际制度体系基于五个基本协定（条约），梳理五大条约的主要内容有助于我们了解地理标志国际保护的历史脉络，对我国积极参与地理标志国际保护，提高我国地理标志保护立法水平具有重要意义。

（一）《巴黎公约》

国际上最早的正式意义上对地理标志的保护起源于1883年由法国、瑞士等11个国家所签订的《保护工业产权巴黎公约》（以下简称《巴黎公约》）。截至2022年7月6日，该公约缔约方总数已经达179个国家和地区，1985年3月19日中国成为该公约成员国，我国政府在加入书中声明：中华人民共和国不受公约第28条第1款的约束。

《巴黎公约》中并没有关于地理标志的直接条款，但是它的原产地名称、商标等规定创了国际地理标志保护的先河。《巴黎公约》将货源标记和原产地名称纳入工业产权保护的范畴[1]，同时，将工业产权的解释范围扩大到农业和采掘业，将酒类、谷物、水果等产品列入工业产权的保护范围之中。[2]《巴黎公约》还专门对商标有若干规定，如在商标转让过程中，若某商标具有使公众对商品原产地、性质或者基本品质发生误解的性质，联盟国家没有承认商标转让为有效的义务。[3] 商标注册时，缺乏显著特征，或者完全由商业中用以表示商品的种类、质量、数量、用途、价值、原产地或生产时间的符号或标记组成，或者在要求给予保护的国家的现代语言中或在善意和公认的商务实践中已经成为惯用的，可以拒绝注册或者使注册无效。[4] 对于标记虚假原产地或者虚假生产者标记的商品，商品进口时可以予以扣押。[5]

《巴黎公约》的签署在当时对于货源标志的保护起到了一定的作用，但同时也存在着一定的局限。首先，《巴黎公约》规定在对其他成员的货源标志提供国民待遇时，以各自国家的国内法为保护依据。缺乏统一的法律条款进行约束，对于货源标志的保护程度较低且存在混乱。其次，《巴黎公约》中并未规定对争端如何裁定，也没有规定解决的机制，面对争端时无法将《巴黎公约》作为解决的依据，同时，《巴黎公约》将"欺骗性标志"排除在侵权认定范围之外，这一点被各方广泛争议。[6]

（二）《马德里协定》

1891年，《制止商品来源虚假或欺骗性标记马德里协定》（以下简称《马德里协定》）颁布，1891年4月14日在西班牙马德里签订，1911年6月2日在华盛顿修订，1925年11月6日在海牙修订，1934年6月2日在伦

---

[1] 参见《保护工业产权巴黎公约》第一条第二款。
[2] 参见《保护工业产权巴黎公约》第一条第三款。
[3] 参见《保护工业产权巴黎公约》第六条第四款。
[4] 参见《保护工业产权巴黎公约》第六条第五款。
[5] 参见《保护工业产权巴黎公约》第十条。
[6] 陈晖、伽红凯、高芳：《国内外地理标志保护管理体制的演变与趋势》，《世界农业》2021年第10期，第33~40页。

敦修订，1958 年 10 月 31 日在里斯本修订，1967 年 7 月 14 日在斯德哥尔摩签订附加议定书。该协定由世界知识产权组织管理，并向所有参加巴黎公约的国家和地区开放。截至 2022 年，已有 36 个缔约方。

该协定主要内容就是补充完善了对于"虚假标志"产品的认定范围，将"欺骗性标志"也纳入了认定侵权范围，是首个禁止货源标记错误或欺骗性标记（a false or deceptive indication）的国际公约。[1] 条约认定，凡系将本协定所适用的国家之一或其中一国的某地直接或间接地虚假或欺骗性地标作原产国或原产地的，缔约方各国应在进口时予以扣押。[2] 同时，在使用虚假或欺骗性产地标志的国家或者在已进口带有虚假或欺骗性产地标志的商品的国家也应实行扣押。[3]《马德里协定》突出强调的是标志对于消费者是否具有误导或者欺骗，而非仅仅关注标志本身的正确与否，如果标志对消费者造成了误导和欺骗，那么就算标志和来源正确，也可能被认定为"欺骗性标志"。《马德里协定》弥补了《巴黎公约》对"欺骗性标志"的认定问题，在一定程度上弥补了《巴黎公约》的不足，但是该协定依然并未脱离《巴黎公约》的架构，协定的实施依然要依靠缔约国的国内法，对于地理标志保护程度并没有实质上的提高。

（三）《里斯本协定》

由于《巴黎公约》和《马德里协定》对原产地名称的保护并未达到一些地理标志强势利益国家的诉求，以法国、意大利等国家为首，于 1958 年签订了《保护原产地名称及国际注册里斯本协定》（以下简称《里斯本协定》），1967 年 7 月 14 日在斯德哥尔摩修订，1979 年 10 月 2 日再次修订，目前该协定缔约方总数共有 30 个国家和地区。

《里斯本协定》首次引入了"原产地名称"（origin of products）的概念，

---

[1] 孙远钊：《论地理标志的国际保护、争议与影响——兼论中欧、中美及相关地区协议》，《知识产权》2022 年第 8 期，第 15~59 页。
[2] 参见《制止商品来源虚假或欺骗性标记马德里协定》第一条。
[3] 参见《制止商品来源虚假或欺骗性标记马德里协定》第二条。

协定第一条就直接表明了该协定对于原产地名称的保护。[①]《里斯本协定》对原产地名称以及原属国概念做出明确的解释,"原产地名称系指一个国家和地区及地方的地理名称,用于指示一项产品来源于该地,其质量或特征完全或主要取决于地理环境,包括自然因素和人为因素;原属国系指其名称构成原产地名称而赋予产品以声誉的国家和地区或地方所在的国家"。[②] 此概念解释将原产地名称和货源标志、产地标志名称区别开来,为原产地名称的保护打下基础。《里斯本协定》还规定了严格的原产地名称保护的内容,即保护旨在防止任何假冒和仿冒,即使标明了产品的真实来源或者使用名称的翻译形式或附加"类""式""样""仿"字样或类似字样[③],以及根据其他案文对原产地名称的保护[④],《里斯本协定》还规定了原产地名称注册相关内容,且注册过程需在国际局进行。[⑤]

《里斯本协定》通过对原产地名称的具体定义和严格保护,对推动原产地名称保护的发展意义深远,但其严格的法律规定同样也造成协定参与国家不多、实际效果不佳等结果。[⑥] 条约规定实施原产地名称保护需要获得原产地名称的国际注册,这一规定将利用商标法和反不当竞争法保护原产地名称的国家排除在了该体系之外。其次,《里斯本协定》虽能够极大地促进一国原产地名称在另一国家受保护,但是其严格的准入标准使一些国家更愿意采取双边认证,而不是借助该协定对本国产品原产地名称进行保护。

(四)《与贸易有关的知识产权协定》

在《巴黎公约》《马德里协定》《里斯本协定》的实践中,针对原产地名称保护,以欧盟为代表的以专门法保护的"旧世界国家"和以美国为代

---

① 参见《原产地名称保护及国际注册里斯本协定》第一条第二款。
② 参见《原产地名称保护及国际注册里斯本协定》第二条。
③ 参见《原产地名称保护及国际注册里斯本协定》第三条。
④ 参见《原产地名称保护及国际注册里斯本协定》第四条。
⑤ 参见《原产地名称保护及国际注册里斯本协定》第五条。
⑥ 孙智:《地理标志国际保护新发展的路径分歧及我国选择》,《知识产权》2019 年第 1 期,第 88~96 页。

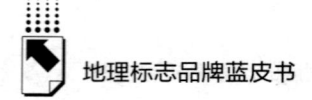

表的以商标法保护的"新世界国家"在该问题上存在着许多争议。① 鉴于此，在 WTO 框架下，1994 年《与贸易有关的知识产权协定》（以下简称《TRIPS 协定》）得以签署。《TRIPS 协定》是在 WTO 框架下签订的关于知识产权保护的国际协定，因其对地理标志保护也做出相关规定，而使其成为地理标志保护历史上具有里程碑意义的协定。《TRIPS 协定》是 WTO 的重要文件，加入 WTO 的国家和地区都有义务遵守该协定的内容，截至 2022 年，WTO 共有 164 个成员国。

《TRIPS 协定》首次对"地理标志"（地理标识）[Geographical indications (GIs)] 概念做出了明确界定②，真正意义上开启了地理标志的国际保护。"地理标识"指识别一货物来源于一成员领土或该领土内一地区或地方的标识，该货物的特定质量、声誉或其他特性主要归因于其地理来源。《TRIPS 协议》中规定的地理标志的主要功能是识别商品的来源，以及商品从来源地获得的质量和声誉。由于这些标志可以获得很高的声誉和商业价值，地理标志可能会被盗用、滥用和伪造。《TRIPS 协定》对潜在的地理标志盗用、滥用和伪造行为做出了相应的应对措施。

《TRIPS 协定》规定了各成员国应该向利害关系方提供法律依据，防止可能出现的使公众产生误解的情况。针对商标注册，协定规定，"如一商标包含的或构成该商标的地理标识中所标明的领土并非货物的来源地，且如果在该成员中在此类货物的商标中使用这一标识会使公众对其真实原产地产生误解，则该成员在其立法允许下可依职权或在一利害关系方的请求下，拒绝该商标注册或宣布注册无效"。③ 同时，上述提到的条款同样适用于"虽在文字上表明货物来源的真实领土、地区或地方，但其地理标识却虚假地向公众表明该货物来源于另一领土"④。该条款类似于《马德里协定》对于原产

---

① 王笑冰：《国外地理标志保护的两大制度模式及国际发展》，《中华商标》2018 年第 8 期，第 48~52 页。
② 参见《与贸易有关的知识产权协定》第二十二条第一款。
③ 参见《与贸易有关的知识产权协定》第二十二条第三款。
④ 参见《与贸易有关的知识产权协定》第二十二条第四款。

地标志欺骗的规定，存在对消费者误导和欺骗的条件下，即使标识来源正确，但也会被认定为欺骗行为而受到法律的约束和规制。《TRIPS协定》中规定了与地理标志保护有关的一些要求，并规定世界贸易组织成员有义务在其本国国内法律中有执行协定的规定，但是该协定没有具体规定世界贸易组织成员应以何种方式落实保护地理标志的要求。因此，世界贸易组织成员对所提供的保护手段没有统一的做法，各成员国有权力选择地理标志的保护模式。

《TRIPS协定》作为第一个正式将地理标志保护纳入法律范畴的国际法律文件，开辟了国际范围内地理标志保护的新阶段。在WTO框架下，《TRIPS协定》将地理标志保护扩展到更大范围，同时借助WTO争端解决机制为地理标志提供更有效的保护。但是《TRIPS协定》中关于地理标志的条款在很大程度上是不同势力博弈且相互妥协的结果，办定中关于商标的相关规定，给予成员国自主选择保护模式的权力，以及对葡萄酒、烈酒的专门保护就可以看出协定兼顾不同势力的利益，是多种势力相互谈判，相互妥协的结果。

（五）《日内瓦文本》

《TRIPS协定》的诞生在一定程度上使国际上对于地理标志保护达成了一致，但其本质中蕴含着不同势力国家对于地理标志保护问题的妥协，并不能完全符合许多国家的真实诉求。在此背景下，2015年5月，WIPO通过的《原产地名称和地理标志里斯本协定日内瓦文本》（以下简称《日内瓦文本》）成为地理标志国际保护的最新成果，《日内瓦文本》与《里斯本协定》共同构成了里斯本体系。该文本除了允许通过WIPO的单一注册程序对原产地名称进行国际注册外，还允许对地理标志进行国际注册，该国际注册制度可为能够识别出产品（如咖啡、茶、水果、葡萄酒、陶器、玻璃和布等）地理来源的名称提供保护。2020年2月26日，该文本正式生效。目前该协定缔约方共有法国、意大利等21个国家和地区。

自《TRIPS协定》签订以来，地理标志的保护更多是在WTO框架内进行，以WIPO为主导的三大条约的作用没有得到更好的发挥。而《日内瓦文本》的签订，正是WIPO在地理标志保护方面重新发挥其应有作用的一份标志性文件。借助《日内瓦文本》，WIPO提供了一种新的地理标志保护的国际体系，其在知识产权保护方面的作用得到了更充分的体现。第一，为了协调各国在地理标志术语方面的分歧，《日内瓦文本》将地理标志和原产地名称统一纳为文本适用对象，同时也对"可能的原产地理区域"做出规定，突破《TRIPS协定》中的相关限制，使同属不同国家的地理标志也能受到保护。[①] 条约规定不再对地理标志和原产地名称做出区分，给予二者相同的保护待遇。第二，《日内瓦文本》突破了《里斯本协定》对成员国必须通过专门法保护地理标志的要求，规定"每一缔约方均应在其自身法律制度和惯例的范围内但符合本文本各项条款的情况下，在其领土上保护已注册原产地名称和地理标志"[②]，这一规定扩大了《里斯本协定》的适用范围，使除专门法以外的方式保护地理标志的国家也能够参与到体系中来。文本第十条规定明确了《日内瓦文本》与成员国签署的其他文本或条约之间的相对独立的关系，在立法、国际合作等方面给予成员国极大的自主权。第三，为了兼顾新旧世界国家对于地理标志保护的不同理念，《日内瓦文本》从不同方面规定了对于地理标志使用的法律禁止行为。文本注意对产品相关方的利益和声誉进行保护，防止出现因产品同地理标志产品不属于一类，或可能存在的暗示同属地理标志产品对相关受益方利益和声誉带来损害的问题。作为地理标志国际保护的最新法律文本，《日内瓦文本》以其统一的规定，宽松的准入制度和灵活的保护方式为地理标志的保护提供了一份相对完善的国际性法规。

综上所述，地理标志国际保护制度的形成是在上述五大条约的基础上建立起来的，并通过条约的更新而逐步变得完善。五大条约的基本内容比较如表3所示。

---

① 参见《原产地名称和地理标志里斯本协定日内瓦文本》第二条。
② 参见《原产地名称和地理标志里斯本协定日内瓦文本》第九条。

表3 地理标志相关的国际协定基本内容比较

条约名称	签署时间	主要内容	条约局限性
《巴黎公约》	1883年	(1)首次将货源标记和原产地名称纳入法律保护,创国际性地理标志保护的先河; (2)工业产权的解释扩大到农业; (3)将货源标记和其他知识产权作出区分	(1)货源标志的保护程度较低; (2)并未规定争端如何裁定或解决的机制; (3)将"欺骗性标志"排除于侵权认定范围
《马德里协定》	1891年	(1)完善了对于"虚假标志"产品的认定范围; (2)将"欺骗性标志"也纳入了认定侵权范围	(1)对《巴黎公约》架构下的补充,对于地理标志保护程度并没有实质上的提高; (2)强调产品来源,但没有要求商品的质量和特征源自该商品来源地的地理环境,不符合地理标志的内涵
《里斯本协定》	1958年	(1)首次引入了"原产地名称"的概念; (2)规定了严格的原产地名称保护的内容; (3)建立了一个原产地名称国际注册体系——里斯本体系	(1)对原产地名称的保护过于严格,导致参与国家不多,实际效果不佳; (2)仅支持以专门法保护地理标志的国家,排除以商标法和反不当竞争法保护原产地名称的国家的参与
《与贸易有关的知识产权协定》	1994年	(1)首次对地理标志做出明确界定,真正意义上开启了地理标志的国际保护; (2)明确各方应提供法律手段保护地理标志,但并未规定具体形式,各参与方有立法自主权	(1)条约的达成是各方妥协的结果,实践过程中存在争议; (2)对不同产品提供差别保护易引起相关方的争论
《日内瓦文本》	2015年	(1)对地理标志术语提出了灵活的规定,使其适用范围扩大; (2)规定缔约国可以使用其自身的法律惯例进行地理标志的保护; (3)兼顾新旧世界对于地理标志保护的不同理念; (4)保护在先商标,或允许在先商标与地理标志的共存	目前最新的地理标志保护的国际性公约

资料来源:作者整理。

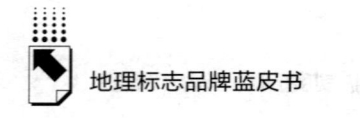

三 世界主要国家和地区地理标志保护制度

地理标志国际保护制度的形成在一定程度上参考借鉴了某些国家国内的地理标志保护制度，而不同国家保护制度上的差异正体现了目前国际上关于地理标志保护存在的分歧。现阶段主要国家和地区地理标志保护的模式分为两种，一种是以专门法保护，即为地理标志专门设立法律加以保护，以法国、意大利等欧盟国家为代表；另一种是以商标法保护，即不再另设立法律，对地理标志的保护以商标保护的形式进行，以美国、加拿大为代表。除此之外，中国、日本等国家借鉴以上两大模式的经验，形成了商标法和专门法共同保护地理标志的模式。本部分将梳理主要国家和地区地理标志保护制度的发展脉络，明晰两大保护模式的产生背景和核心内涵，对比总结专门法保护和商标法保护各自的优势与劣势，为我国地理标志保护模式的选择与完善提供参考。

（一）法国

法国是现代原产地名称保护的发源地，其国内有关原产地名称保护的相关法律法规和制度设计在很大程度上影响了欧盟地理标志保护制度。法国对货物原产地的法律保护始于1905年的《1905年8月1日关于制止货物销售欺诈和伪造食品及农产品的法律》（以下简称《1905年法令》），《1905年法令》的目的是识别来自某一地理区域的葡萄酒，以减少对其称谓的重大误用。然而，《1905年法令》对于称谓的定义仅仅只根据地理区域的划定来完成，没有提到特定质量的生产方式和方法，即简单地根据地域划分产品种类，而没有对产品生产过程的其他方面进行限制。1919年，法国又颁布了《1919年5月6日原产地名称保护法》（以下简称《1919年法令》），该法令将原产地名称定义为一种集体权利，其不能被仿制或者注册为商标。这项法令对原产地名称实施了进一步的保护，但是法令仍然没有解决《1905年法令》存在的问题，即对于原产地名称所应该蕴含的技术内容没有具体规定，拥有原产地名称的商品仍然可能是假冒伪劣产品，而该行为没有法律法规对其进行约束。针对上述法律法规所存在的问题，1935年，法国颁布《1935年7月30日关于保护葡萄酒市场及酒类经济制度的法令》（以下简称《1935年法令》）。该法令首次对于产品质量问题进行监督和控制。《1935年法令》设立了一个由生产商组成的全国委员会——国家葡萄酒和烈酒原产地名称委员会，其负责确定产品的生产条件并对其进行控制，以避免劣质葡萄酒的出现。之后，法国原有的原产地保护标签统一变更为原产地名称控制（AOC）。1947年，国家葡萄酒和烈酒原产地名称委员会转变为国家原产地名称研究所（The National Institute for Appellations of Origin，INAO）。该研究所是法国农业部下属的公共机构，负责法国原产地名称的审查和管理。AOC是法国的原产地标签系统，是法国原产地名称保护的制度保障，它涵盖的产品由国家控制，以确保其原产地和符合精确的生产和加工规则，以保证其"典型性"或独特性。AOC体系以风土（terroir）概念为指导，构成了法国原产地名称保护初期的核心内涵。风土在法国具有复杂的含义，主要是葡萄酒生产赋予了风土一词的意义，从历史上看，风土通常是指在较小的区域或地形，其土壤和微气候赋予的食物产品独特的品质，一个产品可以被明显识别，在认为某种葡萄酒是特别优秀的葡萄酒，某种奶酪是品质很好的奶酪时，也可以说，某种酒、某种奶酪具有某种特定的风土或味道。从地理范围上来说，风土也可以指定一个村级或省级区域，但是该区域需要被认为对当地居民人文习惯、对某种当地的产品有显著影响。AOC体系是欧洲最古老的原产地标签体系，被广泛认为是最严格、最彻底的原产地标签体系，是欧洲原产地标记产品的参照模型。INAO对AOC的认可最初仅限于葡萄酒和烈酒，1990年扩大到其他农产品。

法国于2006年通过2006年第7号法令（《2006年法国法规》），重组了法国地理标志和其他质量标签的整个保护体系。法国此次保护体系的修订，主要有两个关键变动，第一个是关于生产者地位的加强。为了实现这一目标，《2006年法国法规》规定了国家和行业专业人员（农民、加工商、分销商等）之间的新责任分工。根据《2006年法国法规》，INAO不仅负责地理标志的认定，还负责管理所有用于识别产品质量和原产地的标志，包括质量"红色标签"，传统特色保证和有机农业。第二个主要变化是控制的组织。对于官方的控制，《2006年欧盟法规》第10条和第11条规定[①]，成员国应指定负责控制的主管当局，在将产品投放市场之前，应由一个或多个主管当局和（或）一个或多个控制机构确保对规格遵守的情况进行核查，主管当局负有最终责任，但是产品级别的控制和生产条件的监控可以由主管当局，也可以由控制机构负责。《2006年欧盟法规》规定了控制的性质，并为私人认证机构打开了大门，《2006年法国法规》满足了《2006年欧盟法规》的相关规定，将控制的组织由原来的主管当局（INAO）改变为其他控制机构，主管当局（INAO）只监督控制机构的工作，并批准其他机构制定的认证计划。这一转变的部分原因是主管当局（INAO）为了满足消费者的期望，减少相关的公共支出，同时促成了INAO角色的转变，即从一个发布法规和控制规范的机构转变为一个规范其他私人认证和控制机构的机构。

（二）欧盟

欧洲的许多国家很早开始对原产地名称进行保护，各自形成了本国的保护制度，欧盟基于不同国家的保护模式，形成了欧盟统一的地理标志保护制度。欧盟地理标志保护制度主要可以分为两大部分：一是对于农产品的地理标志保护；二是对于葡萄酒、烈酒等酒类的地理标志保护。针对农产品的地理标志保护，1992年欧洲建立了统一的地理标志监管框架，《欧洲理事会（EEC）第2081/92号关于农产品和食品地理标志和原产地名称保护的条例》（以下简称《2081/92号条例》）第49条对所有成员国具有约束力，协调了不同国家的规则，以尽量减少不正当竞争和加强消费者保护。《2081/92号条例》统一规定了原产地名称（designation of origin）和地理标志（geographical indication）的定义，同时对于二者之间的关系以及

---

① 参见 COUNCIL REGULATION（EC）No 510/2006 of 20 March 2006。

存在的特殊情况都做了明确的说明。[①] 特别是原产地名称强调产品的质量本质上或完全由于特定的地理环境及其固有的自然因素和人文因素造成，同时要求其生产、加工和制备发生在所界定的区域内；而地理标志虽也强调产品特征同特定地理环境有关，但是并不要求生产、加工和准备工作在所界定的地理区域内，这一点阐明了原产地名称与地理标志相比更严格，包含范围更小。根据以上两种定义，《2081/92 号条例》规定了两种标志保护名称，分别是受保护的原产地名称（PDO）和受保护的地理标志（PGI）。[②] PDO 和 PGI 之间的差异为生产和领土之间的联系的差异，这种差异是基于联系程度的不同，而非其本质的差别。PDO 的定义与《里斯本协定》的原产地名称的定义更贴切，但 PGI 则更符合《TRIPS 协定》对地理标志的定义。

总体来说，《2081/92 号条例》作为欧盟首部对地理标志保护做出规定的统一性法规，为欧盟原产地名称和地理标志的保护都奠定了法律基础。但是在地理标志保护国际化的背景，以及《TRIPS 协定》的影响下，《2081/92 号条例》遭到了来自美国等国家的反对。反对方认为《2081/92 号条例》不符合《TRIPS 协定》的规定。负责解决该争端的 WTO 专家组认定，《2081/92 号条例》中有关欧盟以外国家地理标志的登记规定违反了《TRIPS 协定》的国民待遇原则，它们剥夺了获得平等保护的权利。为了应对 WTO 的裁决，欧盟于 2006 年通过了《欧盟关于农产品和食品地理标志和原产地名称保护的第 510/2006 号条例》（以下简称《510/2006 号条例》）以取代《2081/92 号条例》。两个条例并没有本质性的区别，只是在关于申请方和申请程序方面做了一些改动，新增添了对于非欧盟成员国申请地理标志保护的相关规定。该条例允许第三国在欧盟申请注册地理标志，同时第三国也应该提交该名称在来源国已经受到保护的证据。[③] 《510/2006 号

[①] Council Regulation (EEC) No. 2081/92 of 14 July 1992 on the protection of geographical indications and designations of origin for agricultural products and foodstuffs, Article 2.
[②] Council Regulation (EEC) No. 2081/92 of 14 July 1992 on the protection of geographical indications and designations of origin for agricultural products and foodstuffs, Article 4.
[③] COUNCIL REGULATION (EC) No 510/2006 of 20 March 2006 on the protection of geographical indications and designations of origin for agricultural products and foodstuffs, Article 5.

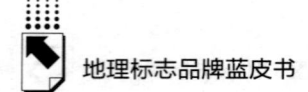

条例》构建了欧盟地理标志保护的完整框架，其对于原产地名称和地理标志的定义、保护、申请注册和保护等方面的规定构成了欧盟原产地名称和地理标志保护的核心内容。

现行的欧盟地理标志保护条例是欧盟在 2012 年颁布，2013 年实施的《2012 年 11 月 21 日欧洲议会和议会关于农产品和食品质量计划的第 1151/2012 号条例》（以下简称《1151/2012 号条例》）。条例认为在原产地名称保护和地理标志保护方面，应采取特殊的标签规定，要求生产者在包装陈列时使用适当的联盟符号或标志，以便使这一类别的产品，以及附加在它们上的保证，更好地为消费者所知，并使这些产品在市场上更容易识别，从而便于检查。《1151/2012 号条例》在《510/2006 号条例》的基础上加强了对于地理标志产品的监控措施，并且首次以立法的形式建立了一个专门的明确监管体系，在欧盟层面建立统一监控程序，成员国监管部门按照欧盟的统一监管要求进行监管。[1]

除 PDO 和 PGI 之外，传统特产保障制度（TSG）是为了加强对传统工艺的保护，于 2006 年所确立的一项保障制度，《1151/2012 号条例》指出，传统特产保障方案的具体目标是帮助传统产品的生产者向消费者传达其产品的增值属性，但目前的传统专业保障方案未能发挥其潜力。因此，应改进、澄清和完善现有条款，以使该方案更具可理解性、可操作性和对潜在申请人的吸引力。针对上述所提到的不足，条例从定义、标准、申请注册等方面对 TSG 保护制度做出了完整的规定[2]，最终形成了 PDO、PGI 和 TSG 三大保护制度。

---

[1] REGULATION (EU) No 1151/2012 OF THE EUROPEAN PARLIAMENT AND OF THE COUNCIL of 21 November 2012 on quality schemes for agricultural products and foodstuffs, Article35-40.

[2] REGULATION (EU) No 1151/2012 OF THE EUROPEAN PARLIAMENT AND OF THE COUNCIL of 21 November 2012 on quality schemes for agricultural products and foodstuffs, Article17-26.

（三）美国

与欧盟利用专门法律对地理标志保护的做法不同，美国利用商标法对地理标志进行保护。因为美国商标法体系已经非常完备，没有建立新的法律保护体系的必要，所以美国将地理标志纳入商标体系进行保护。

美国对地理标志的保护起源于《1946年商标法》（Lanham Art，《兰哈姆法》），该法案是美国地理标志保护的基本法律。此外，美国还通过酒类标签管理规范为酒类地理标志提供保护。在美国，商标共有四种——证明商标、集体商标、商品商标和服务商标。地理标志可以注册为证明商标和集体商标，证明商标是指由对某种商品或者服务具有监督能力的组织所控制，而由该组织以外的单位或者个人使用其商品或者服务时，用以证明该商品或者服务的原产地、原料、制造方法、质量或者其他特定品质的标志；集体商标是指以团体、协会或者其他组织名义注册，供该组织成员在商事活动中使用，以表明使用者在该组织中的成员资格的标志。对地理标志的保护可以通过证明商标和集体商标进行保护，具体由美国专利及商标局（USPTO）负责。美国专利和商标局是负责美国专利及商标申请以及核准手续的主管机关，隶属于美国商务部，美国专利及商标局的主要职责是为发明者和他们的相关发明提供专利保护、商品商标注册和知识产权证明。

与欧盟的客观、绝对保护不同，美国的地理标志保护是以防范公众对产品来源地的误认或混淆为目的，是主观、相对的保护。《兰哈姆法》第4条第1054条表明，集体商标和证明商标可予注册规定，根据可适用的关于商标注册的规定，集体商标和证明商标，包括原产地标记，应根据本法以与商标相同的方式注册，并具有相同的效力，且在注册后，有权享有本法为商标提供的保护。该条款明确了原产地标记保护以商标保护的方式进行。证明商标和集体商标虽然也像普通商标那样受到保护，但它们是独立类型的商标，不要求具有显著性或第二含义。证明商标的所有人自己不生产商品或提供服务，仅需负责监控证明商标的使用，采取必要措施以确保使用商标的商品或服务符合证明商标的标准和要求。此标准和要求由证明商标所有人自行决定，美国专利及商标局对其具体内容不予过问。这一点与欧盟的做法完全不同。美国国会在制定《兰哈姆法》时明确指出，防止消费者混淆是其主要的立法目的。在这种立法思想的指导下，《兰哈姆法》第 2 条、第 32 条和第 43 条将导致消费者混淆、误认或欺骗，作为驳回商标注册申请或构成商标侵权的事由。

（四）日本

日本具有悠久的农业文化历史，诞生了众多品质优良的农产品，这些产品通常结合该产地的地理名称进行命名，在日本，这些地理术语或地理名称被称作"区域品牌"，绝大多数日本农产品"区域品牌"由地理来源与产品名称结合而成，因此，日本学者通常将"区域品牌"等同于"地理标志"[1]。在日本，地理标志的保护主要经历了两个阶段。

第一阶段是 2015 年以前，日本对于地理标志保护的法律文件主要由两大部分构成，分别是《商标法》和《不正当竞争防止法》及其他法律，该阶段日本对地理标志并没有专门法来进行保护。日本的《不正当竞争防止法》于 1934 年公布，1993 年全面修订，该法将虚假标示商品产地的行为明确列为不正当竞争行为。日本《商标法》修订案于 2005 年 6 月 29 日公布，2006 年 4 月 1 日开始生效。修订后的《商标法》使地理描述性术语可以作为"区域集体商标"予以注册，根据修订后的日本《商标法》，合作社组织可以申请区域集体商标。除《不正当竞争防止法》以外，日本还有其他一些法律法规对地理标志提供间接、补充性的保护，例如，作为日本《反不正当竞争法》的特别补充，日本《反不正当补贴与误导表述法》禁止"不正确表述"（包括错误或误导性表述）产品来源地，日本《海关关税法》禁止进口标有错误或误导性地理标志的外国产品，日本《农林产品标准及质量标示法》要求蔬菜和水果的标示中除

---

[1] 万志前、周贤桀：《日本地理标志法及其对我国的启示》，《山西农业大学学报》（社会科学版）2022 年第 1 期，第 26~35 页。

了标明产品的名称外，本地产品还需标明产地，进口产品则需标明产品的来源国。

第二阶段是 2015 年以后，为了适应与欧盟谈判的需要和本国地理标志产品的发展，日本国会于 2014 年 6 月 18 日审议通过了《特定农林水产品等名称保护法》（简称《地理标志法》），自 2015 年 6 月 1 日起生效，标志着日本正式以专门法的形式，对地理标志农产品实施保护，日本地理标志由此进入专门法与商标法共同保护的新阶段。《地理标志法》首条便确立了保护特定农业、林业和渔业等生产者利益、促进产业发展，同时保护消费者利益的"三重保护目的"。《地理标志法》的核心内容包括地理标志的取得、标志管理和不当使用的规制措施（含法律责任）。

综上所述，现阶段世界范围内对于地理标志的保护主要存在着两种不同的保护模式，两种模式各具特点，都是每个国家根据自身的资源环境情况和立法理念发展而来的。尽管目前各方对于地理标志保护模式的争议依旧存在，但有迹象表明，两大保护模式之间存在着共通和协调的一面，地理标志国际保护模式的变化趋势向着彼此融合，共同发挥作用的方向发展。

通过梳理主要国家的地理标志保护，我们可以知道不同国家和地区都选择了适合自身现实需求的保护模式，这与当地历史文化、自然资源和立法渊源等息息相关。专门法保护和商标法保护都可以满足地理标志保护的需要，二者都具备独特的优势，同时也有着一定的劣势。地理标志专门法保护和商标法保护制度的简要对比如表 4 所示。

表4 地理标志专门法保护和商标法保护制度的比较

	专门法保护	商标法保护
共同点	以法律形式对地理标志保护做出规定，规定了地理标志作为集体所有的性质	
制定背景	拥有较长的国家发展历史和产品历史，具备丰富的地理标志资源	国家历史发展时间较短，不具备太多地理标志资源

续表

	专门法保护	商标法保护
主要内容	将地理标志作为单独客体进行保护，从定义、申请、保护、惩罚等方面做出单独而细致的规定	不将地理标志作为单独客体进行保护，对地理标志的保护依照对集体商标与证明商标的保护来进行
优势	(1) 保护力度大且专业，能够很好地对地理标志进行保护； (2) 明确规定了产品与地理因素和人文因素之间的关系，凸显商品的特殊性； (3) 明晰法律条文，使实践中关于地理标志保护问题的法律依据更加明确； (4) 防止地理标志成为通用名称	(1) 避免机构设置不同导致的纠纷。 (2) 利用商标统一保护不必建立新的法律保护体系，管理成本低； (3) 现有商标体系相对成熟，有利于国际地理标志保护合作
劣势	(1) 政府监管与执法成本提高； (2) 大部分国家不具备完整的地理标志保护法律制度； (3) 可能导致"搭便车行为"，排除其他竞争者的行为可能会导致垄断	(1) 无法有效规定产品同人文因素和自然因素之间的相关性； (2) 主要从维护商标权利人利益出发，而非从保护地理标志产品和产业出发； (3) 地理标志可能因保护不力淡化为通用名称
代表国家	法国、意大利等欧盟国家	美国、加拿大
代表法律	欧盟《1151/2012号条例》	美国商标法(《兰哈姆法》)

资料来源：作者整理所得。

四 启示和建议

我国有着丰富的地理标志资源，加强对地理标志保护，对我国具有显著的经济意义和文化意义。我国近几十年来对地理标志的保护经历了长足的发展，形成了以商标法和专门法保护的两套体系，现阶段我国正在经历地理标志保护机构和保护职责的逐步过渡，保护模式也在不断完善，但是针对我国两套体系保护的现状、对于地理标志定义的理解和地理标志产品的重复保护等问题，依旧存在着改进的空间。借鉴地理标志保护国际制度内容，结合目前我国地理标志保护现状，本报告提出以下对策建议。

（一）制定统一的地理标志保护法

目前，我国三套地理标志保护制度中，《地理标志产品保护规定》和《农产品地理标志管理办法》保护水平较高，但存在保护范围小、法律等级较低等问题。现有法规的更新还是建立在原有的三部法律法规的基础上，并没有形成一部统一的法律。有必要推动地理标志保护体系改革，制定统一的地理标志保护法规，统一地理标志的定义、申请注册、保护机构、保护方式和惩罚措施等，减少因法律法规不同造成的地理标志保护实践过程中的分歧，解决现有三部法规在地理标志保护上存在的不协调性。地理标志商标、地理标志产品和农产品地理标志在本质上都属于地理标志，在法律上拥有共同的保护基础，将三者的保护统一于同一部法律保护下，对明确地理标志保护的法律依据具有重要的意义。

（二）协同多种保护方式

我国目前在两种地理标志保护模式下存在三种地理标志，存在同一产品被两种或三种保护方式同时保护的情况。根据国际地理标志保护制度经验来看，专门法和商标法对于地理标志的保护各有优劣，互为补充，各国可以根据本国具体情况选择合适的方式，但是对同一产品的多重保护容易导致认证成本和管理成本的上升、公共资源的浪费、消费者对地理标志和商标二者的混淆等一系列的负面效应。[1] 从我国地理标志认证注册规模上看，地理标志商标占比较高，可以理解为以商标保护为主，专门法保护和商标保护在国际上都有成功的实践，日本地理标志专门法保护和商标保护同时存在的实践也表明了保护模式的选择不必只专注于一种模式而放弃另一种模式。如何稳妥地将重复保护产品进行整合，确定不同体系所保护的产品类别，减少重复保护的产品，明晰专门保护和商标保护的互补协同，是我国在地理标志保护中有待解决的问题。

---

[1] 钟连：《我国地理标志保护规则困境及体系协调路径研究》，《华中科技大学学报》（社会科学版）2020年第1期，第84~92页。

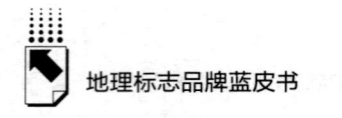

（三）强化地理标志保护的全过程管理

地理标志不仅是一个标志，还是对产品品质的一个直观衡量标准，是对产品生产工艺的一个规定。我国地理标志资源丰富，产品众多，如何对如此庞大的地理标志进行质量监管是我国所要面临的一个关键问题。地理标志同时还是一种集体声誉，怎样通过保证产品品质来确保地理标志声誉的有效性也是要考虑的问题。首先要严格地理标志认证标准，使真正具有地方特色和品质优良的产品得到保护，使得地理标志始终是高品质产品的代名词。比如，法国 AOC 标签系统通过严格的规定，以确保产品原产地和生产加工规则符合条件，保证被认证产品品质明显优于普通产品。其次要加强监管，确保地理标志产品的生产过程符合规范和标准流程，让地理标志产品始终保持其原有的特性和质量，同时还要严厉打击对地理标志伪造、假冒以坑骗消费者的行为。最后是要保障地理标志发挥作用，我国部分地理标志产品同其他同类产品依然存在同质化严重、品质不突出等问题，没有形成很好的差异化优势，品牌价值没有完全体现。主管部门应该完善信息传递和沟通渠道，确保地理标志产品被大众熟知，同时建立健全地理标志产品服务制度，更好地促进我国地理标志产品的商业化交易，彰显其品牌价值。第三方服务机构也应该从宣传、包装、营销、物流、信息化等角度入手，凸显地理标志产品相较于普通产品的差异性，提高地理标志产品的溢价能力，彰显地理标志的独特优势。

参考文献

[1] 陈晖、伽红凯、高芳：《国内外地理标志保护管理体制的演变与趋势》，《世界农业》2021 年第 10 期，第 33~40 页。

[2] 孙远钊：《论地理标志的国际保护、争议与影响——兼论中欧、中美及相关地区协议》，《知识产权》2022 年第 8 期，第 15~59 页。

[3] 孙智：《地理标志国际保护新发展的路径分歧及我国选择》，《知识产权》2019

年第 1 期，第 88~96 页。
［4］ 王笑冰：《国外地理标志保护的两大制度模式及国际发展》，《中华商标》2018年第 8 期，第 48~52 页。
［5］ 万志前、周贤桀：《日本地理标志法及其对我国的启示》，《山西农业大学学报》（社会科学版）2022 年第 1 期，第 26~35 页。
［6］ 钟莲：《我国地理标志保护规则困境及体系协调路径研究》，《华中科技大学学报》（社会科学版）2020 年第 1 期，第 84~92 页。

B.14
欧盟地理标志保护与发展报告

徐婧　高含*

摘　要： 欧盟的地理标志体系发展至今，有着悠久的历史，完备的法律体系，成熟的运行模式。本报告基于欧盟地理标志数据系统 GIview 全面梳理了欧盟地理标志保护的现状和相关法规。截至 2022 年底，欧盟地理标志注册数量为 5366 个，其中欧盟国家地理标志占比为 63.7%，非欧盟国家地理标志占比 36.3%，欧盟在对成员国地理标志保护不断完善的同时，对非欧盟国家地理标志的保护也在显著增强。通过分析发现，欧盟在地理标志保护方面已经形成了一套完整的法规体系和监管机制，有效保护了欧盟内部的地理标志权益，促进了欧盟内部的经济和贸易发展。欧盟的地理标志保护实践对我国具有良好的借鉴意义，本报告提出我国应加强地理标志保护制度一体化、建设地理标志专业化数据平台、协调地理标志自然区域与行政区域以及积极推进地理标志国际互认体系。

关键词： 地理标志　欧盟　GIview 系统

欧盟将地理标志视为商标之外的单独的知识产权类型，为地理标志制定专门法律，提供专门保护。欧盟的地理标志制度是欧盟法律体系中的一个重要组成部分，用于保护和促进具有特定地理来源并因该来源而具有某种品质或声誉的产品。欧盟地理标志保护制度历史悠久、保护体系成熟，对保护原

---

* 徐婧，西北师范大学经济学院教授、西北师范大学中华地标产业研究中心专家库成员，主要研究领域为国际贸易、区域经济与产业发展；高含，西北师范大学经济学院，硕士研究生，主要研究领域为地理标志与农村金融。

产地名称和地方特色产品，促进欧盟经济的发展起到了重要作用。研究和借鉴欧盟地理标志保护制度对我国地理标志保护制度的完善具有重要意义。

一 欧盟地理标志保护政策体系

（一）欧盟地理标志类别

根据欧盟地理标志信息系统 GIview，欧盟的地理标志包括三个类别：受保护的原产地名称（Protected Designation of Origin，PDO）、受保护的地理标志（Protected Geographical Indication，PGI）和地理标志（Geographical Indication，GI）。注册为 PDO 的地理标志专用标志为红黄标，注册为 PGI 和 GI 的地理标志均使用蓝黄标。

受保护的原产地名称（Protected Designation of Origin，PDO）用于保护特定地理区域内生产的食品或农产品，这些产品必须严格按照特定的生产方法和标准制造。产品的所有生产阶段，包括原材料的获取、加工和生产，都必须发生在指定的地理区域内。PDO 确保产品的质量和特殊性，防止其他地区的产品冒充。

受保护的地理标志（Protected Geographical Indication，PGI）用于标志某个地理区域内生产的食品或农产品，但与 PDO 不同，生产过程中的某些步骤可以在其他地方完成。PGI 的目标是保护产品的特殊特征、声誉和质量，但不要求所有生产步骤都在指定的地理区域内完成。只要产品的关键特征与特定地理区域相关，就可以获得 PGI 认证。PDO 所要求的条件要比 PGI 更加严格。

地理标志（Geographical Indication，GI）是一个更广泛的术语，可以用来描述任何具有地理起源并且因其起源地的特定环境、品质或声誉享有一定地位的产品。GI 可以包括 PDO 保护的产品，也包括 PGI 保护的产品，还指与烈酒名称相关的保护类型以及根据欧盟与非欧盟国家或地区之间的双边或多边协议受保护的地理标志。比如，欧盟成员国烈酒地理标志的注册类型是

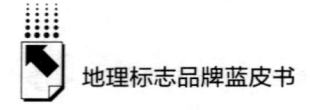

GI，但是用的标志是 PGI 的标志。

总体而言，PDO、PGI 和 GI 代表了欧盟对产品地理起源和质量的不同方式的法定保护。这些标志的使用旨在帮助消费者辨识产品的真实地理起源，同时为生产者提供保护和市场差异化。

（二）欧盟地理标志注册程序和保护状态

欧盟地理标志的注册程序主要包括申请（application）、审查（scrutiny）、公开（publication）、异议（opposition）、注册（registration）、撤销（cancellation）等。注册过程中地理标志主要有三种状态：已申请（Applied）、已出版（Published）、已注册（Registered）。这三个阶段表示了地理标志注册过程中不同的进展和保护状态。协议下保护（Protected under agreement）是特殊情况下的保护，没有经过注册过程。

1. 已申请

已申请状态表示申请人已经根据欧盟地理标志保护的适用法律依据提交了地理标志名称注册申请，也可以是"根据协议提出保护"的地理标志的状态，即当国际协议的谈判方已正式通知欧盟地理标志名称，但该协议尚未在欧盟和非欧盟国家之间缔结及生效。在"已申请"状态下，地理标志尚未正式获得保护，地理标志申请人通常需要等待审批过程完成，才能享有完全的地理标志保护，但享有过渡性保护。根据欧洲议会和欧洲理事会2012年关于农产品和食品质量体系的（EU）第1151/2012号条例24条，"欧盟成员国在地理标志申请生效之日起，在不影响同盟内或同盟外贸易的情况下，应给予过渡性保护"。

2. 已出版

已出版状态表示欧盟已经公开发布了地理标志的申请信息，让公众了解并提出异议。一旦地理标志的申请通过初步审查并被认为符合要求，相关信息就会被公开发布。这包括在欧盟的官方期刊（*Official Journal of the European Union*）上发布相关的公告。虽然"已出版"表明相关信息已被公开，但地理标志仍需要经过更深入的审查和可能的异议讨论阶段。

3. 已注册

已注册状态表示地理标志已经正式获得欧盟的法定保护，并注册成功。在"已注册"阶段，地理标志已通过了全部的审查过程，包括可能的异议阶段，最终获得了正式的欧盟地理标志保护。已注册的地理标志享有欧盟法律上的保护，任何未经授权使用、仿冒或侵犯这一标志的行为都可能受到法律制裁（见表1）。

4. 协议下保护

协议下保护状态主要涉及对非欧盟国家地理标志的保护，是指地理标志在欧盟与非欧盟国家相关双边或多边协议生效后受协议条款法律保护。

表 1 欧盟地理标志的注册过程及不同保护状态

	已申请	已出版	已注册
工作内容	申请人已向相关的国家机构或组织提交了地理标志的注册申请，包括申请表、产品规范至相应的欧盟各国国内主管机关，由国内主管机关审查后提交欧盟委员会审查	欧盟委员会经审查认为申请符合规定的，在《欧盟官方公报》(Official Journal of the European Union)上公开注册申请以及部分产品规范内容。认为不符合规定的，将予以驳回	异议期过后，无人提出异议或双方达成一致或欧盟委员会决定认为符合注册条件的，将予以注册
保护状态	地理标志申请正在进行审查和评估	地理标志相关信息已被公开，但地理标志仍需要经过更深入的审查和可能的异议阶段	地理标志已通过了全部的审查过程，成功注册
权利	受到过渡性保护	受到过渡性保护	正式获得欧盟的法定保护

资料来源：根据商务部网站—国别环境—欧盟地理标志栏目内容整理。

（三）欧盟内部地理标志保护政策体系

截至2022年底，欧盟内部受保护的地理标志产品主要包括：葡萄酒、烈酒、农产品和食品三大类。各类产品受保护的政策依据各有不同（见表2）。

表 2　欧盟地理标志保护现行条例

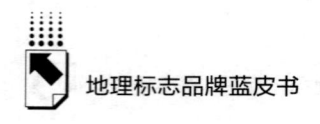

产品	保护类型	保护条例
葡萄酒	PGI，PDO	《1308/2013 号条例》；《1306/2013 号条例》；《555/2008 号条例》
芳香型葡萄酒	GI	《251/2014 号条例》
烈酒	GI	《2019/787 号条例》
农产品和食品	PGI，PDO	《1151/2012 号条例》；《664/2014 号授权条例》；《665/2014 号授权条例》

资料来源：根据商务部网站—国别环境—欧盟地理标志栏目内容整理。

1. 葡萄酒地理标志保护主要条例

葡萄酒地理标志保护条例主要为《1308/2013 号条例》，其全称为《欧洲议会和理事会关于建立农产品和食品市场共同组织和废除理事会（EEC）第 922/72 号、（EEC）第 234/79 号、（EC）第 1037/2001 号和（EC）第 1234/2007 号条例的欧洲议会（EU）第 1308/2013 号条例》[Regulation (EU) No 1308/2013 of the European Parliament and of the Council of 17 December 2013 establishing a common organisation of the markets in agricultural products and repealing Council Regulations (EEC) No 922/72, (EEC) No 234/79, (EC) No 1037/2001 and (EC) No 1234/2007]。

2007 年 10 月 22 日，欧盟通过了对葡萄酒地理标志进行专门保护的《1234/2007 号条例》。此后由于共同农业政策的调整，欧盟于 2013 年 12 月 17 日通过了《1308/2013 号条例》取代了之前的《1234/2007 号条例》。与《1151/2012 号条例》类似，《1308/2013 号条例》也将葡萄酒地理标志划分为两类，即原产地名称（PDO）和地理标志（PGI）。

PDO 和 PGI 主要存在以下区别：一是 PDO 要求产品的质量或特征必须主要或完全归因于特殊的地理环境，而 PGI 仅要求产品具有可以归因于该地理来源的质量、声誉或其他特征即可；二是 PDO 要求产品的生产、加工和制备均限于特定的地域内，而 PGI 只要求三项中的一项在特定地域内完成即可；三是 PDO 要求用于制造产品的葡萄必须百分之百来自特定的地理区域，并且必须产自属 Vitis vinifera（一种重要的酿酒葡萄品种）的葡萄品种；而 PGI 仅要求产自特定地理区域的葡萄达 85% 以上即可，并且产品可以产自属于 Vitis vinifera 的葡萄品种或者 Vitis vinifera 与其他葡萄品种的杂交品种。

2. 农产品和食品地理标志主要条例

农产品和食品地理标志保护条例主要为《1151/2012 号条例》，其全称为《关于农产品和食品的质量体系的欧洲理事会第 1151/2012 号条例》[Regulation (EU) No 1151/2012 of the European Parliament and of the Council of 21 November 2012 on quality schemes for agricultural products and foodstuffs]，于 2012 年 12 月 14 日颁布，该条例将地理标志保护作为欧盟的质量政策，是目前欧盟现行的农产品和食品地理标志保护的条例。

《1151/2012 号条例》的前身最早为 1992 年 7 月 14 日颁布的《关于保护农产品和食品地理标志和原产地名称的欧洲理事会第 2081/92 号条例》[Council Regulation (EEC) No 2081/92 of 14 July 1992 on the protection of geographical indications and designations of origin for agricultural products and foodstuffs]，该条例的颁布标志着欧盟地理标志制度法律体系的开始，对欧盟地理标志保护工作的发展起到了重要的推动作用。但美国认为此条例关于第三国的规定违背了《与贸易有关的知识产权协定》的国民待遇原则，并启动了 WTO 争端解决机制，2005 年 WTO 专家组裁定认为《2081/92 号条例》违背了国民待遇原则。于是欧盟对其进行了修改并于 2006 年颁布了修改后的《510/2006 号条例》，它与《2081/92 号条例》的理念和基本结构基本一致，二者并没有本质区别。为了进一步提升农产品和食品地理标志的保护水平，欧盟于 2012 年 11 月 21 日通过了《1151/2012 号条例》，取代了《510/2006 号条例》。《1151/2012 号条例》首次以立法的形式在欧盟内建立了一个专门的监管体系。

《1151/2012 号条例》的新变化集中体现在以下四个方面。一是以立法的形式建立了一个专门的明确监管体系，对每个获得保护的产品实施监控计划，进行全过程的质量监管。法规中明确提出："质量体系应加入到官方控制的监控系统中""质量体系应包括生产、加工、销售各个阶段的核查机制。"之前监控措施在各成员国层面各自实施，现在整个欧盟有了统一的监控程序。按照法规，欧盟将指导成员国进行监管，而成员国的监管部门则依靠各自的监管机构按照统一的监管要求进行监管。新法规另外三个方面的变化分别是：简化了申报、批准程序，缩短了办理时间；统一的地理标志专用标志由自愿使用改为强制使用；与第三国的产品互认由单个产品申报改为通过双边协议的方式进行互认；① 该条例不再适用于葡萄酒、烈酒或芳香酒产品。

3. 烈酒地理标志保护主要条例

烈酒地理标志保护条例主要为《2019/787号条例》，其全称为《欧洲议会和理事会（EU）2019/787号条例》［REGULATION（EU）2019/787 OF THE EUROPEAN PARLIAMENT AND OF THE COUNCIL of 17 April 2019］，于2019年5月17日生效，主要介绍了烈酒的定义、描述、介绍和标签、烈酒名称在其他食品的介绍和标签中的使用、烈酒地理标志的保护、乙醇和农业来源蒸馏物在酒精饮料中的使用。同时在其附件一中将烈酒的制作工艺、度数、用料都进行了详细的规定。2022年4月25日，《欧盟委员会授权法规（EU）2022/1303》发布，其中对《2019/787号条例》的第五条进行了修订。

（四）欧盟对非欧盟国家地理标志的保护

欧盟在农产品和食品《1151/2012号条例》以及葡萄酒地理标志《1308/2013号条例》中，均提到对非欧盟国家的地理标志保护。欧盟主要通过双边或多边协议、区域经济贸易协定、国际条约等多种方式与非欧盟国家进行地理标志保护合作。双边协议包括欧盟通过与单独国家签订双边协议来实现地理标志的国际保护，例如，欧盟与瑞士、中国等国家签署的地理标

---

① 《欧盟将地理标志保护作为一种质量政策》，人民网，http：//ip.people.com.cn/n/2013/0926/c136655-23041464.html，2013年9月26日。

志协定，保障了彼此地理标志的法律保护，这些协议确保在签署国之间的地理标志得到相互认可和保护。多边协议包括欧盟参与的旨在使多个国家在协议框架下互相认证地理标志，这种协议形式可以实现更广泛的国际合作和地理标志保护，主要包括《与贸易有关的知识产权协定》所包含的成员国。区域经济贸易协定包括欧盟通过全面经济贸易协定，如与加拿大的 CETA 中包含地理标志的互相认证。通过这些方式，确保了欧盟成员国产品的独特性和质量在全球范围内得到认可和保护，也对非欧盟国家的特色产品提供了欧盟地区的保护。

二 欧盟地理标志发展概况

（一）欧盟地理标志保护规模

由图 1 可知，截至 2022 年底，欧盟地理标志注册数量为 5366 个，其中欧盟国家地理标志 3418 个，占比为 63.7%，非欧盟国家地理标志 1948 个，占比为 36.3%。近 20 年，欧盟国家地理标志注册数量增长较为平稳，而非欧盟国家地理标志注册增长较快，从 2005 年累计 192 个增长到 2022 年累计 1948 个，增长了 9.1 倍。说明欧盟对自身地理标志保护不断完善的同时，对非欧盟国家地理标志的保护也在显著增强。

（二）欧盟地理标志国别分布

截至 2022 年底，在欧盟国家受保护的 3418 个地理标志中，拥有数量位于前十位的国家分别是意大利、法国、西班牙、希腊、葡萄牙、德国、匈牙利、罗马尼亚、克罗地亚、保加利亚，其中意大利占欧盟国家的 26%，法国占 22.3%，受保护地区涉及两个或两个以上国家的地理标志共 21 个。在非欧盟国家地理标志 1948 个中，拥有数量位于前十位的国家分别为美国、瑞士、日本、中国、澳大利亚、塞尔维亚、南非、智利、英国和韩国，美国数量遥遥领先，占到非欧盟国家的 35%（见表 3）。

地理标志品牌蓝皮书

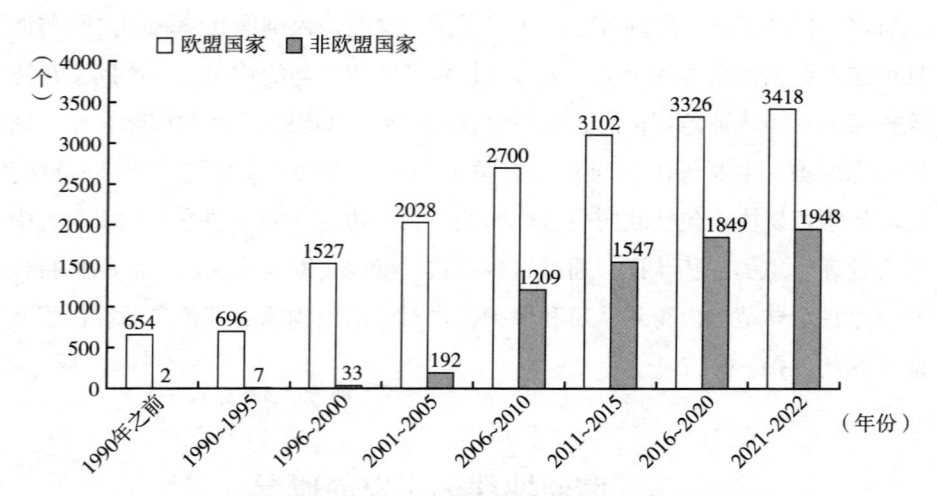

图1 截至2022年底不同时期欧盟地理标志注册累计数量

年份	欧盟国家	非欧盟国家
1990年之前	654	2
1990-1995	696	7
1996-2000	1527	33
2001-2005	2028	192
2006-2010	2700	1209
2011-2015	3102	1547
2016-2020	3326	1849
2021-2022	3418	1948

资料来源：https://www.tmdn.org/giview/gi/search。

表3 截至2022年底欧盟地理标志国别分布

序号	欧盟国家		非欧盟国家	
	国家和地区	地理标志数量（个）	国家和地区	地理标志数量（个）
1	意大利	888	美国	682
2	法国	761	瑞士	190
3	西班牙	387	日本	111
4	希腊	283	中国	110
5	葡萄牙	212	澳大利亚	109
6	德国	176	塞尔维亚	106
7	匈牙利	91	南非	106
8	罗马尼亚	75	智利	92
9	克罗地亚	74	英国	79
10	保加利亚	72	韩国	64
11	两个或两个以上国家	21	越南	40
12	其他	378	其他	259
	总计	3418	总计	1948

资料来源：https://www.tmdn.org/giview/gi/search。

（三）欧盟地理标志产品分布

欧盟地理标志体系中产品主要分为三大类，葡萄酒、农产品和食品及烈酒，截至2022年底，三类不同类型的地理标志数量分别为2908个、2038个、405个。对欧盟内部保护的地理标志中，葡萄酒与农产品和食品的比重比较相似，在44.38%~48.24%。对非欧盟保护的地理标志中，葡萄酒占比较高，达64.63%，农产品和食品占比较低，为26.75%（见表4）。

表4 截至2022年底欧盟地理标志产品分布

产品	来自欧盟 数量（个）	来自欧盟 占比（%）	来自非欧盟 数量（个）	来自非欧盟 占比（%）	合计（个）
葡萄酒	1649	48.24	1259	64.63	2908
农产品和食品	1517	44.38	521	26.75	2038
烈酒	252	7.37	153	7.85	405
其他	0	0	15	0.77	15
合计	3418	100	1948	100	5366

资料来源：https://www.tmdn.org/giview/gi/search。

按照欧盟地理标志的细目分类，葡萄酒大类下的细分科目只涵盖葡萄酒一种，而农产品和食品的大类下将其分为了2个小类下31种科目。由表5可知1.6类新鲜或加工的水果、蔬菜和谷物注册数量最多为513个，其次为1.3类奶酪注册数量为265个，而1.2类肉类产品和1.1类新鲜肉类的数量也相对较多，分别为205个和185个。烈酒科目下有45类细分科目，涵盖了各国使用不同方法进行调制的各类产品，覆盖面广，申请注册的类别可以在其中找到对应科目，避免了因名称不统一产生无法被保护的情况。

表5 截至2022年底欧盟地理标志细分产品科目及数量

农产品和食品	产品科目	数量（个）	地理标志示例
	1.1 新鲜肉类（内脏）	185	Agnello di Sardegna
	1.2 肉类产品（煮熟、腌制、熏制等）	205	柏林咖喱香肠

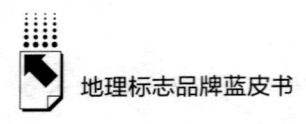

续表

	产品科目	数量（个）	地理标志示例
农产品和食品	1.3 奶酪	265	奥弗涅蓝
	1.4 其他动物来源的产品（除黄油以外）	64	阿尔萨斯鲜奶油
	1.5 油和脂肪（黄油、人造黄油、油等）	157	普罗旺斯艾克斯橄榄
	1.6 新鲜或加工的水果、蔬菜和谷物	513	鲁西永红杏子
	1.7 新鲜鱼类、软体动物和甲壳类动物以及来自那里的产品	70	科利乌尔凤尾鱼
	1.8 条约附件一的其他产品（香料等）	111	锡兰肉桂
	2.1 啤酒	23	慕尼黑啤酒
	2.2 巧克力和衍生产品	1	莫迪卡乔科拉托
	2.3 面包、糕点、蛋糕、糖果、饼干和其他面包师用品	104	南锡佛手柑
	2.5 意大利面	13	格拉尼亚诺意大利面
	2.6 食盐	16	奥丽尔海盐
	2.7 天然口香糖和树脂	2	Masticha Chiou
	2.8 芥末酱	2	勃艮第茅塔德
	2.9 干草	1	Foin de Crau
	2.10 精油	5	雷焦卡拉布里亚佛手柑
	2.12 胭脂（动物来源的原材料）	1	加那利群岛 Cochinilla
	2.13 花卉和观赏植物	3	杜鹃花
	2.15 毛料衣物	2	Söke Pamuğu
	2.21 芳香葡萄酒	2	都灵苦艾酒
	2.22 其他酒精饮料	3	萨莫博尔斯基贝梅特
葡萄酒	葡萄酒	1649	阿尔卡莫
烈酒	1. 朗姆酒	12	瓜德罗普岛朗姆酒
	2. 威士忌	4	阿尔萨斯威士忌
	3. 谷物酒精	7	萨曼
	4. 葡萄酒烈酒	31	生命之水
	5. 白兰地或温布兰德	6	赫雷斯白兰地
	6. 葡萄渣烈酒或葡萄渣	32	格拉巴酒
	9. 果酒	59	布林耶维克
	10. 苹果酒、梨酒、苹果酒和梨酒	9	诺曼底苹果酒
	15. 伏特加	7	爱沙尼亚伏特加
	17. Geist（补充水果名称或所用原料）	1	Schwarzwälder Himbeergeist
	18. 龙胆草	3	Bayerischer Gebirgsenzian

续表

产品科目	数量(个)	地理标志示例
烈酒		
19. 杜松味烈酒	15	马洪金酒
23. 香菜味烈酒或 Kümmel	3	柏林库梅尔
24. 阿夸维特或阿夸维特	2	挪威阿夸维特
25. 茴香烈酒	4	希尔巴斯·伊比森卡斯
29. 蒸馏茴香	6	色雷斯茴香酒
30. 苦味烈酒或苦酒	2	Rheinberger Krauter
31. 调味伏特加	3	波兰伏特加
32. 黑刺李芳香烈酒或 pacharán	1	帕查兰·纳瓦罗
33. 利口酒	33	阿马尔菲海岸柠檬酒
34. Crème de(补充所用水果或其他原料的名称)	3	勃艮第黑醋栗
37. Maraschino、marrasquino 或 maraskino	1	扎达尔斯基马拉斯基诺
38. Nocino 或 orehovec	1	鹰德纳诺西诺
45. 其他烈酒	28	龙舌兰酒

注：本表产品编号不连续，是因为未列出产品仅有类别编号和产品名称，但没有相应受保护的地理标志。

资料来源：https://www.tmdn.org/giview/gi/search。

（四）欧盟地理标志保护状态分布

由表6可知，截至2022年底，欧盟受保护的5366个地理标志中，已注册的3581个，占66.73%，国际协定下保护的1685个，占31.4%，已申请的76个，已公布的24个。其中欧盟国家3418个受保护的地理标志中，已注册的为主，为3348个；非欧盟国家1948个受保护的地理标志中，协议下保护的为主，为1685个，其次是已注册的233个。通过《中欧地理标志协定》，中国目前受保护的110个地理标志属于已注册类型。

表6　截至2022年底欧盟地理标志保护状态分布

单位：个

年份	来自欧盟				来自非欧盟				
	申请	公布	注册	合计	申请	公布	注册	协议下保护	合计
1970	2	0	0	2	1	0	0	0	1
1973	0	0	357	357					0
1976	0	0	33	33					0

续表

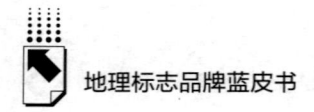

年份	来自欧盟				来自非欧盟				
	申请	公布	注册	合计	申请	公布	注册	协议下保护	合计
1978	0	0	34	34					0
1981	0	0	37	37					0
1982	0	0	29	29					0
1983	0	0	22	22					0
1986	0	0	28	28					0
1989	0	0	112	112	0	0	1	0	1
1991	0	0	24	24					0
1992	0	0	7	7					0
1993	0	0	1	1					0
1994	0	0	10	10	0	0	1	2	3
1995				0	0	0	2	0	2
1996	0	0	445	445	0	0	19	0	19
1997	0	0	76	76	0	0	2	2	4
1998	0	0	54	54	0	0	2	0	2
1999	0	0	220	220					0
2000	0	0	36	36	0	0	1	0	1
2001	0	0	26	26					0
2002	0	0	50	50	0	0	2	63	65
2003	0	0	65	65	0	0	1	81	82
2004	0	0	285	285	0	0	1	11	12
2005	0	0	75	75					0
2006	0	0	166	166	0	0	3	723	726
2007	0	0	209	209	0	0	18	24	42
2008	0	0	137	137	0	0	5	19	24
2009	0	0	125	125	0	0	5	0	5
2010	0	0	35	35	1	0	5	214	220
2011	0	0	175	175	1	0	14	226	241
2012	0	0	62	62	2	0	4	0	6
2013	0	0	55	55	0	0	7	4	11
2014	2	0	54	56	1	0	7	59	67
2015	0	0	54	54	0	0	4	9	13
2016	4	0	40	44	0	0	7	48	55

续表

年份	来自欧盟				来自非欧盟				
	申请	公布	注册	合计	申请	公布	注册	协议下保护	合计
2017	5	2	42	49	2	0	104	1	107
2018	0	1	52	53	1	1	6	16	24
2019	4	0	31	35	0	0	3	55	58
2020	3	3	37	43	2	0	7	49	58
2021	18	5	30	53	6	3	1	30	40
2022	13	8	18	39	8	1	1	49	59
总计	51	19	3348	3418	25	5	233	1685	1948

资料来源：https：//www.tmdn.org/giview/gi/search。

三 欧盟地理标志保护制度对我国的启示与对策建议

欧盟地理标志保护的丰富实践为中国提供了宝贵的经验，为完善和强化我国地理标志保护制度，提出以下建议。

（一）设立统一的地理标志保护制度

欧盟地理标志保护制度从1992年的第一部法律的颁布，至今已有近30年的历史，形成了完善的保护体系，针对不同类型的产品、不同的保护类别、申请和注册程序、地理标志的使用方法、地理标志的侵权与救助手段等，都有专门的法律条款规定，同时不断对条款中的内容进行修改，以使其更好地对地理标志起到促进和保护的作用，最终形成了专门针对地理标志的法律体系。同时，欧盟地理标志的立法体系中还明确，地理标志在注册时需要经历申请、出版和注册三个时期，跨越时间较长，因此规定在某产品申请注册地理标志后，就会受到过渡性保护，防止在申请流程未完成期间受到侵权等有损产品利益的事件发生。

我国地理标志保护主要依据2005年发布《地理标志产品保护规定》、

2009年发布,《地理标志产品保护工作细则》、2019年修订的《农产品和食品地理标志管理办法》和2020年颁布的《地理标志专用标志使用管理办法（试行）》，下一步有必要形成内容全面、统一的地理标志专门立法。也可以根据地理标志产品的具体用途，合理地制定具体产品的保护体系，确保地理标志的法律保护机制更加完备。根据我国地理标志保护实践，设立过渡性保护政策，对于促进地理标志保护和发展也具有一定借鉴意义。

（二）构建专门的地理标志综合数据平台

欧盟通过建立GIview系统，实现了对地理标志的全面监测和管理，为地理标志相关利益人和社会提供了坚实的数据支持。某一产品的原产地、注册类型、日期、产品类别、保护依据等信息可以一键获取，同时设置了按类别、按产品类型和保护状态的分类检索条件，方便获取受保护的地理标志具体信息。这一系统的运作涉及数据整合、监管、跟踪等多方面，对我国构建地理标志综合数据系统具有借鉴意义。

我国目前地理标志检索包括地理标志产品检索、地理标志商标检索和全国地理标志农产品查询系统三个系统，全国地理标志农产品查询系统检索条件比较全面，但地理标志产品检索和地理标志商标检索系统都还无法实现按省或按产品类别检索。我国可以借鉴欧盟GIview系统设计思路，建立全面统一的地理标志检索系统，其一，有助于实现对地理标志的及时跟踪，提高保护水平和监管效率；其二，有助于让地理标志相关利益方包括社会大众更直观地了解到各地受保护的地理标志，有助于宣传地理标志品牌和各省的统筹协作；其三，通过对数据的综合利用，推动全面管理，以科学依据为基础，更好地进行监管，维护国内地理标志产品的合法权益。

（三）地理标志保护自然区域与行政区域的协调

欧盟的地理标志制度不严格局限于行政区划，而是基于产品的特性和生产区域的自然条件，确保地理标志更真实地反映产品的特性和来源。对于跨越多个国家行政区域的地理标志，欧盟倡导相关区域之间的合作，共同制定标准和保护措施。同时，欧盟在定义地理标志范围时考虑到自然环境和传统生产方式的变化，适时调整地理标志的范围和标准。截至2022年底，欧盟有21个受保护的地理标志涉及两个或两个以上的国家。

我国由于历史发展，行政区域在不同时期发生了变化，同一自然区域的地理标志产品涉及不同行政区域，目前地理标志申请基本基于县级相关单位，因此未来有必要在地理标志产品认定时，考虑到产品的特点和生产方式等的自然区域，将两者相协调，确保我国地理标志能更加真实地反映受保护产品的特点。

（四）积极参与地理标志互认互保国际合作

欧盟与全球多个国家和地区在地理标志保护方面进行了合作，其目前保护的地理标志中对非欧盟国家保护的地理标志占36%，这不仅有助于保护欧盟内的地理标志产品，也促进了其产品的国际贸易。我国近年来积极推进地理标志国际交流合作，落实中欧、中法、中泰地理标志保护协议等，与更多的国家在地理标志方面进行互认互保，加强与各国知识产权机构地理标志领域的合作，截至2022年底，我国累计认定国外地理标志产品140个，核准国外以地理标志注册的集体商标、证明商标227件，未来仍有必要进一步拓展国际合作，推动地理标志农产品和食品高质量发展及出口贸易。可以开展面向相关重点国家和地区的需求调研和对比研究，研判国际合作形势与政策，开展法律政策交流，拓展合作空间。

参考文献

［1］王笑冰：《国外地理标志保护的两大制度模式及国际发展》，《中华商标》2018年第8期，第48~52页。

［2］赵小平：《欧盟与加拿大〈综合经济贸易协定〉中的地理标志条款研究》，《天津师范大学学报》（社会科学版）2018年第3期，第73~80页。

［3］孙远钊：《论地理标志的国际保护、争议与影响——兼论中欧、中美及相关地

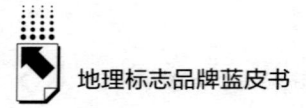

区协议》，《知识产权》2022年第8期，第15~59页。

［4］王笑冰、林秀芹：《中国与欧盟地理标志保护比较研究——以中欧地理标志合作协定谈判为视角》，《厦门大学学报》（哲学社会科学版）2012年第3期，第125~132页。

［5］胡刚：《从"唤起联想"判例看欧盟对地理标志的声誉保护》，《中华商标》2023年第4期，第65~70页。

附　录
2019~2022年地理标志品牌发展大事记

2019年

2019年1月7日，全国知识产权局局长会议在北京召开。会议提出，2018年顺利完成了国家和省级知识产权机构改革任务，实现商标、专利、地理标志、集成电路布图设计的集中统一管理，有效地提高了管理效能。2018年累计批准地理标志产品2380个，注册地理标志商标4867件。累计核准地理标志保护产品专用标志使用企业8179家。建设国家地理标志产品保护示范区24个。

2019年3月5日，在第十三届全国人民代表大会第二次会议上《政府工作报告》提出，实施地理标志农产品保护工程。

2019年4月24日，以"加强知识产权保护 促进高质量发展"为主题的"2019中国知识产权保护高层论坛"在北京召开，此届论坛共设1个主论坛和6个专题论坛，涵盖地理标志保护、提升知识产权审查质量效率、海外知识产权布局、人工智能与知识产权保护、商标审查助推品牌经济、体育产业知识产权保护等多个热点话题。

2019年4月28日，国务院新闻办公室在京举行2018年中国知识产权发展状况新闻发布会。国家知识产权局局长申长雨介绍2018年中国知识产权发展状况，并与国家知识产权局副局长赵刚、中宣部版权管理局局长于慈珂回答了中外媒体记者的提问。

2019年5月28日至30日，国家知识产权局会同农业农村部赴云南省调

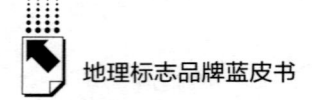

研地理标志保护工作。重点了解云南省知识产权保护工作情况、地理标志产品保护现状和当地地理标志保护工作面临的困难和问题，并就下一步工作听取意见和建议。

2019年6月6日，国家知识产权局印发《推动知识产权高质量发展年度工作指引（2019）》，其中提到完善地理标志、特殊标志和官方标志保护体系，实施地理标志保护工程，开展国家地理标志产品保护示范区建设工作。实施地理标志运用促进工程，运用地理标志精准扶贫，总结推广"商标富农"工作经验，大力推行"公司+商标品牌（地理标志）+农户"产业化经营模式。

2019年6月17日，国务院知识产权战略实施工作部际联席会议办公室印发《2019年深入实施国家知识产权战略加快建设知识产权强国推进计划》，明确2019年推进国家知识产权战略实施的六大重点任务、106项具体措施。包括将整合专利、商标和地理标志政策、项目和平台，推动重大政策互联互通，统一服务窗口和办事流程，推动实现知识产权业务申请"一网通办"等。

2019年6月26日至27日，由国家知识产权局主办、广西壮族自治区市场监督管理局承办的2019年遗传资源和传统知识保护研讨会在广西南宁召开。研讨如何统筹运用专利、商标、地理标志、商业秘密等制度为遗传资源、传统知识和民间文艺提供全方位的知识产权保护，挖掘地方优势资源，扶持促进特色产业，实现区域平衡发展。

2019年6月26日，地理标志农产品保护工程启动仪式暨全国农产品地理标志培训班在四川眉山启动，标志着我国正式开启地理标志农产品保护工程。

2019年7月6日至8日，第11届中国国际商标品牌节在宁夏回族自治区银川市举行。国家知识产权局局长申长雨在致辞中提到，深入开展商标品牌富农工作，运用农产品商标和地理标志商标实施精准扶贫，壮大地方特色经济。

2019年7月22日，由国家知识产权局主办、贵州省知识产权局承办的地理标志精准扶贫西部宣讲团贵州站活动在贵州拉开序幕。此次活动的主题是"提升地理标志运用水平，助力特色产业发展，力促贵州贫困地区实现脱贫攻坚"。国家知识产权局知识产权运用促进司有关负责人表示，通过地理标志的有效运用，对于推动地方特色经济，促进精准扶贫具有重要意义。

2019年7月24日，中共中央办公厅、国务院办公厅印发了《关于强化知识产权保护的意见》，内容包括强化制度约束、加强社会监督共治、优化协作衔接机制、健全涉外沟通机制、加强基础条件建设、加大组织实施力度，并提出完善地理标志保护相关立法。

2019年8月2日，中国农产品市场协会发布《农产品区域公用品牌建设指南》，要求品牌产品须获得地理标志登记。

2019年8月7日，国家知识产权局组织召开地理标志产品申请技术审查会，对包括溆浦瑶茶、汨罗粽子、汤阴北艾、连江海带、忻城糯玉米在内的5个地理标志产品申请进行技术审查。此次技术审查会是国家知识产权局组织召开的首次地理标志产品申请技术审查会，是国家知识产权局按照党中央、国务院的部署要求，大力推进地理标志统一认定管理，全面统筹地理标志保护工作的重点工作之一。

2019年8月28日，国家知识产权局办公室印发《地理标志运用促进工程实施方案》，并组织推荐2019年项目申报。该项目力争通过三年左右的时间，分步分重点实现地理标志运用促进工程项目在各省落地生根，在全国范围内形成一批先进经验和成功案例。2019年聚焦地理标志助力精准扶贫，重点支持西部地区脱贫攻坚。

2019年9月2日，第十届中国知识产权年会在杭州举行，本届年会首次由专利年会升格为知识产权年会，研讨内容除专利之外，首次将商标、地理标志等内容纳入。展览区域包括以"地大物博，标新创异"为主题的中国地理标志展，甄选中国十几个代表性省、市、自治区，以及桑植、崇礼两个积极运用地理标志的县，共同展示中国地理标志的保护运用成果。

2019年10月16日，国家知识产权局发布地理标志专用标志官方标志。根据《商标法》《专利法》等有关规定，国家知识产权局对地理标志专用标

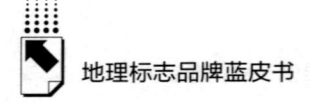

志予以登记备案，并纳入官方标志保护。原相关地理标志产品专用标志同时废止，原标志使用过渡期至2020年12月31日。

2019年11月6日，中国国家知识产权局与法国农业和食品部、法国国家原产地和质量管理局《关于农业和食品地理标志合作的议定书》在北京正式签署。该议定书的签署标志着中法两国在农业和食品地理标志领域的合作关系开启了新篇章，同时彰显了我国在地理标志产品保护国际合作领域取得的新成就，凸显了我国更大力度加强包括地理标志产品在内的知识产权保护的鲜明立场和坚定态度。

2019年11月27日，国家知识产权局发布修订后的《国外地理标志产品保护办法》。内容包括六章，分别为总则、申请与受理、技术审查与批准、专用标志和监督管理、保护和变更及撤销、附则。

2019年12月3日，国家知识产权局地理标志产品保护申请电子受理平台在国家知识产权局网站上线启动，标志着全国地理标志产品保护统一电子受理平台的正式建立。地理标志保护申请人可通过登录该网站，提交地理标志产品保护电子申请和作为集体商标、证明商标注册的地理标志网上申请。

2019年12月24日，国家知识产权局办公室《关于确定地理标志保护产品专用标志使用核准改革试点地方的通知》印发，国家知识产权局将在北京市、河北省等11个地方开展地理标志保护产品专用标志使用核准改革试点。此次改革试点期限为2年，自2020年1月至2021年12月。试点旨在建立健全地理标志保护产品专用标志使用核准工作体系，稳步推进统一地理标志专用标志换标工作，不断强化完善地理标志产品保护监管方式，保证地理标志保护产品专用标志的合法使用和规范使用，真正做到核准更科学、监管更严格、服务更优化。

2020年

2020年1月8日，国家知识产权局地理标志保护产品专用标志使用核准改革试点启动工作会在京召开。北京、河北、黑龙江、江苏、安徽、福建、广东、四川、贵州、云南、陕西、海南12个地方启动改革试点工作，此次改革试点期限为2年，自2020年1月至2021年12月。

2020年2月11日，国务院办公厅《关于加强农业种质资源保护与利用的意见》发布，其中提到，鼓励支持地方品种申请地理标志产品保护和重要农业文化遗产，发展一批以特色地方品种开发为主的种业企业，推动资源优势转化为产业优势。

2020年3月25日，国家知识产权局发布《关于地理标志保护中的通用名称判定指南（征求意见稿）》公开征求意见的通知，为完善地理标志保护中的通用名称判定等相关制度向社会公开征求意见。

2020年3月28日，在国家知识产权局的指导和中国人保财险公司的推动下，由中国人保财险盐城市分公司承保，为江苏省盐城市地理标志集体商标"东台西瓜"提供了累计160万元的风险保障，此举为全国首单地理标志被侵权损失保险业务。

2020年4月3日，《地理标志专用标志使用管理办法（试行）》颁布，旨在加强我国地理标志保护，统一和规范地理标志专用标志使用。

2020年5月26日，农业农村部办公厅发布《关于做好2020年地理标志农产品保护工程实施工作的通知》，内容包括总体要求、建设内容、建设条件和实施方式、工作要求。聚焦粮油、果茶、蔬菜、中药材、畜牧、水产六大品类，围绕特色资源发掘、特色产业发展和农耕文化发扬，在全国范围内继续支持200个地域特色鲜明、发展潜力大、市场认可度高的地理标志农产品发展。

2020年5月28日，第十三届全国人民代表大会第三次会议通过《中华人民共和国民法典》，并于2021年1月1日起施行，其中第一百二十三条规定，民事主体依法享有知识产权，并将地理标志列入知识产权权利人依法享有的专有的权利客体之一。

2020年6月9日，"2020年地理标志运用促进工程项目名单"公示，"崇礼蚕豆""大同黄花"等7个地理标志产品入选。该工程旨在深入开展地理标志助力精准扶贫和乡村振兴工作，提升地方地理标志运用水平，打造

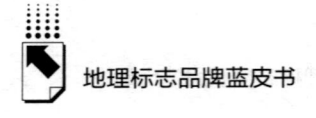

地理标志特色经济。

2020年7月14日,国家知识产权局发布《关于征集地理标志保护与运用"十四五"规划建议的通知》,旨在完善地理标志制度,充分发挥地理标志保护在提升中国产品竞争力、服务知识产权强国建设的积极作用。

2020年9月14日,中欧领导人宣布正式签署《中欧地理标志协定》。该协定是中国对外签署的第一个全面的、高水平的地理标志双边协定。根据协定,中欧双方各275个、总计550个久负盛名的地理标志将实现互认互保。

2020年11月15日,中国、日本、韩国、澳大利亚、新西兰及东盟十国签署了《区域全面经济伙伴关系协定》(RCEP)。RCEP协定由序言、20个章节、4个市场准入承诺表附件组成。知识产权章节为第十一章,包含83个条款和过渡期安排、技术援助2个附件,是RCEP协定内容最多、篇幅最长的章节,也是我国迄今已签署自贸协定纳入内容最全面的知识产权章节。

2020年11月26日,国务院新闻办公室举行"知识产权助力精准扶贫"新闻发布会,全面介绍地理标志助力精准扶贫的探索和实践等相关情况。

2020年11月30日,文化和旅游部等10部门发布《关于深化"互联网+旅游"推动旅游业高质量发展的意见》,其中提到,鼓励电商平台拓展"旅游+地理标志产品+互联网+现代物流"功能,扩大线上销售规模。

2020年12月21日,全国知识管理标准化技术委员会地理标志分技术委员会成立,标志着地理标志事业进入标准化、专业化发展的新阶段。

2021年

2021年2月10日,国家知识产权局办公室印发《国家地理标志产品保护示范区建设管理办法(试行)》。旨在全面加强知识产权保护工作,强化地理标志保护,深化地理标志管理改革,推进国家地理标志产品保护示范区建设,激励保护积极性,推广保护和管理经验,服务经济社会高质量发展。内容包括总则、申报与审核、建设与管理、附则。

2021年3月1日，国家知识产权局发布欧盟地理标志认定公告，《中欧地理标志协定》第一批产品保护清单生效。此前，欧盟委员会已于2月9日发布公报，确认《中欧地理标志协定》于3月1日在欧盟生效，第一批100个中国产品也同步在欧盟全境获得地理标志保护。

2021年3月18日，农业农村部发布《农产品地理标志使用规范》。旨在根据《中华人民共和国农产品质量安全法》《农产品地理标志管理办法》等规定规范农产品地理标志使用，维护农产品地理标志登记证书持有人和标志使用人合法权益。

2021年4月26日，湖南省地理标志信息查询系统在湖南省市场监督管理局网站正式上线运行。这是全国首个省级层面建成的地理标志管理系统，标志着湖南省在地理标志管理信息化、现代化方面走在了前列。

2021年5月21日，国家知识产权局、国家市场监督管理总局发布《关于进一步加强地理标志保护的指导意见》。内容包括指导思想和基本原则、夯实地理标志保护工作基础、健全地理标志保护业务体系、加强地理标志行政保护、构建地理标志协同保护工作格局、加强地理标志保护组织保障。

2021年7月14日，国家知识产权局发布《国家地理标志产品保护示范区筹建名单》，包括独流老醋国家地理标志产品保护示范区等50个示范区。

2021年7月19日，国家知识产权局发布《关于组织开展地理标志助力乡村振兴行动的通知》，地理标志助力乡村振兴行动的主要内容，包括提质强基、品牌建设、产业强链、能力提升等四大行动共计13项任务。

2021年8月12日，中共中央办公厅、国务院办公厅印发《关于进一步加强非物质文化遗产保护工作的意见》，其中提到，综合运用著作权、商标权、专利权、地理标志等多种手段，加强非物质文化遗产知识产权保护。

2021年9月22日，中共中央、国务院印发《知识产权强国建设纲要（2021—2035年）》，探索制定地理标志专门法；健全专门保护与商标保护相互协调的统一地理标志保护制度；实施地理标志保护工程；推动地理标志与特色产业发展、生态文明建设、历史文化传承以及乡村振兴有机融合，提升地理标志品牌影响力和产品附加值；实施地理标志农产品保护工程；推动

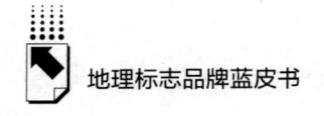

地理标志互认互保，加强中国商标品牌和地理标志产品全球推介。

2021年9月23日，天府知识产权峰会（2021）在成都举行。峰会上，西部12个省、自治区、直辖市地理标志管理部门共同签署《西部地理标志产业发展战略合作协议》，推动西部地理标志产业高质量发展，助力乡村产业振兴。

2021年10月18日，国家知识产权局在河北省张家口市崇礼区举办2021年奥林匹克标志和中欧地理标志保护能力提升培训班。各省、自治区、直辖市知识产权管理部门从事奥林匹克标志保护和地理标志保护工作的业务骨干等700余人次通过线上和线下相结合的方式参加培训。

2021年11月12日，国务院印发《"十四五"推进农业农村现代化规划》。其中提到，加强绿色食品、有机农产品、地理标志农产品认证和管理，建立健全农业品牌监管机制；支持1000个地理标志农产品发展。

2021年12月13日，国家知识产权局公布《第一批地理标志运用促进重点联系指导名录》，将"房山磨盘柿"等160件地理标志列入运用促进重点联系指导名录。国家知识产权局将对列入名录的地理标志进一步加强运用促进工作联系、业务指导和政策扶持。

2021年12月31日，国家知识产权局发布《地理标志保护和运用"十四五"规划》。内容包括规划背景、总体要求、主要任务、保障措施。规划旨在进一步完善地理标志保护和运用体系，提升我国地理标志产品的价值内涵，推动地理标志与特色产业发展、生态文明建设、历史文化传承和乡村振兴有机融合，为推进供给侧结构性改革、培育经济发展新动能、实现可持续发展提供重要支撑。

2022年

2022年1月1日，由中国、日本、韩国、澳大利亚、新西兰和东盟十国共15方成员制定的《区域全面经济伙伴关系协定》（RCEP）生效，RCEP协定义务清单中涉及国家知识产权局职能的约束性义务共60项，鼓励性义务共25项，包括专利、外观设计、商标、地理标志、遗传资源、传统知识和民间文艺等内容。

2022年1月7日，国家知识产权局发布《知识产权公共服务"十四五"规划》，其中提到，加大知识产权数据的集成力度，汇聚专利、商标、地理标志以及集成电路布图设计等各类知识产权基础数据、国际交换数据和部委共享数据。

2022年1月20日，国家知识产权局制定《2022年全国知识产权行政保护工作方案》，其中提到加强地理标志保护监管等一系列与地理标志有关的工作部署。

2022年4月8日，以"地理标志产品质量管理与市场推广"为主题的中法地理标志在线研讨会举行。此次研讨会是双方共同落实中法地理标志合作议定书的重要举措之一。会上，来自两国知识产权部门、行业协会和产业界的1000余名代表围绕欧盟地理标志监管体系、法国地理标志产品质量控制措施、中法地理标志产区推广的成功经验、中国地理标志保护和官方标志的规范使用四个主题开展了深入热烈的交流研讨。

2022年4月19日，国家知识产权局办公室发布《关于第一批地理标志保护产品专用标志使用核准改革试点验收情况的通报》，在试点期间，有关地方围绕专用标志使用核准工作体系建设、地理标志产品专用标志使用核准、地理标志产品专用标志使用监管、地理标志产品专用标志使用核准工作支撑等方面，结合本地实际，勇于改革创新，形成了一批典型的经验做法。

2022年4月20日至26日，2022年全国知识产权宣传周活动举行。4月24日，国务院新闻办举行2021年中国知识产权发展状况新闻发布会。

2022年5月30日，农业农村部办公厅发布《关于做好2022年地理标志农产品保护工程实施工作的通知》。通知提到，保护和发展地理标志农产品是推进农业生产和农产品"三品一标"的重要内容，是增加绿色优质农产品供给、促进农业高质量发展的重要举措。根据农业农村部、财政部《关于做好2022年农业生产发展等项目实施工作的通知》（农计财发〔2022〕13号）部署要求，为做好2022年地理标志农产品保护工程的组织实施发布此通知。通知内容包括总体要求、实施重点、组织实施、工作要求。

2022年6月10日，农业农村部办公厅印发《农业品牌精品培育计划（2022—2025年）》，主要目标是到2025年，聚焦粮油、果蔬、茶叶、畜牧、水产等品类，塑强一批品质过硬、特色鲜明、带动力强、知名度美誉度消费忠诚度高的农产品区域公用品牌，培育推介一批产品优、信誉好、产业带动作用明显，具有核心竞争力的企业品牌和优质特色农产品品牌，不断满足人民日益增长的美好生活需要。

2022年6月28日，文化和旅游部等10部门联合发布的《关于推动传统工艺高质量传承发展的通知》，其中提到，支持各地针对当地特有的传统工艺项目制定行业性、区域性专项政策措施，重点在推动人才集聚、培育地理标志品牌、打通产业链方面提供支持，培育形成传统工艺优势特色产业带或产业集群；加强传统工艺相关知识产权保护，综合运用著作权、商标权、专利权、地理标志等多种手段，保护创新成果，培育知名品牌。

2022年6月29日，国家知识产权局确定在上海市、浙江省、山东省、河南省、湖北省、湖南省、广西壮族自治区和甘肃省8个省份开展第二批地理标志专用标志使用核准改革试点，在北京市、河北省、黑龙江省、福建省、广东省、海南省和云南省7个省份延续开展第二批改革试点，在江苏省、安徽省、四川省、贵州省和陕西省5个省份开展持续深化第一批改革试点。

2022年6月30日，农业农村部办公厅开展2022年农业品牌精品培育工作，重点培育粮食、果品、蔬菜、茶叶、畜禽、水产的区域公用品牌品类23个，及在国内外市场具有较强竞争优势的其他品类。区域公用品牌培育条件之一为获得地理标志产品认定。

2022年7月6日，国家知识产权局办公室《关于严厉打击代理伪造地理标志申请材料行为的通知》发布，旨在持续加大对违法违规代理行为的打击力度，将代理伪造地理标志申请材料行为作为重点整治内容。

2022年7月27日，国家知识产权局《关于加强知识产权鉴定工作的指导意见》发布。通知提到，力争到2025年，形成较为完善的知识产权鉴定工作管理机制，建立多层次多类型的知识产权鉴定标准体系，包括重点做好专利、商标、地理标志、集成电路布图设计等各类知识产权鉴定工作。

2022年7月29日，国家发展改革委等部门发布《关于新时代推进品牌建设的指导意见》，其中提到，加强绿色、有机和地理标志农产品培育发展；加强地理标志的品牌培育和展示推广，推动地理标志与特色产业发展、生态文明建设、历史文化传承、乡村振兴等有机融合，提升区域品牌影响力和产品附加值等。

2022年10月26日，国家知识产权局办公室发布《关于确定2022年国家地理标志产品保护示范区筹建名单的通知》，确定了茶淀玫瑰香葡萄国家地理标志产品保护示范区等29个示范区，筹建期为3年（2022年10月至2025年10月）。

2022年10月30日，为进一步加强知识产权对外信息供给，服务海内外创新主体和市场主体，向世界讲好中国知识产权故事，传递中国知识产权声音，切实提高政府网站的服务质量，国家知识产权局办公室对局英文网站进行了全新改版并上线运行。

2022年10月31日，农业农村部办公厅发布《2022年农业品牌精品培育名单》，五常大米等75个地理标志品牌纳入2022年农业品牌精品培育计划。

2022年11月14日，农业农村部发布《关于实施农产品"三品一标"四大行动的通知》，其中提到，发展绿色、有机、地理标志和达标合格农产品是供给适配需求的必然要求，是提高农产品质量品质的有效途径，是提高农业竞争力的重要载体，是提升农安治理能力的创新举措。该通知对如何发展以绿色、有机和地理标志农产品为重点的优质农产品进行了全面的部署。

2022年11月30日至12月2日，第十一届中国知识产权年会召开。此届年会以"贯彻党的二十大精神，加快知识产权强国建设"为主题，采取全线上形式，组织会议、论坛、发布会等14场活动，来自全球100余位知识产权业内人士相聚"云"端，围绕知识产权领域热点话题展开深入探讨。

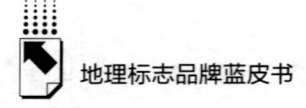

会议同期还将以图文形式举办"中国地理标志产品线上展览"以及"中国地理标志产品撮合对接会"。

2022年12月2日,国家知识产权局发布《关于受理茵蓝朗姆酒等欧洲联盟产品申报地理标志产品保护的公告(第506号)》。公告提到,根据《中华人民共和国政府与欧洲联盟地理标志保护与合作协定》《地理标志产品保护规定》《国外地理标志产品保护办法》,依法受理了茵蓝朗姆酒等175个欧洲联盟产品的地理标志产品保护申请。经形式审查,现将茵蓝朗姆酒等173个欧洲联盟产品信息予以公示;上梅多克、圣爱斯泰夫等2个地理标志产品已获得保护,不再重复公示。

Abstract

The Annual Report on China Geographical Indication Brand Development (2024) comprises 14 reports in five parts and an appendix. The five parts include the General Report, Industry Reports, Regional Reports, Featured Topics and Topics of International References. The General Report provides a comprehensive analysis of China's GI protection and brand development, summarizing the country's GI management system reform, policy deployment, and international practices of mutual recognition and protection from 2019 to 2022. The Industry Reports focus on four representative sectors—apples, raw Chinese medicines, wine, and handicrafts—conducting an analysis on the development of GI brands within each sector, including an overview of the development of the sectors, their GI recognition, case studies, and development countermeasures. The Regional Reports examine characteristic practices and experiences of GI brand development in various regions, using Longnan City in Gansu Province and Sangzhi County in Hunan Province as case studies. The Featured Topics section focuses on five key issues concerning the protection and utilization of geographical indications in China which are pledge financing for geographical indication trademarks, the development of geographical indication brands in areas that have been lifted out of poverty, the role of geographical indications in preserving and promoting traditional cultures, climate change risks for agricultural geographical indication products and its countermeasures, and the application of the China-EU Geographical Indication Agreement and its impact on the export of China's agricultural products. The International Reference section begins with a comparative analysis of the current global situation and management systems for geographical indication protection, followed by a specific examination of geographical indications in the European Union, with the goal of offering insights and inspiration for the protection and application of geographical indications in China.

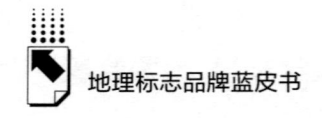

This report highlights significant progress made by China in the protection and utilization of geographical indications since 2019. It notes a more unified management system, systematic and comprehensive policy deployment, solid advancement in constructing demonstration zones for geographical indication product protection and other special projects, and important strides in international cooperation for geographical indication protection. As of the end of 2022, China has recognized a total of 2,495 geographical indication products, approved registrations of 7,076 geographical indication trademark, registered 3,510 geographical indications for agricultural products, and registered 140 foreign geographical indication products and 227 foreign geographical indication trademarks. The role of geographical indications in driving the development of characteristic industries, helping rural revitalization, inheriting traditional culture and promoting foreign trade is becoming more and more prominent.

This report suggests that in the future, it is necessary to further strengthen the construction of GI product quality standards and supervision system, establish a comprehensive GI database and query system, strengthen the synergy between the two modes of GI protection, the synergy between the management and utilization of GI brands, the synergy between the economic value and the historical and cultural value of GI brands, as well as the synergy between the GI brands and the enterprise brands and regional brands, with an aim to promoting the formation of a development pattern of linking upstream and downstream industries such as production, processing, sales, cultural tourism and industrial clusters with scale and cluster effects.

Keywords: Geographical Indication Brands; Geographical Indication Products; China-EU Geographical Indication Agreement

Contents

I General Report

B.1 Report on the Development and Prospect of China's
Geographical Indication Brands in 2024 *Xu Jing* / 001

Abstract: Geographical indications play a crucial role in driving the development of distinctive rural industries, promoting rural revitalization, preserving traditional culture, and boosting promoting foreign trade. By the end of 2022, China has cumulatively registered 2,495 GI products, 3,510 GI agricultural products, and 7,076 GI trademarks. Based on an in-depth analysis of concepts related to geographical indication brands, this report summarizes China's geographical indication management system reform, policy deployment, and international mutual recognition and mutual protection practice from 2019 to 2022. The report also comprehensively analyzes China's current geographical indication protection and brand development, including registration of GI products, GI trademarks, GI agricultural products, use of geographical indications special marks, and the effectiveness of geographical indication branding, etc. Through the above analysis, we could see that China has made marked progress in GI protection and regulation. In order to further strengthen the protection and utilization of geographical indication, the following four aspects need to be taken into consideration which include the coordination between the special protection and trademark protection of geographical indications, the coordination between GI brand holders and users, the coordination between the GI brand's economic value and its historical and cultural value, and the coordination between the GI brand and the enterprise brand and regional brand.

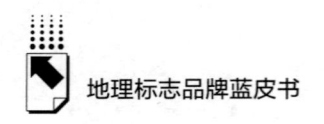

Keywords: Geographical Indication Brands; Geographical Indication Products; GI International Mutual Protection

II Industry Reports

B.2 Report on the Development of Apple Geographical Indication Brands in 2024   *Xu Jing, Liu Chaofan* / 034

Abstract: China is the world's largest producer of apples, and the apple industry plays a significant role in boosting rural incomes. By the end of 2022, China has registered 68 agricultural geographical indications for apple, 16 apple geographical indications products, and 56 apple geographical indications trademarks, which are widely distributed in 17 provinces. Geographical indications play an important role in upgrading the apple industry, broadening its sales channels, and promoting exports. This report firstly analyzes the current development of the China's apple industry in terms of industry scale, industry distribution and import and export, and then summarizes the registered apple geographical indication products and geographical indication trademarks, use of geographical indication special marks and relevant management policies. This report further studies two typical geographical indications, Jingning Apple and Yiyuan Apple, including their practices in brand building, production mode and other aspects. Finally, this report puts forward relevant suggestions to strengthen apple GI protection and brand building in six aspects: strengthening policy support, accelerating the construction of the apple industry chain, increasing the cultivation of high-quality brands, expanding export channels, encouraging scientific and technological innovation, and informatizing the industry.

Keywords: Geographical Indication Brands; Geographical Indication Products; Apple

B.3 Report on the Development of Geographical Indication Brands of Chinese Medicinal Material in 2024

Luo Haoliang, Xu Mengke and Song Huiyang / 057

Abstract: Chinese medicinal materials (CMM) are the foundation for the development of Chinese medicine industry, and are of strategic significance in relation to national economy and people's livelihood. By the end of 2022, China has registered 229 agricultural geographical indications, 154 geographical indications products, and 146 geographical indications trademarks of CMM in China. Geographical indications play an important role in the protection and development of CMM sector, increasing rural income, and improving ecological conservation. This report firstly analyzes the scale, regional distribution, product distribution and import and export of CMM sector in China. Secondly, it summarizes the registered geographical indication products and geographical indication trademarks of CMM, the use of geographical indication special marks and relevant management policies. This report further studies two typical CMM geographical indications, namely, Minxian Angelica sinensis and Qi mugwort, including their practices and successful experiences in brand protection and utilization. Finally, this report analyzes the existing problems and puts forward countermeasures and suggestions for the development of CMM geographical indication brands from the aspects of intellectual property protection, scientific and technological research and development, brand promotion, industrial upgrading, and demonstration of Geo-authentic Chinese medicinal materials.

Keywords: Geographical Indication Brands; Geographical Indication Products; Chinese Medicinal Material

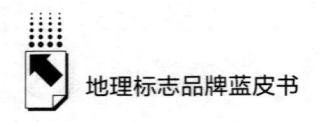

B.4 Report on the Development of Wine Geographical
　　　Indication Brands in 2024　　　　*Xu Jing , Guan Yuhui* / 085

Abstract: China is the world's third largest grape grower, the twelfth largest wine producer and the fifth largest wine consumer. The grape and wine industry has become an important industry for rural revitalization. As of the end of 2022, China has registered 14 wine GI products and 5 wine GI trademarks in 12 provinces. The protection and application of GI are of great significance to the high-quality development of the wine industry, as well as the wine grape growing industry. On the basis of analyzing the scale of wine industry, distribution of wine grape producing areas, import and export of wine, this report summarizes the registered wine geographical indication products and geographical indication trademarks, the use of geographical indication special marks and relevant management policies. Furthermore this report analyzes the practices and successful experiences of Helan Mountain's East Foothill Wine and Yantai Wine as typical cases. Finally, it summarizes the problems faced by the development of wine geographical indications in terms of cultural connotation, standard system, brand awareness and quality supervision, and puts forward countermeasures and suggestions to enhance protection of wine geographical indications, enrich the distinctive features of wine, strengthen the quality of wine, and expand the cultural connotation of wine geographical indications.

Keywords: Geographical Indication Brands; Geographical Indication Products; Wine

B.5 Report on the Development of Handicraft Geographical
　　　Indication Brands in 2024　　　　　　　　*Liu Yu* / 106

Abstract: As the material carriers of China's traditional skills and Intangible cultural heritage, handicrafts contain the cultural values, ideological wisdom and practical experience of the Chinese nation. Geographical indications are of great significance in enhancing the economic and cultural values of handicrafts, promoting the high-quality development of regional economy, and protecting and inheriting traditional culture. By the end of 2022, China has registered 124 geographical indication products and 97 geographical trademarks for handicrafts. On the basis of comprehensive analysis of the scale of handicraft industry, product types, geographical distribution and import and export trade, this report summarizes the registered handicraft geographical indication products and geographical indication trademarks, use of geographical indication special marks and relevant management policies. Furthermore this report selects handicraft geographical indication products of Huanggang Willow Weaving and Ru Porcelain as case studies to summarize their successful experiences and inspirations. Through the analysis, it is found that the development of geographical indications for handicrafts has been rapid, and many handicrafts have already established their brand advantages, using online and offline multiple ways to promote and sell them, effectively realizing the inheritance and innovation of traditional crafts; however, at the same time, there are also some handicrafts that face the problems of insufficient scale of industrial development, difficulties in the inheritance of skills, weak brand protection, and insufficient brand building. Finally, this report puts forward policy recommendations such as increasing policy support, making full use of information technology, enhancing craftsmen training and inheritance system, and strengthening industry management and intellectual property protection.

Keywords: Geographical Indication Brands; Geographical Indication Products; Handicraft

地理标志品牌蓝皮书

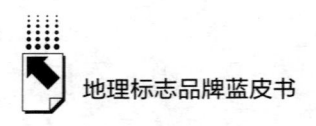

Ⅲ　Regional Reports

B.6　Report on E-commerce Boosting the Development of Geographical Indication Brands
　　—Taking Longnan City of Gansu Province as an Example
　　　　　　　　　　　　　　　　　　　Gao Li, *Zhao Yanqiang* / 136

Abstract: Longnan City in Gansu Province attaches great importance to the development of e-commerce. Based on the local mountainous agricultural resources, Longnan fostered new mode of the rural e-commerce that is different from urban e-commerce. By the end of 2022, Longnan has 14 geographical indications products, 16 agricultural geographical indications and 8 geographical indications trademarks. This report takes Longnan City as an example to explore the path and practice of e-commerce in boosting the development of geographical indication brands. The report firstly analyzes the current situation of the development of geographical indication brands in Longnan, and systematically describes the specific practices of Longnan in promoting the sale of geographical indication products by employing Internet thinking and e-commerce means in the context of the rapid development of rural e-commerce in China. Then the report specifically elaborates the roles of e-commerce platform, Internet technology, brand image, high-quality online goods and marketing activities in the process of promoting the development of GI brands, and finally puts forward suggestions for the development of GI brands in Longnan, such as actively conducting e-commerce business, focusing on publicity and promotion, deepening brand cooperation, and carrying out international cooperation.

Keywords: Geographical Indication Brands; Geographical Indication Products; E-commerce; Longnan

B.7 Report on Geographical Indications Assisting the Development of Distinctive Local Business
—Taking Sangzhi County of Hunan Province as an Example

Song Jieyan / 154

Abstract: Sangzhi County in Hunan Province used to be a national poverty county, but it has a good natural ecological environment and many characteristic agricultural products. Under the assistance and guidance of China National Intellectual Property Administration, Sangzhi County, based on the local featured resource, has actively cultivated geographical indications brands, and as of 2022, it has 7 geographical indications products and trademarks. Geographical indications have become an important engine and booster of the local economy. Sangzhi County has gradually explored a new approach of targeted poverty alleviation through intellectual property rights with industrial poverty alleviation as the core and cultivation of geographical indications brands as the focus, creating geographical indications products of "high quality, fast development and good mode", helping people to increase income, and optimizing and upgrading industries. Through the study of innovative practices of geographical indication development in Sangzhi County, it is found that geographical indication can effectively utilize the local resources in poor areas, and achieve the development of distinctive local business, the ecological conservation, the inheritance of history and culture, and the revitalization of the countryside.

Keywords: Geographical Indication Brands; Geographical Indication Products; Distinctive Local Business; Sangzhi

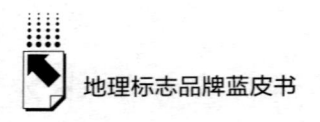

Ⅳ Featured Topics

B.8 Geographical Indication Trademark Value and
Pledge Financing Innovation *Pan Liru, Xu Jing / 165*

Abstract: As one of intellectual property rights, geographical indication trademarks satisfy the qualification of rights encumbrance. The use of geographical indication trademarks for credit pledge financing can effectively alleviate the financing difficulties of agricultural businesses which are lacking loan collateral. This report firstly analyzes the feasibility and necessity of geographic indication pledge financing, secondly summarizes the 28 geographic indication trademark pledge financing practices that have been implemented nationwide and their financing modes, and finally puts forward countermeasures and suggestions on how to promoting geographic indication pledge financing. The analysis reveals that China's innovation in geographic indications pledge financing has been effective, but there are institutional problems such as laws and regulations to be enhanced, registration system to be clarified, and evaluation system to be improved, as well as practical difficulties such as easy losses of trademark value, high risk of non-performing loans, and uneven regional distribution. Therefore, this report puts forward policy suggestions such as strengthening financing pilots, improving the assent valuation system, optimizing the legal management system, establishing a risk compensation mechanism.

Keywords: Geographical Indication Trademark; Pledge Financing; Intangible Asset Valuation

B.9 Report on the Development of Geographical Indication Brands in Areas that Have Been Lifted Out of Poverty

Qiao Fuwei, Yang Qingzhe, Ouyang Guanwen and Zhao Lulu / 186

Abstract: More than 60% of China's geographical indications are located in areas that have been lifted out of poverty. In these areas, geographical indications play a vital role in strengthening local businesses and promoting regional economic progress. This report begins by systematically analyzing the developmental status of GI brands in these regions. It then highlights Kushui Rose, Gannan camellia seed oil, and Jianshui Purple Pottery as exemplary cases, representing three distinct types of GI products: primary agricultural products, processed food, and traditional handicrafts. The analysis indicates a consistent and rapid increase in the number of registered geographical indications in these Chinese regions since 2010, with a predominant focus on primary agricultural products, and geographical indications have played an important role in promoting poverty alleviation and rural revitalization in these areas. Nevertheless, there are several challenges in brand building, including low awareness of GI brand protection, insufficient distribution channels, the imperative for enhancing quality control systems, the need for strengthened policy support and property rights protection, and the necessity to upgrade the industrial chain. To address these challenges, this report suggests a developmental roadmap for achieving mutual benefits which including optimizing policy guidance and bolstering brand awareness, innovating construction approaches to amplify brand impact, expanding development channels to enhance industrial resilience, improving policy services to promote brand development.

Keywords: Geographical Indication Brands; Geographical Indication Products; Areas that Have Been Lifted Out of Poverty

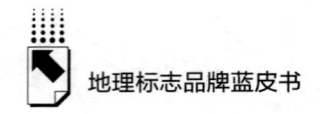

B.10 Agricultural GI Products and the Inheritance and Promotion of Traditional Culture

——*Taking Gansu Province as an Example*

Seng Haixia, Yuan Caozejun and Tang Qian / 212

Abstract: Geographical indications are an important tool for the inheritance and development of traditional culture. Gansu Province has rich landscapes, long history and many geographical indication products. As of the end of 2022, Gansu Province has 67 geographical indication products, 169 geographical indication trademarks and 137 agricultural geographical indication products. The development of geographical indication products in Gansu Province has made remarkable achievements, typically presenting the characteristics of regional culture, but there are also problems such as lack of integration of brands of the same type and low visibility of some brands. This report analyzes Gansu's Fangzhi products and concludes that the perception of regional attributes in traditional culture has a foundational role in the development of agricultural products' geographical indications. Based on this, for the development of agricultural geographical indications in Gansu, firstly, we should pay attention to discovering the common resource attributes of similar brands, strengthening their core competitiveness and enhancing the cohesion of similar brands, and the current "Ganwei" is a useful attempt; secondly, we should break the limitations of county administrative divisions and strengthen the influence of traditional geographic concepts with cross-county attributes, such as Liangzhou, Longyou, Qinzhou and Hexi, and expand the influence of traditional geographic concepts, as well as expanding the awareness of traditional brands. Thirdly, we should fully leverage brand connotation, discover the history of agricultural geographical indications, with a view to expand the brand's influence and inherit and develop traditional culture.

Keywords: Geographical Indication Brands; Agricultural Geographical Indication Products; Products Featured in Local Chronicles; Traditional Culture; Gansu

Contents

B.11 Climate Change Risks for Agricultural Geographical
Indication Products and its Countermeasures
Ma Zhenbang, Wang Sijian and Luo Ruisi / 232

Abstract: In recent years, GI has become an important tool for developing regional characteristic economy and implementing the strategy of high-quality agriculture, but global climate change brought various challenges for development of GI agricultural products. As GI products possess qualities or a reputation that are originated from the local natural and human factors, this report firstly analyses the characteristics of climate change risk faced by GI agricultural products, and carries out a typical case study of Anji White Tea. Secondly, this report identifies the possible impacts of climate change on GI agricultural products in four aspects, such as temperature, precipitation and extreme climate. Finally, countermeasures such as strengthening farmers' awareness, improving monitoring and early warning, optimizing management system, introducing advanced technology and improving production conditions are proposed to scientifically and reasonably cope with future climate change in order to achieve sustainable development of GI products.

Keywords: Geographical Indication Brands; Geographical Indication Products; Climate Change Risks; Anji White Tea

B.12 The China-EU Agreement on Geographical Indications and its
Impact on the Export of Specialty Agricultural
Products in China *Guo Yanming, Xu Jing* / 246

Abstract: The China-EU Agreement on Geographical Indications, as an important agreement on international cooperation on geographical indications in China, is of great significance to the development of geographical indications protection and the export of agricultural products with local characteristics in China.

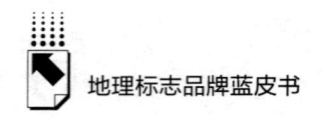

On the basis of elaborating the background, content and significance of the Agreement, this report analyzes the current status of China's agricultural trade and China's bilateral trade in agricultural products with EU, which shows that EU is China's important trade partner in agricultural products, China's second-largest export destination and the fourth-largest source of imports, with a wide coverage of trade commodities. Furthermore this report takes spirits, tea, vegetables and other representative agricultural products as an example to make an empirical analysis, results shows that the export growth rate and the effect of premiums of these products have been significantly increased. Finally, based on the practices and implementation of the Agreement, this paper puts forward some suggestions on the international cooperation of geographical indications in China with a view to promote legal protection and international trade.

Keywords: Geographical Indication Brands; China-EU Geographical Indication Agreement; Export of Agricultural Products

V Topics of International References

B.13 Comparative analysis of International Protection Systems for Geographical Indications *Guo Yanming* / 263

Abstract: The international protection system for geographical indications is a guarantee for the functioning of geographical indications and an important reference for the protection system of geographical indications in China. Based on the data of the World Intellectual Property Organization (WIPO), this report firstly describes the current situation of geographical indication protection in the world, then summarizes the specific contents of the five main treaties, namely the Paris Convention, the Madrid Agreement, the Lisbon Agreement, the TRIPs, and the Geneva Act, and comparatively analyzes the links and differences between the five treaties, and selects four representative countries and regions, namely, France, the European Union, the United States and Japan to study their geographical indication protection system, summarize and sort out the differences and similarities between the protection of geographical indications under the special law represented by the European Union and the protection of geographical indications under the trademark law represented by the United States, and finally put forward the proposals of establishing a special law, coordinating the current multiple protections, and strengthening the management of the whole process of protection of geographical indications.

Keywords: Geographical Indications; International Protection Systems; Special Protection; Trademark Protection

B.14 Report on the Protection and Development of Geographical Indications in the European Union   *Xu Jing, Gao Han* / 288

Abstract: The geographical indication system of the European Union has developed to date with a long history, a complete legal system and a mature mode of operation. Based on GIview, the EU Geographical Indications Data System, this report is a comprehensive and systematic review of the current situation of EU geographical indications protection and related regulations. By the end of 2022, the number of registered EU geographical indications was 5,366, of which 63.7% is for EU members and 36.3% is for non-EU members. Through the analysis, it is found that the EU has formed a complete set of regulations and supervision mechanism in the protection of geographical indications, which effectively protects the rights and interests of geographical indications within the EU and promotes the economic and trade development of EU members. The practice of GI protection in the EU has good reference significance for China. Based on this, this report proposes that China should strengthen the integration of the GI protection system, build a comprehensive data platform for GIs, coordinate the natural and administrative regions of GIs, and actively promote the international mutual recognition system of GIs.

Keywords: Geographical Indications; EU; GIview

社会科学文献出版社

皮 书

智库成果出版与传播平台

❖ 皮书定义 ❖

皮书是对中国与世界发展状况和热点问题进行年度监测，以专业的角度、专家的视野和实证研究方法，针对某一领域或区域现状与发展态势展开分析和预测，具备前沿性、原创性、实证性、连续性、时效性等特点的公开出版物，由一系列权威研究报告组成。

❖ 皮书作者 ❖

皮书系列报告作者以国内外一流研究机构、知名高校等重点智库的研究人员为主，多为相关领域一流专家学者，他们的观点代表了当下学界对中国与世界的现实和未来最高水平的解读与分析。

❖ 皮书荣誉 ❖

皮书作为中国社会科学院基础理论研究与应用对策研究融合发展的代表性成果，不仅是哲学社会科学工作者服务中国特色社会主义现代化建设的重要成果，更是助力中国特色新型智库建设、构建中国特色哲学社会科学"三大体系"的重要平台。皮书系列先后被列入"十二五""十三五""十四五"时期国家重点出版物出版专项规划项目；自2013年起，重点皮书被列入中国社会科学院国家哲学社会科学创新工程项目。

权威报告·连续出版·独家资源

皮书数据库
ANNUAL REPORT(YEARBOOK) DATABASE

分析解读当下中国发展变迁的高端智库平台

所获荣誉

- 2022年,入选技术赋能"新闻+"推荐案例
- 2020年,入选全国新闻出版深度融合发展创新案例
- 2019年,入选国家新闻出版署数字出版精品遴选推荐计划
- 2016年,入选"十三五"国家重点电子出版物出版规划骨干工程
- 2013年,荣获"中国出版政府奖·网络出版物奖"提名奖

皮书数据库　　"社科数托邦"微信公众号

成为用户

登录网址www.pishu.com.cn访问皮书数据库网站或下载皮书数据库APP,通过手机号码验证或邮箱验证即可成为皮书数据库用户。

用户福利

- 已注册用户购书后可免费获赠100元皮书数据库充值卡。刮开充值卡涂层获取充值密码,登录并进入"会员中心"—"在线充值"—"充值卡充值",充值成功即可购买和查看数据库内容。
- 用户福利最终解释权归社会科学文献出版社所有。

数据库服务热线:010-59367265
数据库服务QQ:2475522410
数据库服务邮箱:database@ssap.cn
图书销售热线:010-59367070/7028
图书服务QQ:1265056568
图书服务邮箱:duzhe@ssap.cn

社会科学文献出版社　皮书系列
卡号:584577923355
密码:

S 基本子库
SUB DATABASE

中国社会发展数据库（下设 12 个专题子库）

紧扣人口、政治、外交、法律、教育、医疗卫生、资源环境等 12 个社会发展领域的前沿和热点，全面整合专业著作、智库报告、学术资讯、调研数据等类型资源，帮助用户追踪中国社会发展动态、研究社会发展战略与政策、了解社会热点问题、分析社会发展趋势。

中国经济发展数据库（下设 12 专题子库）

内容涵盖宏观经济、产业经济、工业经济、农业经济、财政金融、房地产经济、城市经济、商业贸易等 12 个重点经济领域，为把握经济运行态势、洞察经济发展规律、研判经济发展趋势、进行经济调控决策提供参考和依据。

中国行业发展数据库（下设 17 个专题子库）

以中国国民经济行业分类为依据，覆盖金融业、旅游业、交通运输业、能源矿产业、制造业等 100 多个行业，跟踪分析国民经济相关行业市场运行状况和政策导向，汇集行业发展前沿资讯，为投资、从业及各种经济决策提供理论支撑和实践指导。

中国区域发展数据库（下设 4 个专题子库）

对中国特定区域内的经济、社会、文化等领域现状与发展情况进行深度分析和预测，涉及省级行政区、城市群、城市、农村等不同维度，研究层级至县及县以下行政区，为学者研究地方经济社会宏观态势、经验模式、发展案例提供支撑，为地方政府决策提供参考。

中国文化传媒数据库（下设 18 个专题子库）

内容覆盖文化产业、新闻传播、电影娱乐、文学艺术、群众文化、图书情报等 18 个重点研究领域，聚焦文化传媒领域发展前沿、热点话题、行业实践，服务用户的教学科研、文化投资、企业规划等需要。

世界经济与国际关系数据库（下设 6 个专题子库）

整合世界经济、国际政治、世界文化与科技、全球性问题、国际组织与国际法、区域研究 6 大领域研究成果，对世界经济形势、国际形势进行连续性深度分析，对年度热点问题进行专题解读，为研判全球发展趋势提供事实和数据支持。

法律声明

"皮书系列"(含蓝皮书、绿皮书、黄皮书)之品牌由社会科学文献出版社最早使用并持续至今,现已被中国图书行业所熟知。"皮书系列"的相关商标已在国家商标管理部门商标局注册,包括但不限于LOGO( )、皮书、Pishu、经济蓝皮书、社会蓝皮书等。"皮书系列"图书的注册商标专用权及封面设计、版式设计的著作权均为社会科学文献出版社所有。未经社会科学文献出版社书面授权许可,任何使用与"皮书系列"图书注册商标、封面设计、版式设计相同或者近似的文字、图形或其组合的行为均系侵权行为。

经作者授权,本书的专有出版权及信息网络传播权等为社会科学文献出版社享有。未经社会科学文献出版社书面授权许可,任何就本书内容的复制、发行或以数字形式进行网络传播的行为均系侵权行为。

社会科学文献出版社将通过法律途径追究上述侵权行为的法律责任,维护自身合法权益。

欢迎社会各界人士对侵犯社会科学文献出版社上述权利的侵权行为进行举报。电话:010-59367121,电子邮箱:fawubu@ssap.cn。

社会科学文献出版社